일본 도시 하층 지역에서의 공공적 실천

SNU일본연구총서 15

일본 도시 하층 지역에서의 공공적 실천

초판 1쇄 발행 2024년 2월 5일
초판 2쇄 발행 2025년 1월 31일

지은이 박지환

펴낸곳 서울대학교출판문화원
주소 08826 서울 관악구 관악로 1
도서주문 02-889-4424, 02-880-7995
홈페이지 www.snupress.com
페이스북 @snupress1947
인스타그램 @snupress
이메일 snubook@snu.ac.kr
출판등록 제15-3호

ISBN 978-89-521-3197-3 94380
978-89-521-1086-2 (세트)

이 저서는 2021년 서울대학교 기초학문 저술지원사업으로 지원되는 연구비에 의하여 수행되었음.

일본 도시 하층 지역에서의 공공적 실천

박지환 지음

서울대학교출판문화원

Public Practices in a Working–Class Area of Osaka, Japan

Jeehwan Park

Seoul National University Press

머리말

"낯선 곳에서 나를 만나다"라는 말은 다소 진부하게 들릴 수 있지만 문화인류학의 특징을 잘 드러내는 표현이다. 그런데 필자가 연구하는 현대 일본 사회는 별로 낯설지 않다. 그래서인지 한국인 중에 일본 문화를 안다고 쉽게 생각하는 사람이 종종 있다. 한국과 일본은 같은 동아시아 문화권에 속하기도 하고, 무엇보다도 한국이 일본의 식민 지배를 받은 탓에 근대적인 제도에서 비슷한 점이 많기 때문이기도 하다. 필자 자신도 별반 다르지 않아서 2000년대 후반 박사학위 논문을 쓰기 위해 일본의 공립 중학교에서 현장연구를 할 때, 교실과 교무실의 구조, 교사와 학생의 관계, 시험 및 평가의 방식, 교과목(특히 수학)에서 사용하는 개념 등이 매우 유사해 이질감을 별로 느끼지 못할 정도였다.

그렇다고 해서 한국인인 필자가 현대 일본 사회의 특징과 변화를 쉽게 이해할 수 있었다는 말은 전혀 아니다. 서른 살이 되어서야 일본어를 배우기 시작했기 때문에 일본어는 여전히 서툴다. 또한, 일본은 문화인류학이 제일 처음 연구 대상으로 삼았던 무문자 사회와는 달리 오랜 기록 문화를 가지고 있는 사회다. 더구나 뛰어난 일본인 학자들이 자신의 사회와 문화를 깊숙이 연구하고 분석해 많은 연구 성과를 내고 있다. 이 책에서 다루는 오사카의 도시 하층 지역은 연구자뿐만 아니라 지역 활동가, 신문기자, 르포 작가, 방송인 등도 관심을 두는 곳이라 이곳을 다룬 책, 논문, 르포, 신문(연재) 기사, 잡지 기사, 다큐멘터리 등의 자료는 개인 연구자가 섭렵할 수 없을 만큼 많다.

그래도 이 연구는 한국인 연구자가 '문화인류학적인' 연구 방법을 통해 현대 일본 사회를 이해하려고 시도한 결과물이다. 학문의 정체성을 방법론에 기대어 규정하는 것을 문제 삼는 연구자도 있겠지만, 다소 구식의 문화인류학자인 필자는 현장에서 사람들과 상호작용하며 그들의 관점을 이해하고자 하는 점이 문화인류학이 다른 학문과 구분되는 중요한 지점이라고 생각한다. 여러 사회과학 분야에서 질적 연구 방법을 사용하지만, 문화인류학이 지향하는 현장연구(fieldwork)는 단지 연구 대상에게서 정보를 얻는 것이 아니라 연구 참여자의 생각과 행동을 종합적으로 '이해'하는 것을 추구한다는 점에서 여전히 전자와 다르다. 이 연구가 현장연구의 모범이라고는 할 수 없지만, 지금까지 공부한 문화인류학의 방법을 최대한 적용하고자 노력했다.

문화인류학자로서 '현대 일본 사회'를 연구한 지도 어느덧 16년 정도 흘렀다. 이 책은 필자의 일본 사회 연구 프로젝트로서 박사학위 논문에 이어 두 번째 작업에 해당한다. 첫 번째 프로젝트가 현대 일본 사회에서 계급적 정체성이 학교 교육을 통해 어떻게 형성되며 학교 교육은 계급적 불평등을 어떤 식으로 합리화하는가를 다뤘다면, 두 번째 프로젝트는 사회경제적 불평등에 일본 시민사회가 어떻게 대처해 왔으며 어떤 가능성을 제시하는가를 탐색하고자 했다.

여느 문화인류학적 연구와 마찬가지로 이 작업도 많은 분의 도움 없이는 불가능했다. 연구 지역을 처음 안내해 주고 이후 여러 자료를 기꺼이 제공해 준 아리무라 센(ありむら潜) 가마가사키재생포럼 사무국장, 연구 지역에서 활동하는 주요 단체를 소개해 준 오리타 다카유키(織田隆之) 아이린상담실 실장, 코코룸의 각종 프로그램에 흔쾌히 참여

토록 하고 여러 차례 인터뷰에 응해 준 우에다 카나요(上田假奈代) 대표, 생활보호 수급자 할아버지 모임에 참여하도록 허락해 준 히로타니 마사루(廣谷賢) 전 히토하나센터 직원, 서포티브하우스를 소개해 준 니시구치 무네히로(西口宗宏) 오사카국제게스트하우스지역창출위원회 위원장, 연구 지역의 지도·사진·통계자료 등을 사용하도록 해 준 마쓰무라 요시히사(松村嘉久) 한난대학 교수, 마쓰시게 이쓰오(松繁逸夫) 가마가사키자료센터장, 오사카공립대학, 니시나리노동복지센터와 히토하나센터의 관계자 그리고 여러 사진을 사용할 수 있도록 주선해 준 오사카시 니시나리구청 다카모리 신이치(高森進一) 씨에게 진심으로 감사드린다. 끝으로 사회적 연대의 공간을 상징하는 아이린종합센터의 삽화를 따뜻하게 그려 준 정현숙에게 고마움을 전한다.

한편 이 연구는 지난 10년에 걸쳐 진행된 만큼 서울대학교 일본연구소 인문한국사업, 전북대학교 신임교수지원사업의 도움을 받았다. 해외 현장연구를 재정적으로 지원해 주신 데 깊이 감사드린다. 기존에 출판했던 논문의 내용을 수정해 단행본으로 만드는 작업은 서울대학교 기초학문 저술지원사업 덕분에 가능했다. 논문 게재를 중시하는 분위기에서도 저술 활동을 지원해 준 것에 진심으로 감사드린다. 초고를 읽고 유익한 논평을 해 준 두 분의 익명의 심사자께도 깊이 감사드린다. 이 모든 지원에도 불구하고 연구 내용상의 오류는 필자의 책임이다.

2023년 12월

박지환

차례

머리말 5

제1장 하위계층의 도시공간을 통해 일본 사회 이해하기

1. 보따리장수 아저씨와의 만남 12
2. 가마가사키의 현재 18
3. 무연사회 일본 30
4. 신자유주의와 자립의 형식 39
5. 신자유주의적 통치와 NPO의 역할 48
6. 단기방문식 도시 연구 54

제2장 주변적 남성성의 공간적 생산과 구성

1. "위험하니 내리지 마시오!" 62
2. 슬럼으로서의 전사(前史) 69
3. "오사카의 밑바닥" 77
4. "일용직 노동의 성지" 85
5. "고독의 집합소" 97
6. 주변적 도시공간 읽기의 의미 105

제3장 노숙인 지원운동의 전개와 변형

1. 파견마을의 새로움과 친숙함 110
2. 아이린체제의 붕괴와 사회운동의 변형 113
3. 가마가사키 노숙인 지원운동의 전개 119
4. 가마가사키 노숙인 지원운동의 변형 130
5. 공공성의 재구성과 주체성 143

제4장 마을 만들기와 시민공간의 형성

1. 마을 만들기 '사업' 혹은 '운동' 148
2. 마을 만들기 주체의 형성 151
3. 니시나리특구구상의 전개 164
4. 현대 일본 사회에서 마을 만들기 173

제5장 예술 활동을 통한 이바쇼 만들기

1. 예술과 젠트리피케이션 178
2. 코코룸의 설립 181
3. 가마가사키예술대학의 추진 경과 187
4. "친밀하면서도 공공적인 장소" 193
5. "의존하지 않으면서 의존하는" 자립 201

제6장 고령자를 위한 고령자에 의한 장소 만들기

1. 사는 데 익숙한 곳에서 노년 보내기? 208
2. 히토하나프로젝트의 배경과 전개 212
3. 히토하나프로젝트를 통한 자립과 이바쇼 221
4. 환대의 장소 만들기 231

제7장 장소의 힘

1. 가마가사키의 과거와 현재 그리고 공공성 238
2. 젠트리피케이션, 세계화 그리고 장소성 247
3. 국가, 공동체 그리고 이바쇼 258

참고문헌 266
부록 286
찾아보기 288

제1장

하위계층의 도시공간을 통해 일본 사회 이해하기

「일본 도시 하층 지역 마을 만들기의 성립과 그 의의: 참여 민주적 시민 공간의 형성」, 『국제·지역 연구』 23(3), 2014, 131–159쪽의 일부와 「현대 일본 사회에서 이바쇼와 자립의 사회문화적 의미: 오사카시 예술–비영리 조직에 관한 사례 연구」, 『민주주의와 인권』 17(1), 2017, 111–149쪽의 일부를 개고하여 수록했다.

1. 보따리장수 아저씨와의 만남

2006년 7월 말, 박사과정 2년 차였던 나는 박사학위 논문을 작성하는 데 필요한 사전 조사를 위해 오사카를 방문했다. 2004년부터 유학 중이던 미국의 한 대학에서 매일 50분씩 학부생들과 일본어 수업을 들었고, 2005년 여름에는 교토산업대학에서 6주간 어학연수를 받으면서 오사카 시내를 돌아다녀 본 적도 있었기 때문에, 1년 전 처음 일본을 방문했을 때보다 한결 여유가 있었다. 간사이국제공항에 도착한 후, 숙소가 있는 오사카 남부의 번화가인 난바역(難波駅)까지 가는 난카이(南海) 철도도 별 어려움 없이 이용했다. 무엇보다 저렴한 숙소를 구했다는 데 내심 뿌듯한 마음마저 들었다. 내가 예비 조사 기간 중 머물기로 한 곳은 한국인 중년 여성이 운영하는 게스트하우스였다. 개인실은 아니었지만, 연구비가 넉넉지 않은 대학원생 처지에 하루 3,000엔으로 숙박과 아침 식사를 해결할 수 있다는 데 만족했다.

오사카에 도착한 때가 마침 월요일 오후라 여름 휴가철임에도 불구하고 전철에는 승객이 많지 않았다. 나는 옆으로 길게 이어진 좌석에 걸터앉아 난바역으로 향했다. 마침 옆자리에 앉아 있던 한국인 중년 남성이 나에게 말을 걸었다. 나는 그리 사교적인 성격은 못되지만, 반쯤은 문화인류학자로서의 호기심에서, 반쯤은 나보다 나이 많은 어른에 대한 예우로 전철로 이동하는 40여 분 동안 그와 대화를 나누었다.

이 남성의 직업은 간단히 말해 보따리장수였다. 그는 부산에서 오사카로 와 일본 상품을 구매해 한국에 내다 파는 일을 한다고 했다. 올 때는 비행기를 타지만, 돌아갈 때는 구매한 물건이 많으면 배편을 이용하기도 한다고 했다. 그는 내가 일본을 방문한 경험이 적다는 것을 알고 일본에서 항공료라도 뽑을 수 있는 비결을 알려주겠다며 마치 천황

가에 전해 내려온다는 3종 신기(三種の神器, 거울·구슬·칼)처럼 일본에서의 필수 구매 상품 세 가지를 아는지 물었다. 당시 대학원생이었던 나는 일본에서 책 말고는 별로 살 것이 없었고, 혹시 사고 싶은 것이 있었다고 해도 그럴 만한 금전적 여유가 없었던 탓에, 그 세 가지 상품이 무엇인지 전혀 짐작할 수 없었다.

내가 모르겠다고 하자 그는 담배, 향수, 양주라고 힘주어 말했다. 이 세 가지를 1인 면세 및 수량 한도 내에서 구매한 후 남대문시장에 가져다 팔면 항공료 정도는 뽑을 수 있다는 것이었다. 면세로 인한 시세 차익이 발생하기 때문이다. 세 가지 중에서 특히 양주는 반드시 사야 한다면서 양주를 저렴하게 살 수 있는 곳까지 가르쳐 주었다. 한국은 술의 종류와 가격에 따라 세금을 부과하지만 일본은 술의 종류와 용량에 비례해 주류세를 매기므로, 양주처럼 비싼 술은 크게 이득을 볼 수 있다고 강조했다. 일본과 한국을 오가며 장사하는 사람들의 삶이 얼마나 흥미로운지 생각하며, 서툰 일본어가 아니라 한국어로도 현장연구를 할 수 있겠다는 꾀가 들어, 그 순간 이 아저씨와 같은 한국인 보따리장수의 생활세계를 연구해 볼까 하는 생각도 잠시 했다.

그러나 이 보따리장수 아저씨는 의도치 않게 또 다른 연구 대상을 알려 주었다. 종착역인 난바역이 가까워질 때쯤 그는 나에게 숙소가 어디냐고 물었다. 나는 한국에서 인터넷 검색으로 저렴한 게스트하우스를 찾았다고 자랑했다. 내심 나도 일본에 대해 그만큼 잘 아는 것이 있다고 알려주고 싶었던 것 같다. 그러나 그는 내 말을 듣자마자 3,000엔이 뭐가 싸냐며, 그보다 더 저렴한 숙소가 많다고 했다. 게다가 1인실이라면서 그는 난바역 전 역인 신이마미야역(新今宮駅)에서 내렸다. 이곳에는 1,000엔 중반대의 숙소가 즐비하다는 말과 함께 간단한 가방(그는 심지어 여행자용 캐리어도 없었다)만 챙겨 들고 신이마미야역 플랫폼으로 사라졌다. 여비를 절약했다고 생각했는데 전혀 그러지 못했다는 것을 깨닫고, 일본 방문객이 꼭 사야 하는 '3종 신기'를 답하지 못했을 때보다 더 큰 충격을 받았다. 다음에 오사카에 올 때는 나도 신이마미야역에 숙소를 잡아야겠다고 결심한 것은 물론이다.

1박에 3,000엔짜리 '비싼' 게스트하우스에 머물며 박사학위 논문을 작성하기 위한 예비 조사지를 물색하는 한편, 틈이 날 때면 신이마미야역에 대해 인터넷으로 검색해 보았다. 이때만 해도 보따리장수 아저씨의 말처럼 이곳은 그저 저렴한 숙소가 밀집한 지역인 줄로만 알았다. 그러나 2006년 가을, 유학 중이던 대학으로 돌아와 논문 제출 자격시험을 준비하며 일본 사회에 관한 문화인류학적 연구를 검토하면서 신이마미야역 주변 지역에 대한 새로운 사실을 알게 됐다.

이때 읽은 몇몇 논문과 민족지(ethnography)에 따르면, 이곳은 행정구역상 오사카시 니시나리구(西成区)의 북동부에 위치한 하기노차야초(萩之茶屋町)와 타이시초(太子町)에 해당하지만, 통칭 '가마가사키(釜ヶ崎)'라고 불리는 곳이었다. 이 지역에 저렴한 숙소가 몰려 있는 까닭은 이곳이 새벽에 일용직 인력시장이 열리는 요세바(寄せ場)[1]였기 때문이다. 전국의 건설 현장을 돌아다니며 일하는 일용직 노동의 특성상 대다수 일용직 노동자는 간이숙박소(簡易宿泊所)라고 불리는 숙박시설을 사실상 집처럼 이용했다. 하지만 1990년대 이후 경기 불황으로 인해 일용직 인력시장의 규모는 전성기에 비해 비교해 대폭 축소됐고, 건설 노동

1 요세바(寄せ場)는 사람을 한 군데로 불러 모으는(寄せる) 장소(場)라는 말로, 좁은 의미에서는 새벽에 일용직 노동자와 구인자가 일거리와 노동력을 구하기 위해 모이는 인력시장을 뜻한다. 하지만 넓은 의미에서는 간이숙박소(簡易宿泊所), 즉 일용직 노동자들이 묵는 값싼 숙소가 밀집한 공간(ドヤ街)을 지칭하기도 한다. 즉, 요세바는 "일자리 계약 장소"이자 "간이숙박소 거리"이다(原口剛 2011a: 25). 이 책에서도 요세바를 이 두 가지 의미를 모두 포함한 광의의 개념으로 사용한다.

을 하기에는 나이가 많아 일거리를 구하지 못한 노동자는 노숙을 피할 수 없었다. 2000년대 이후 가마가사키는 노숙인이나 노숙에 빠질 위험이 있는 사람 그리고 여러 가지 이유로 곤궁한 처지에 놓인 사람이 지자체와 여러 시민단체의 지원 덕분에 생활보호(生活保護)[2]라는 복지제도에 의지해 살아가는 곳으로 변모했다.

석사학위 논문에서 분당 신도시의 계층적 공간 분화에 대해 다루었기 때문에(박지환 2003), 나는 가마가사키라는 도시공간과 그 속에서 나타나는 불평등 양상에 흥미를 느꼈다. 그래서 당시 계획 중인 일본의 중학교 교육에 관한 박사학위 논문을 마무리하면(Park 2011) 이 지역을 꼭 연구해 보겠다고 결심했다. 그러나 보따리장수 아저씨를 만난 시점부터 이 결심을 실현하기까지 꼬박 6년이 걸렸다.

물론 그전에도 오사카를 방문할 때마다 숙박비를 절약하기 위해 신이마미야역 인근에서 묵었다. 2007년 6월 본격적으로 현장연구할 중학교를 물색하려고 오사카에 갔을 때나 같은 해 8월 가족과 함께 살 집을 구하러 오사카에 먼저 도착했을 때도, 당연히 신이마미야역 인근에 있는 '호텔'을 이용했다. 내가 처음 묵었던 숙소에는 '호텔'이라는 이름이 붙어 있기는 했지만, 여럿이 사용하는 방에는 화장실과 샤워 시설도 없고 1박에 1,600엔 정도 하는 게스트하우스 같은 곳이었다. 당시 한국의 한 장학재단에서 장학금을 받고 있긴 했지만 현장연구를 위한 연구비는 재학 중이던 미국 대학의 일본연구센터에서 받은 6,000달러가

2 생활보호 제도는 경제적으로 곤궁한 상황에 놓인 사람을 지원하는 공적부조(公的扶助) 제도로 한국의 기초생활보장 제도에 해당한다. 지자체별로 자격심사를 통과한 사람에게 생활비 이외에 주택, 의료, 교육 등에 드는 최소한의 비용을 지급한다. 오사카시의 경우, 생활보호 수급자 1명에게 생활비, 월세, 의료비 등을 합쳐 월 12만 엔 정도를 지급한다.

전부였기 때문에 1년 이상 현장연구를 하기 위해서는 지출을 줄여야 했다.

이 지역을 본격적으로 연구하기 시작한 것은 이로부터 5년이 지난 2012년 2월부터다. 무사히 박사학위를 받고 한국에 돌아온 후 방학마다 이 지역을 방문하기 시작했다. 방문 전 인터넷 검색을 해보니, 마을 만들기 운동을 전개해 온 가마가사키재생포럼(釜ケ崎再生フォーラム)이라는 단체가 이 지역에 대한 스터디 투어(총 2시간 정도의 강의 및 도보 답사 프로그램)를 유료로 실시한다는 것을 알고, 이 프로그램을 신청했다.[3] 이후 매년 방학을 이용해 오사카에 갈 때마다 신이마미야역 인근의 호텔에 묵으며, 이 지역에서 고령의 노숙인과 생활보호 수급자와 더불어 활동하는 가마가사키지원기구(釜ケ崎支援機構), 가마가사키재생포럼, 목소리와 말과 마음의 방(こえとことばとこころのルーム, 이하 코코룸)[4], 히토하나센터(ひと花センター) 등 여러 단체를 방문했다.

이 지역을 방문하는 횟수가 늘어날수록 꾀가 생겨, 화장실이나 샤워시설은 없지만 혼자 쓸 수 있는 방에 묵다가(〈그림 1〉), 나중에는 더 게을러져서 좁더라도 1인실에 기본적인 편의시설이 갖춰진 '비즈니스호텔'을 이용했다. '비즈니스호텔'을 이용할 수 있었던 것은 이 연구

3 문화인류학에서는 연구 참여자나 연구 대상의 신원을 보호하기 위해 가명을 사용하는 것이 일반적이지만, 이 책에서는 일부 생활보호 수급자의 이름을 제외하면, 연구 참여자와 연구 대상 단체의 실명을 사용했다. 이 연구에서 다룬 단체의 이름이나 단체 관계자의 이름은 단체의 인터넷 홈페이지나 일본 국내외의 언론 보도뿐만 아니라 연구 성과물을 통해 많이 알려져 있고, 단체 관계자가 집필한 논문, 잡지 기사, 책도 나와 있어서 가명을 사용하는 것이 무의미하다고 판단했기 때문이다.

4 '코코룸'이라는 이름은 '목소리(こえ 코에)', '말(ことば 코토바)', '마음(こころ 코코로)'에 해당하는 일본어 단어의 첫 발음인 '코'와 '방'을 영어로 읽은 '룸'을 합성한 것이다.

를 시작했을 시점에 몸담았던 연구소가 해외지역학 분야의 연구를 지원하는 인문한국사업(HK)을 수행하고 있었고, 연구책임자가 현장연구의 필요성을 깊이 이해하고 있는 사회학자였기 때문에, 해외 지역 연구에 필요한 경비를 충분히 지원받을 수 있었던 덕분이었다. 따라서 내가 이용하는 '호텔'의 격(格)이 점차 높아지면서 하루 숙박비는 2,200엔에서 4,500엔까지 상승했다.

그림 1 간이숙박소 내부(2013년)

숙박비 증가에 비례해 이 지역에 대한 나의 이해도도 향상됐다고 말하기는 어렵지만, 2012년 이후 방문한 여러 단체에서 만난 사람들 그리고 가마가사키에 관한 수많은 선행연구 중 참고한 책, 논문, 보고서를 통해 이 지역과 이곳에서 살아가는 사람들에 대해 조금이나마 알게 된 점을 본서에 서술하고자 한다. 고령의 노숙인과 생활보호 수급자 그리고 이들을 지원하고 이들과 함께 새로운 형식의 사회적 연대를 창출하고자 애쓰는 활동가의 실천을 살펴봄으로써, 일본 사회가 1990년대 이후 경험한 구조적 변형의 의미와 그 과정에서 창출된 사회적 가능성을 이해하는 것이 이 책의 목적이다. 이를 위해서는 먼저 가마가사키라는 도시공간의 현재 상황을 이해할 필요가 있다.

2. 가마가사키의 현재

가마가사키는 정식 지명이 아니라 JR 순환선(環状線), 난카이 본선(本線) 그리고 1993년에 폐지된 난카이 덴노지선(天王寺線)으로 둘러싸인 지역을 통칭하는 이름이다. 가마가사키라는 명칭은 20세기 초까지 이 지역이 '니시나리군 이마미야무라아자 가마가사키(西成郡今宮村字釜ヶ崎)'라고 불렸던 데서 유래한다(原口剛 2011a: 19–22). 그러나 1922년 지명 개편 때 '가마가사키'라는 지명은 공식적으로 사라졌고, 1925년 오사카시의 제2차 시역(市域) 확장 때 오사카시 니시나리구(西成区)의 일부로 편입됐다. 하지만 사람들은 이 지역만을 '니시나리'라고 부르기도 한다.

한편 오사카시, 오사카부, 오사카부경찰본부는 1960년대 이 지역에서 빈발한 일용직 노동자의 '폭동'에 공동으로 대응하여, 1966년 이 지역을 아이린지구(あいりん[愛隣]地区)로 지정했다. 따라서 이곳은 '아이린지구' 또는 '아이린'이라고도 불린다(〈그림 2〉). 아이린지구는 현재의 행정구역상 니시나리구 하나조노기타 1가와 2가(花園北1·2丁目)의 일부, 하기노차야 1·2가와 3가(萩之茶屋1·2·3丁目)의 일부, 다이시 1·2가(太子1·2丁目), 덴가차야기타 1가(天下茶屋北1丁目)의 일부, 산노 1·2가와 3가(山王1·2·3丁目)의 일부에 해당한다(牛草英晴 1993: 122).

아이린지구는 좁은 의미의 가마가사키(하기노차야와 다이시)보다는 넓지만, 총면적이 0.62km²에 불과한 매우 좁은 지역이다. 가마가사키는 공식적인 행정구역이 아니므로, 이곳 주민의 인구학적 특성을 파악할 때는 행정기관이 설정한 아이린지구라는 단위를 활용하는 것이 유용하다. 다만 이곳 인구의 다수를 차지하는 일용직 노동자나 노숙인을 지원하는 활동가는 행정기관이 붙인 이 명칭을 별로 좋아하지 않는다. 그러므로 이 책에서는 아이린지구를 단위로 산출된 통계는 이용하지만, 이 지역을 가리킬 때는 '가마가사키'라는 표현을 사용하려고 한다.

한편 가마가사키는 JR, 시영(市營) 지하철, 민영 전철 등이 교차해서 오사카시 내외로의 접근성이 매우 좋은 곳이다. 우선 간사이국제공항(関西国際空港)에서 이곳까지 곧장 연결되는 철도 노선이 두 가지(난카이 본선과 JR 간사이 공항선)나 있다. 간사이국제공항에서 급행 전철을 타고 약 45분을 가면 신이마미야역에 도착할 수 있다. 이 외에도 서울시의 지하철 2호선처럼 오사카시를 일주하는 JR 순환선의 신이마미야역, 오사카시를 남북으로 가로지르는 시영 지하철 미도스지선(御堂筋線)과 사카이스지선(堺筋線)의 동물원입구역(動物園前駅) 그리고 경전철인 한카이선 신이마미야역입구역(新今宮駅前駅)이 교차하고 있어 오사카시 내외로의 접근성도 대단히 좋다. 예를 들어 동물원입구역의 북쪽 출구로 빠져나오면 오사카의 상징물 중 하나인 쓰텐카쿠(通天閣)까지 도보로 1-2분이면 갈 수 있다. 또한, 오사카시 남부의 번화가인 난바역까지는 JR, 난카이 철도, 시영 지하철로 한두 역만 이동하면 된다. 게다가 일용직 노동자가 주로 이용하는 간이숙박소는 물론 이를 비즈니스호텔로 개조한 숙박시설도 이 지역에 산재해 있어 간사이(関西) 지역을 찾는 국내외 여행객이 자주 이용하는 곳이기도 하다.

가마가사키에서 아주 중요한 장소 중 하나인 아이린종합센터(あいりん総合センター)는 아이린노동공공직업안정소, 니시나리노동복지센터, 오사카사회의료센터, 시영 하기노차야주택이 입주했던 건물이다(〈그림 2〉의 ⑦). 1970년부터 인력시장과 일용직 노동자의 쉼터로 사용되어 왔으나, 2009년 실시한 내진(耐震) 진단에서 대지진이 일어나면 붕괴할 위험성이 높다고 지적받아 2016년 현재 위치에 재건축하기로 결정됐고, 2019년 4월 마침내 폐쇄됐다.[5] 그 결과 〈그림 3〉에서 알 수 있듯이, 아이린종합센터에 입주된 시설 중 아이린노동공공직업안정소와 니시나리

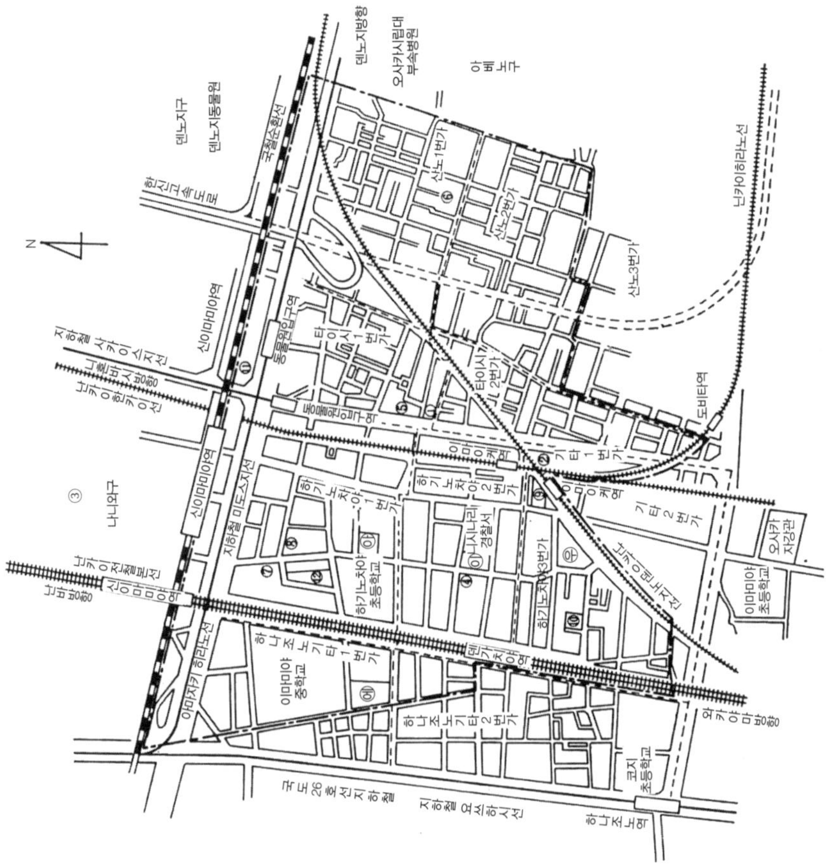

기호	명칭
①	시립갱생상담소(니시나리보건분실, 아이린생활상담실, 아이린은행, 간이부인상담소)
②	이마이케 생활관·보육소
③	마부치 생활관·보육소
④	니시나리시민관·와카쿠사보육원
⑤	히가시다보육소
⑥	산노보육소
⑦	아이린종합센터(오사카사회의료센터, 니시나리노동복지센터, 아이린공공직업안정소, 시영 하기노차야주택)
⑧	신이마미야 초·중학교
⑨	니시나리소방서 카이도출장소
⑩	아이린공공직업안정소분실
⑪	오사카자강관 아이린료
⑫	하기노차야제2주택
(야)	하기노차야 북측공원
(이)	하기노차야 중앙공원
(우)	하기노차야 남측공원 (삼각공원)
(에)	하나조노공원

그림 2. 1978년 아이린지구 지도

출처: 大藪寿一(1980: 46)

노동복지센터는 난카이 철도가 지나는 고가의 아래로 임시 이전했고, 오사카사회의료센터와 시영 하기노차야주택은 하기노차야초등학교[6]를 재건축한 건물로 이전했다. 다만 쉼터 기능의 유지를 요구하는 일부 노숙인과 운동 네트워크가 아이린종합센터 주변을 점거하고 있어서, 2020년부터 진행될 예정이었던 재건축은 아직 시작하지 못한 상태다.

아이린종합센터가 폐쇄되기 전에는 이 건물 1층에서 새벽 5시부터 인력시장이 열렸다. 아이린종합센터의 정면과 난카이선과 마주 보고 있는 서편(西便)을 따라 구인업자가 몰고 온 차량이 늘어서면, 일용직 노동자들은 각 차량의 앞 유리에 붙어 있는 구인 조건을 살펴본 뒤 그날그날 일할 곳을 정하고, 구인업자가 제공하는 차량을 이용해 작업장(대부분은 건설 현장)으로 이동했다.[7] 간사이공항 건설공사가 시작되는 등 건설 경기가 좋았던 1980년대 말에는 이런 방식으로 하루에만 5,000명 이상이 일용직 일자리를 구할 수 있었다. 1990년대 초까지도 가마가사키는 도쿄의 산야(山谷), 요코하마의 고토부키초(寿町)와 함께 일본의 3대 요세바 중 하나였다(生田武志 2007: 21).

그러나 1990년대 이후 일본 경제의 서비스 산업화나 건설 노동의 자동화와 더불어 젊은 세대가 휴대전화나 구인 광고지를 통해 개별적으로 일용직 일자리를 구하고, 구인업자도 공원이나 역 주변에서 일할 사람을 모집하는 등 구인 및 구직 방식도 달라져서(Aoki 2006: 11), 가마

---

5 「50年 釜ケ崎と向き合って あいりん総合センター労働施設閉鎖」, 『朝日新聞』 2019년 3월 27일 석간, 9면.

6 2015년 3월 학생 수 감소로 인해 인근의 다른 초등학교 두 곳과 함께 이마미야중학교 건물로 통합되어 이마미야초중통합학교(いまみや小中一貫校)로 개교했다.

7 가마가사키 일용직 노동자의 생활세계를 한국어로 소개한 글로는 1950년대부터 가마가사키에서 일용직 노동자, 노숙인, 생활보호 수급자로 살아온 한 개인의 일생을 채록한 기시 마사히코(2018)의 5장 참고.

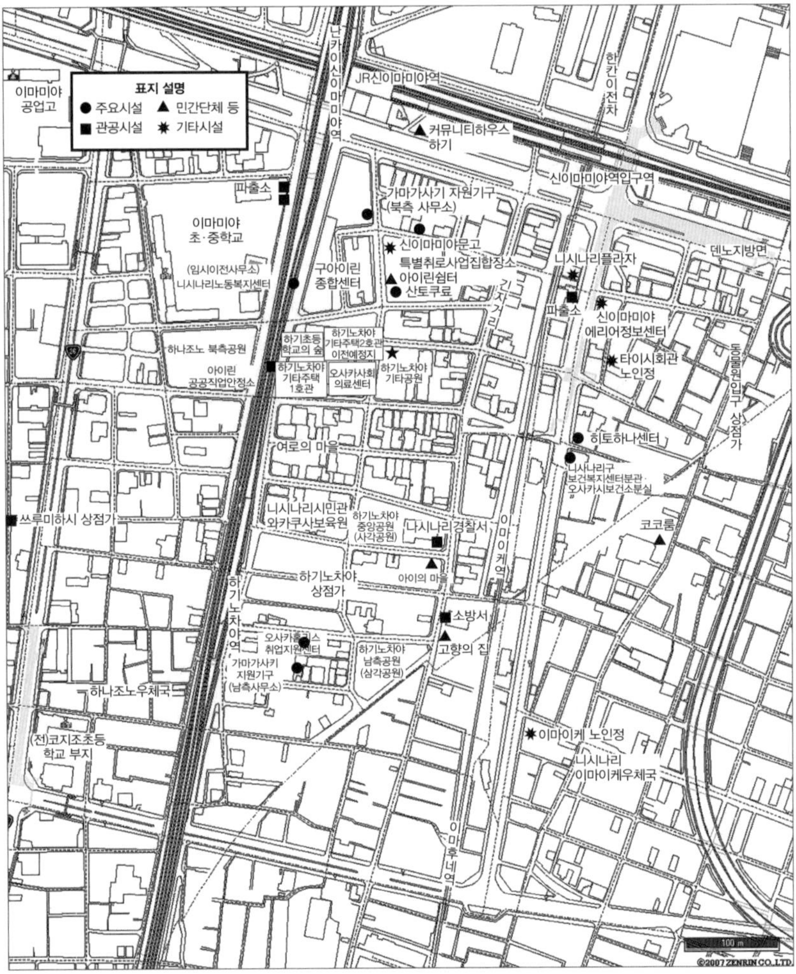

그림 3. 가마가사키 지도(2019년, 아리무라 센 제공)

출처: 이 지도는 니시나리노동복지센터(西成労働福祉センター)가 발행하는 소식지 『센터로부터(センターだより)』에 2019년 10월 1일에 실린 센터 주변 안내도다.

가사키 인력시장의 규모는 크게 줄어들었다. 그날그날 고용 여부가 결정되는 현금구인(現金求人) 노동자 수의 연간 합계가 1989년에 184만

그림 4. 아이린종합센터(2013년)

7,507명으로 역대 최고치를 기록했으나, 2009년에는 32만 6,621명으로 약 6분의 1 수준까지 줄어들었고(福原宏幸 2012: 79), 2019년에는 25만 361명까지 축소됐다(西成労働福祉センター 2020: 7). 따라서 필자가 이 연구를 시작한 2012년 무렵에는 새벽 5시에 나가도 아이린종합센터에 구인업자와 일용직 노동자로 붐비는 모습을 보기는 이미 힘들었다.[8]

대신 아이린종합센터는 노숙인과 생활보호를 받아 노숙 상태에서 벗어난 고령자의 쉼터로 이용됐다. 이곳에 노숙인이 모이는 이유

8 「縮む釜ケ崎を歩く1: '寄せ場' 労働者まばら」, 『朝日新聞』 2018년 9월 20일 석간, 11면; 「縮む釜ケ崎を歩く2: 空白の10年 離れる労働者」, 『朝日新聞』 2018년 9월 21일 석간, 11면. 이 기사를 작성한 간다 세지(神田誠司)에 따르면, 취재 당일 새벽 인력시장에 모인 노동자는 200명 전후여서, 9년 전에 취재했을 때의 5분의 1 수준에 불과했다. 이 때문에 가마가사키에서 40년 이상 일한 구인업자도 일용직 노동자를 필요한 수만큼 모집하기 힘들어했다. 즉, 요세바로서 가마가사키의 쇠퇴는 1990년대 이후 건설업 일자리의 감소와 젊은 노동자의 가마가사키 유입 감소가 상호작용하며 발생한 것이다. 대신 건설 현장에 인력을 파견하는 회사가 오사카부와 효고현에만 37곳의 함바(飯場)를 운영하며 약 2,000명의 일용직 노동자를 공급하고 있다.

는 1960–1970년대 젊은 시절에 건설 노동을 했던 일용직 남성 노동자들이 나이가 들어도 여전히 자신에게 익숙한 장소로 쉬러 오기 때문이다. 따라서 아이린종합센터는 폐쇄되기 직전까지도 낮에는 젊은 시절 건설 노동자로 일했을 할아버지들이 모여 대화를 나누거나 술을 마시고 장기를 두는 곳으로 사용됐다. 또한 밤새 빈 캔이나 폐지를 주우러 돌아다닌 노숙인이 낮에 아이린종합센터 내에서 잠을 청하기도 했고, 아이린종합센터의 셔터가 닫힌 밤에는 이슬을 피해 이 건물 난간 아래에서 노숙하는 사람도 있었다.

한편 〈그림 5〉에서 보듯, 아이린종합센터 뒤편과 한카이 전철 및 오사카시 지하철역 방향에도 간이숙박소가 산재해 있다. 간이숙박소는 숙박시설이라고 하지만, 다다미 세 장 크기의 1인실(3畳1間)에는 화장실과 세면시설이 없고,[9] TV, 에어컨, 작은 냉장고 그리고 붙박이장에 이불만 놓여 있다(〈그림 1〉). 그래서 씻으려면 1층에 있는 개인용 샤워실이나 남녀 이용 시간을 구분해 놓은 공중목욕탕을 이용해야 한다. 그러나 아직도 가장 저렴한 곳은 1박에 2,000–3,000엔이면 묵을 수 있고, 다른 나라의 저가 숙소에 비해 깨끗하게 관리되어 있으며, 최근에는 대부분의 간이숙박소에 무선 인터넷이 설치되어 예산이 빠듯한 배낭 여행객이 이용하기에는 부족함이 없다.

물론 가마가사키의 간이숙박소가 애초부터 배낭 여행객을 위해 만들어진 것은 아니었다. 간이숙박소는 일정한 주거가 없는 일용직 노동자가 그날 번 돈으로 그날 숙박비를 내고 지내는 곳이었다. 일용직 노동시장의 규모가 가장 컸던 1980년대 말 가마가사키에는 210개소의

---

9 간사이 지역에서 다다미 한 장의 면적은 대략 1.82m²이므로, 다다미 세 장은 약 1.65평에 해당한다. 그러나 간이숙박소는 이보다 작은 다다미를 사용하는 곳도 많다.

간이숙박소가 있었고, 약 2만 명의 일용직 노동자가 이곳에서 생활했다(平川隆啓 2011). 그러나 일용직 노동시장이 대폭 축소된 현재는 60여 곳만 간이숙박소로 영업 중이며, 100곳 이상은 생활보호 수급자가 거주하는 복지아파트로 전환됐고, 그중 일부는 고령인 입주자의 일상생활을 도와주는 직원이 상주하는 서포티브하우스로 운영되고 있다(水内俊雄·平川隆啓·富永哲雄 2011). 나머지 40곳 정도가 2000년대부터 늘어나기 시작한 국내외 관광객을 상대하는 비즈니스호텔로 개축됐다(松村嘉久 2011). 2010년대 후반부터는 고령인 생활보호 수급자가 사망 등으로 줄어들자, 외부 자본이 들어와 노후화된 간이숙박소나 복지아파트를 비즈니스호텔로 재건축하거나 고급 호텔을 신축하는 일이 급속하게 진행되고 있다.[10]

2000년대 이후 가마가사키는 요세바에서 생활보호에 의지해 살아가는 고령자가 많은 복지의 거리(福祉のまち)로 변모했다(稲田七波 2011). 1990년대 초반부터 시작된 경기 불황 탓에 인력시장에서 일거리를 얻기 어려워진 고령의 노동자들이 대거 노숙 상태에 빠진 탓이었다. 1998년 오사카시립대학에 의해 최초로 실시된 「오사카시 노숙인 전수·실태 조사(大阪市における野宿者概数·概況調査)」에서 오사카시의 노숙인 수가 8,660명에 달하며, 이 가운데 1,191명은 아이린지구에서 노숙하고 있다는 사실이 밝혀졌다.[11] 노숙인 대응책의 하나로 후생노동성 사회·원호국 보호과는 2003년과 2009년 두 차례에 걸쳐 거주지가 명확하지 않은 사람도 복지시설에 입소하지 않고 일반주택에서 생활보호 제도를

10 「縮む釜ケ崎を歩く3: 簡宿の街 ホテル建設の波」, 『朝日新聞』 2018년 9월 25일 석간, 9면.

11 「大阪市における野宿者概数·概況調査」, https://www.npokama.org/kamamat/3web/siryou/frames76.htm (검색일: 2022. 7. 22).

그림 5. 가마가사키 지도(2006년, 마쓰무라 요시히사 제공)

출처: 이 지도는 한난대학 국제관광학부(阪南大学国際観光学部)의 마쓰무라 요시히사 연구실이 2005년 5월과 2006년 6월에 실시한 현지조사를 바탕으로, 『젠리손 전자주택지도 디지타운 오사카부 오사카시 24구』를 사용해 마쓰무라 교수가 작성한 것이다. 이 책에서는 마쓰무라 교수의 허락을 얻어, 숙소의 유형을 구분한 범례 부분의 글자를 한글로 바꿨다. http://www.hannan-u.ac.jp/doctor/tourism/matsumura/mrrf4300000091ub-att/mrrf43000000befz.pdf (검색일: 2013. 12. 12).

이용할 수 있도록 하라고 각 지자체에 통지했다(白波瀨達也 2017a: 72).[12] 그동안 주소지가 불확실하다는 이유로 생활보호를 거부당했던 고령의 노숙인이 대거 생활보호를 신청함에 따라, 가마가사키의 생활보호 수급자의 수가 급격히 늘어났다. 2002년 아이린 지역의 생활보호 수급자는 2,500세대였으나, 2003년에는 6,000세대, 2009년 7,300세대까지 늘어났고, 2010년대 초반에는 9,500세대에 이르렀다(水內俊雄·ありむら潜 2012: 28).

가마가사키는 일용직 노동자에게 중요한 삶의 터전이었지만, 일의 특성상 전국의 건설 현장을 돌아다녀야 했기에 가마가사키에 상주하는 '주민'은 아니었다. 그러나 2000년대 이후 나이 든 일용직 노동자들이 노숙 생활을 거쳐 생활보호 수급자가 되면서 비로소 가마가사키의 '주민'이 됐다. 중앙정부와 지방자치단체가 생활보호 수급비로 막대한 규모의 세금을 지출하는 것에 대한 사회적 비난에도 이들이 받는 공적 부조금은 현재 이 지역의 경제를 지탱하는 원천이 되고 있다. 이 점은

12 2003년 후생노동성 사회·원호국 보호과 과장의 통지가 있기 전까지, 오사카에서는 노숙인에게 주소지가 불분명하다는 이유로 생활보호 제도 적용을 거부하는 사례가 빈발했다(有馬晋作 2003). 오사카시는 노숙인에게 생활보호를 적용할 경우 재정 부담이 늘어날 것을 우려했기 때문이다. 또한, 생활보호 제도는 국가가 담당하는 업무라는 점도 지자체가 노숙인 문제 대응에 이 제도를 적극적으로 적용하지 않는 데 영향을 미쳤다. 하지만 1997년 가마가사키의 한 노숙인은 주소지의 불분명함을 이유로 생활보호 제도를 통한 거택보호(居宅保護)를 적용받지 못한 것에 대해 오사카시립갱생상담소 소장을 상대로 소송[일명 사토소송(佐藤訴訟)]을 제기했다. 그리고 2002년 3월 오사카 지방재판소는 주거가 없더라도 거택보호를 적용할 수 있다며 원고 승소 판결을 내렸다. 이 소송은 가마가사키에서 생활보호 제도를 이용해 노숙인에게 생활의 안정을 제공하는 일이 본격화하는 계기가 됐다. 다만 가마가사키의 일부 활동가는 국가가 노숙인의 상당수가 고령자라는 점을 염두에 두고 노숙인에 대한 근본적인 대책을 세우지 않은 채 생활보호 제도를 활용해 임시방편적으로 대응하고 있다고 비판하기도 한다.

가마가사키에 있는 복지시설인 산토쿠료(三徳療) 아이린상담실(あいりん相談室) 실장 오리타 다카유키의 말에도 잘 드러난다.

> 현재 가마가사키는 생활보호의 동네입니다. 가마가사키에는 [2013년] 현재 1만 명 정도의 생활보호 수급자가 살고 있어요. 이들이 받는 생활보호비만 한 달에 8,000만 엔이고 여기에 주택 보조비, 의료 보조비 등까지 포함하면 1억 2,000만 엔이 매달 가마가사키 지역에 떨어지는 겁니다. 생활보호비의 3/4은 국가가, 1/4은 지방정부가 충당하는데 1년간 오사카시에 투입되는 생활보호비가 3,000억 엔이므로 이 가운데 750억 엔은 오사카시가 부담하는 셈이지요. 하지만 오사카시의 재정 상태가 좋지 않다고 하여 국가가 생활보호비로만 지출하는 조건으로 오사카시에 해마다 700억 엔[정확한 수치는 600억 엔]을 보태 줘요. 따라서 오사카시가 실제로 부담하는 액수는 50억 엔[정확한 수치는 150억 엔]에 불과합니다.[13] 이런 내용은 오사카시 홈페이지에도 나와 있어요. 그런데 언론 등에서 제대로 보도하지 않지요. 그렇다 보니 오사카시 시민들은 왜 우리 세금을 가지고 가마가사키 사람들을 지원하느냐고 오해해요. 니시나리구에 1년에 500억 엔 정도가 생활보호비로 들어오는 셈인데, 생활보호 수급자들은 이곳에서 식사도 하고 의료 지원도 받잖아요. 따라서 생활보호가 줄어들면 가마

13 이 인터뷰는 2013년 2월에 한 것이므로 오리타가 언급하는 수치는 회계연도로는 2012년 오사카시의 생활보호비 지출액이라고 할 수 있다. 일부 수치에 착오가 있지만, 그의 주장 자체는 사실에 부합한다. 니시나리특구구상(제4장 참고)을 준비하며 작성한 보고서『니시나리특구구상 유식자좌담회 보고서』(西成特区構想有識者座談会報告書)에 따르면, 2012년 오사카시 생활보호비 지출액은 연간 3,000억 엔으로 이 가운데 75%인 2,250억 엔은 국가가 부담하며, 25%인 750억 엔은 오사카시가 부담하게 되어 있다(原昌平 2012: 66). 오사카시 부담액 중 600억 엔(전체 중 20%)은 국가에 지자체에 주는 지방교부세로 충당하므로, 시의 실질적인 부담은 150억 엔(전체 중 5%)이다.

가사키라는 동네는 죽어 버립니다(오리타 다카유키, 2013. 2. 15).[14]

가마가사키가 복지의 거리라는 점은 이중적인 의미를 내포하고 있다. 한편으로는 정부의 재정 지원 없이는 지역 경제와 주민 생활이 유지될 수 없는 의존적인 공간이라는 뜻이다. 그러나 이 책에서 다루는 것처럼, 이것은 가마가사키가 가난한 고령자가 정부의 복지 혜택뿐만 아니라 여러 민간단체의 도움을 받아 살아가는 곳이며, 따라서 여러 사회적 주체가 연대해 새로운 형태의 자립을 모색하는 장소라는 것을 의미한다. 가마가사키는 사회경제적 격차의 확대와 인구의 고령화가 진행되는 일본 사회의 축도(縮圖)와 같은 곳이지만, 오히려 그래서 새로운 사회적 관계를 만드는 실천이 이뤄지는 곳이기도 하다.

따라서 이 책에서는 일차적으로 가마가사키의 장소성이 도시 빈민 가족이 거주하는 슬럼에서 단신 남성 일용직 노동자가 거주하는 요세바로, 그리고 다시 생활보호 수급자가 집중된 복지의 거리로 변해 가는 양상을 상세하게 기술할 것이다. 그러나 가마가사키라는 도시공간의 역사를 단지 통사적으로 서술하는 것이 아니라, 이처럼 여러 차례에 걸쳐 장소성을 바꿔 놓은 정치적 동학과 사회적 실천에 주목하고자 한다. 이로써 1990년대 이후 가마가사키에서 실행된 다양한 실천의 사회적 의미를 탐색하고, 전후(戰後) 일본 사회의 구조적 변형을 이해하며, 일본 사회가 향하고 있는 방향성을 파악하고자 한다.

---

14 이것은 2013년 2월 15일 오리타 다카유키와 한 인터뷰 내용을 현장연구노트(fieldnote)에 기록한 것이다. 이하에서 연구자가 작성한 현장연구노트의 내용을 인용할 경우, '(인터뷰 참여자, 일시)'와 같은 형식으로 표시한다. 연구자가 인터뷰한 내용이 아니라 참여관찰(participant observation)한 내용을 현장연구노트에서 인용할 경우에는 현장연구를 실시한 일시만 표기한다.

3. 무연사회 일본

일본 내에서도 매우 독특한 지역인 가마가사키를 통해 일본 사회의 구조적 변형을 파악하려는 이유는 1990년대 이후 일본 노동자의 고용이 마치 요세바의 일용직 노동자처럼 불안정해졌기 때문이다. 이미 1980년대 말부터 가마가사키의 활동가들은 "요세바가 일본 전체로 확대되는 현상, 즉 전국의 가마가사키화(寄せ場の日本全国への拡大、つまり全国の釜ヶ崎化)"가 일어나고 있다고 말했다(生田武志 2007: 194-195). 예를 들어 하루 전날 휴대전화 문자 메시지로 일거리를 받고 다음 날 작업 현장으로 곧장 향하는 파견 노동자['원 콜 워커(ワンコールワーカー)'라고 불린다]는 새벽 인력시장에서 그날그날 일자리를 구하는 일용직 노동자나 진배없다.[15] 해고와 동시에 사업체가 제공하던 숙소에서 쫓겨나 PC방[일본에서는 '인터넷카페(ネットカフェ)'라고 부른다]을 전전할 수밖에 없는 노동자나 PC방에서 하룻밤을 보낸 뒤 다음 날 일자리 구하지 못하면 노숙할 수밖에 없는 노동자의 일상에서도, 늘상 노숙의 위험에 직면하고 있는 가마가사키 일용직 노동자의 모습을 엿볼 수 있다.

그러나 일본 사회의 구조적 변형을 단지 고용의 유동화로만 한정할 수 없다. 이것을 상징적으로 보여 주는 표현이 '무연사회(無縁社會)'다. 무연사회는 사회적 관계가 단절된 사회를 뜻하는 신조어다. 2010년 1월 일본방송협회(NHK)는 저녁 뉴스 프로그램인 〈뉴스 워치9(ニュースウオッチ9)〉를 통해 〈무연사회 일본〉의 실태를 3회에 걸쳐 보도했고, 이

15 1986년에 제정된 노동자파견법은 처음에는 일부 전문 분야에만 파견 노동을 허용했으나, 1999년 지정된 업무 이외의 분야에는 원칙적으로 모든 분야에서 파견 노동자를 고용할 수 있도록 개정됐으며, 2004년에는 제조업에도 노동자를 파견할 수 있도록 허용했다(Fu 2012).

어서 주말 저녁 특집방송으로 〈무연사회: 무연사(無縁死) 3만 2,000명의 충격〉이라는 제목의 기획 프로그램을 방송했다(NHK 무연사회 프로젝트팀 2012). 이 기획 프로그램은 고령자가 자신의 집에서 고독사하더라도 한동안 아무도 눈치채지 못하거나, 신원이 확인된 행려병사자도 친인척이 유골 인수를 거부해 무연고자로 처리되는 일이 연간 3만 2,000건에 이른다고 보도함으로써 일본이 인간관계가 단절된 사회라는 점을 극명하게 보여 주었다.

일본 사회에서 사회적 고립의 문제는 연고자 없이 생을 마감하는 사람에게만 국한되지 않는다. 공적인 보육 서비스가 부족한 탓에 자녀 양육과 직장생활을 양립하지 못해 사회경제적으로 어려움을 겪는 모자가정의 여성, 학교에서 따돌림을 당해 장기 결석 중인 학생(不登校), 파트타임이나 아르바이트로 생계를 유지하는 프리터(フリーター)[16], 학교와 직업훈련기관에도 다니지 않고 구직활동도 하지 않는 니트(NEET, Not in Education, Employment or Training)[17], 고용과 가족의 불안정 등이 복합적

16 프리터는 1980년대 한 구인정보지에서 유연한 파트타임 고용을 선전하기 위해, 영어의 프리(free)와 '일하다'라는 뜻의 독일어 아르바이텐(arbeiten)에 사람을 나타내는 접미사 er을 붙여 만든 신조어이다(Kosugi 2008: 1). 처음에는 '프리 아르바이터(フリーアルバイター)'라고 쓰였지만, 한 영화에서 프리터라고 줄여 사용한 것을 계기로 일상에서 널리 사용하게 됐다. 후생노동성의 정의에 따르면 15세에서 34세까지의 인구에서 학생과 기혼여성을 제외한 사람 중 파트타임이나 아르바이트 형태의 일을 하거나 그러한 일을 구하고 있는 사람을 뜻한다(Honda 2005). 프리터의 수는 1990년대 이후 늘어나기 시작해 2003년에는 217만 명(해당 연령층의 6.5%)에 달했지만, 2010년대 이후 점진적으로 줄어들어 2020년 현재 136만 명(5.5%)에 이르렀다.

17 니트는 2000년대 초중반부터 정부, 학계, 시민사회의 관심의 대상이 됐다(Genda 2007; Toivonen 2012). 니트에 가사노동을 하는 여성을 포함할 것인가에 대해 논란이 있었지만, 결국 후생노동성의 주장대로 니트는 15세에서 34세까지의 인구에서 가사노동 여성을 제외한 사람 중 학교나 직업훈련기관에 속하지 않고 구직 의사가 없는 청년으로 정의됐다. 1995년 55만 명(해당 연령층 중 1.3%)에서 2012년

으로 작용해 노숙 상태에 빠진 청년도 사회적 관계의 단절을 경험하고 있다(김영 2013; 이은경 2016; Allison 2013). 즉, 일본 사회에서 샐러리맨 남성과 전업주부 여성으로 구성되는 핵가족, 정규직으로서 정년까지 일할 수 있는 회사, 그리고 이 두 제도 사이에서 청(소)년을 사회로 매개하는 학교, 이 세 가지 장(場) 어느 곳에도 정식으로 속하지 않는 사람은 사회적으로 고립될 가능성이 크다(Brinton 2011: 3장).

그 이유는 전후 일본 정부가 청소년, 노인과 같은 사회적 약자에 대한 일차적 책임을 가족에 맡겨 놓은 채 공적인 사회복지 시스템을 제대로 구축하지 않았기 때문이다(Kelly and White 2006). 대신 성인(주로 남성)은 당연히 경제활동을 한다는 전제하에 고령자 복지에 초점을 맞춰 사회보장제도를 설계했다. 정치학자인 미야모토 타로(宮本太郎)는 전후 일본의 이러한 사회보장제도를 "고용을 축으로 하는 생활보장 시스템"이라고 불렀다(미야모토 타로 2011: 174). 즉, "민간 대기업이든 지방의 중소 영세기업이든지 간에 남성 생계부양자의 고용을 확보하여 1차 소득을 안정시키고, 그것을 가족주의를 통해서 가족 구성원의 복지로 이어지게" 했다. 이것은 국가가 아니라 가족과 기업이 생활보장의 일차적 책임을 지는 시스템이다. 역사학자인 제프 킹스턴(Kingston 2019: 23)은 이런 시스템을 일본 정부가 "복지를 일본주식회사에 위탁(outsourcing welfare to Japan, Inc.)했다"라고 간결하게 표현했다.

사회구조적 차원에서 보면 이러한 생활보장 시스템은 가족-학교-회사 간의 긴밀하고 연속적인 기능적 연계를 통해 지탱됐다. 사회학자인 혼다 유키(本田由紀 2019: 133)는 이것을 "전후 일본형 순환모델(戰後日本型循環モデル)"이라는 말로 표현했다. 이 모델은 우선 핵가족 내의

에는 83만 명(2.3%)까지 늘어났으나 2019년 현재 74만 명(2.3%)까지 감소했다.

철저한 성별 분업에 의존한다. 남성은 회사에서 장시간 일하면서 가족의 생계를 책임지고, 여성은 전업주부로서 자녀와 (시)부모를 돌보고 가사를 전담한다. 설령 여성은 취업하더라도 가사와 자녀의 교육에 지장을 주지 않도록 동네 슈퍼마켓 등에서 파트타임 노동자로 일하는 것이 바람직하다고 여긴다.[18] 자녀는 어머니의 보살핌과 학교 교사의 가르침에 순종하며 열심히 공부하면 '좋은' 대학에 진학하거나 안정된 일자리를 얻을 수 있다고 교육받는다. 기업은 신입사원이 특별한 기술이 없더라도 채용 후에 회사에서 일하는 데 필요한 기술을 가르치면 된다고 생각하여, 학교를 갓 졸업한 청년(주로 남성)을 정규직 직원으로 채용함으로써 그와 그가 형성할 가족의 생활을 보장한다.

따라서 사회학자 기도 리에(貴戸理恵 2019: 392)는 1990년대까지의 일본 사회를 "학교와 기업이 지나치게 성공한 사회(学校と企業が成功しすぎた社会)"라고 규정했다. 이런 방식이 성공할 수 있었던 데는 일본이 "멤버십주의(メンバーシップ主義)" 사회였기 때문이다. 멤버십주의란 "아이들과 젊은이들이 사회적 존재가 되는 일반적인 과정에서 조직 내 개인이 담당하는 일의 구체적인 내용이나 개인별 기능 및 자격보다 조직 단위의 위신이나 소속 혹은 재적(在籍)하고 있다는 사실 자체가 더 큰 의미가 있다"라는 것이다. 즉, 학교나 회사에서 무엇을 배우고 어떤 일을 하는지보다 어떤 학교에 다니고 어떤 회사에서 일하느냐가 개인의 위신과 안녕에 더 중요하다는 의미에서, 전후 일본 사회는 한 사람이 '바람직한' 사회 구성원으로 성장하고 인정받으려면 가족, 학교, 회사에 속하는 것이 중시되는 사회였다.

---

18 일본 슈퍼마켓 체인의 노사 관리 시스템의 변화와 이에 대응한 여성 파트타임 노동자의 저항에 대해서는 김영(2020)을 참고.

이처럼 가족–학교–회사로 매끄럽게 이어지는 기능적 순환 속에서 일본 시민 중 대다수는 자신이 "신중산층 사회(new middle class society)"의 일원이라고 믿었다(Kelly 1993). 가족 간의 경제적 격차, 학교 서열에 따른 학력 수준 차이 및 진로 분화, 기업 규모에 따른 임금 및 복지 격차 등에도 불구하고, 1980년대까지도 일본인 대다수는 이 세 가지 제도 속에서 맡은 바 책무를 다한다면 누구나 중산층다운 삶을 성취할 수 있다고 믿었다. 이런 점은 일본 내각부가 실시하는 「국민 생활에 관한 여론조사(国民生活に関する世論調査)」에서 1970년대 이후 90% 이상의 응답자가 자신의 생활수준을 중류라고 답한 데서 단적으로 드러났다(Sugimoto 2014). 일본은 인구의 90%에 해당하는 1억 명이 스스로 중산층에 속한다고 믿는 일억총중류사회(一億総中流社会)였다.

그러나 1990년대 이후 과열된 주식시장과 부동산시장이 정책 실패로 붕괴하면서 일본은 "잃어버린 30년"에 빠져들며 일억총중류사회의 종언을 맞이했다(요시미 슌야 2020).[19] 현재는 "워킹푸어(ワーキングプア)"

19 1990년대 이후 일본 사회에서 경제적 격차가 확대됐고 사회이동이 어려워졌는가, 즉 절대적·상대적 불평등이 확대됐는가는 논쟁적인 주제다(Blind and Lottanti von Mandach 2015; Chiavacci 2008). 다치바나키(2001)는 1980년대 이후 임금과 자산에 있어서 경제적 격차가 확대됐다고 주장했지만, 이런 격차가 OECD의 다른 나라에 비해 크지 않으며 1인 가구 및 고령자 세대의 증가로 인한 현상이라는 견해도 제시됐다(文春親書編集部 2006). 사토 도시키(2014)는 1995년 사회계층과 사회이동에 대한 조사(social stratification and social mobility survey, 이하 SSM조사)를 분석해 다른 계층에서 상층 화이트칼라로 진입하는 것이 어려워졌다고 주장했지만, 전후 일본에서 사회이동(social mobility)의 폐쇄성에는 큰 변화가 없다(언제나 일정한 정도로 계급 재생산이 일어났다)는 견해가 일반적으로 받아들여지고 있다(Ishida 2010, 2018). 그런데도 2000년대부터 이른바 격차사회론(格差社会論)이 사회적으로 공감을 얻은 것은 1990년대 이후 노동자 가구의 월평균 소득이 계속 줄어들고, 전체 노동자 중 비정규직이 차지하는 비율이 1991년 19.8%에서 2014년 37.4%까지 증가했을 뿐만 아니라, 남성 대졸자가 대기업의 샐러리맨이 되는 생계부양자 모델이 더는 작동하지 않게 됐기 때문이다(Chiavacci

라는 말이 상징하듯 유동화된 고용 환경으로 인해 아무리 열심히 일해도 생계를 유지하기 힘들거나(카도쿠라 다카시 2008; NHK스페셜 워킹푸어 취재팀 2010), 설령 안정적인 정규직을 얻었다고 하더라도 노동조건이 열악한 "블랙기업(ブラック企業)"에서 노동 착취에 시달리는 사회가 됐다(곤노 하루키 2013; 김영 2016; Asahina 2021).

일본 사회가 지난 30년 사이에 잃어버린 것은 단지 경제적 안정만이 아니다. 단적인 예로 미래에 대한 전망과 태도에서 격차가 확대되고 있다는 뜻의 "하류사회"나 "희망격차사회"라는 말이 현실에서 공공연하게 통용되고 있다(미우라 아츠시 2006; 야마다 마사히로 2010). 일본 사회가 피라미드형 계층구조로 되어 있다고 느끼는 사람의 비율은 1999년과 2009년 조사를 비교할 때 32.3%에서 38.5%로 늘어났고, 중산층이 두꺼운 다이아몬드형 계층구조라고 생각하는 사람의 비율은 같은 기간 35.2%에서 20%로 줄어들었다(Hommerich 2017: 38). 심지어 사회경제적으로 중산층 이상인 사람도 지위 불안(status anxiety)을 드러냈다. 또한 교육열망이 지역과 계층에 따라 분화되는 "의욕격차사회"가 되어(苅谷剛彦 2001), 누구나 교육으로 사회이동을 할 수 있다고 믿었던 "대중교육사회"의 "종언"을 고했다(Matsuoka 2019).

이로써 1990년대 초까지도 일억총중류사회라고 불리던 일본은 어느새 가족관계에서부터 고용에 이르기까지 불안정하고 위태로운(precarious) 무연사회가 되어 버렸다(Allison 2013; Endo 2019; Shibata 2020). 전후 일본 사회의 생활보장 시스템에 내재된 근본적인 문제는 그동안

---

and Hommerich 2017). 반면 청년세대가 부모 세대만큼 사회이동을 달성하기 어려워지자 사람들이 세대 내의 절대적·상대적 격차를 더 민감하게 인식하게 됐다(Kanbayashi 2019; 吉川徹 2009). 특히 격차사회론은 자녀의 계급 재생산에 민감한 화이트칼라 식자층 사이에서 사회현상을 해석하는 모델로서 힘을 얻었다.

생활의 안전을 보장하는 데 공적인 시스템이 취약했다는 점이다. 생활의 안전을 가족이나 기업과 같은 민간 영역에 의지했고, 학교가 학생에게 정규직 일자리를 소개하는 학교경유취직제도(学校経由就職制度)도 상당 부분 교사 개인의 네트워크에 의존했다(박지환 2016). 바꿔 말하자면, 전후 일본 사회는 한 개인이 가족, 학교, 회사라는 장에서 지위를 상실하면 한순간에 사회와 단절되어 빈곤한 상태로 떨어질 수 있는 "미끄럼틀 사회(すべり台社会)"였다는 것을 의미한다(유아사 마코토 2009: 46).

가마가사키는 무연사회의 극단을 보여 주는 곳이다. 가마가사키에서는 1990년대 초반 이후부터 일본 경제의 장기 불황과 구조 전환으로 인해 건설 노동을 하던 고령의 일용직 노동자들이 대거 노숙 상태에 빠지는 일이 발생했다. 2000년대 이후 상당수의 노숙인이 특정비영리법인(non-profit organization, 이하 NPO)과 지방자치단체의 도움을 받는 생활보호 수급자가 됐지만, 여전히 가마가사키의 거리와 공원에서는 노숙하는 사람을 쉽게 발견할 수 있다.[20] 따라서 가마가사키에서는 객사하는 사람이 끊이지 않고,[21] 생활보호를 받는 고령자가 좁은 방에서 혼자 지내다가 사망하는 일도 빈번히 발생한다. 따라서 가마가사키는 고

---

20 1995년에 발생한 한신·아와지 대지진을 계기로, 일본 정부가 자원봉사활동의 역량과 가능성을 인식하고, NPO의 설립과 운영의 조건을 대폭 완화하기 위한 법적 조치로서 1998년 특정비영리활동촉진법(特定非営利活動促進法)을 제정했다(Pekannen and Simon 2003).

21 가마가사키에서 발생하는 행려사망인수나 행려병인사망인수에 대한 정확한 집계는 존재하지 않고, 니시나리구보건복지센터의 행려사망인 건수 통계와 오사카시립긴급인원보호업무센터가 집계한 니시나리구 행려병인사망건수 통계에서 이를 추측할 수 있을 뿐이다(白波瀬達也 2013: 33-34). 니시나리구에서 주소가 불확실한 사람의 상당수는 가마가사키를 거점으로 삼아 생활하고 있기 때문이다. 2010년에 두 센터가 집계한 해당 통계는 각각 9명과 67명이다. 이 수치는 2000년대 중반부터 노숙인에 대한 생활보호 자격인정이 확대되면서 절반 수준으로 줄어든 것으로 2004년 해당 수치는 각각 25명과 150명이었다.

독사와 무연고 죽음이 발생하는 무연사회다.

한편 가마가사키의 일용직 노동자와 노숙인은 가족, 학교, 회사라는 세 제도 모두에서 철저하게 소외된 존재라는 점에서 가마가사키는 넓은 의미의 무연사회이기도 하다. 가마가사키에서 다른 사람의 과거를 물어보는 것은 금기(taboo)다. 이곳에는 가족과의 인연을 끊고 고향을 등진 사람, 도박이나 사업 실패로 빚을 갚지 못한 채 도망 다니는 채무자, 교도소나 사회보호시설을 나온 후 갈 곳이 없는 출소자처럼 온갖 사연을 가진 사람이 모여들기 때문이다. 필자가 2012년 이 지역 스터디 투어에 참여했을 때 아이린종합센터의 한쪽 벽에 연락이 닿지 않는 가족을 찾는 공지가 나란히 붙어 있는 것을 볼 수 있었다. 이것은 가족관계가 단절된 사람들이 이곳에 모인다는 사실을 보여 준다.

또한 1950년대 이후 가마가사키로 모여든 일용직 노동자 대다수는 의무교육인 중학교를 마치고 급속히 성장하는 도시경제에서 기회를 잡고자 상경한 사람들이었다(제2장 참조). 이들은 학교경유취직제도를 이용해 정규직 일자리를 얻거나 고등교육을 받아 대기업의 샐러리맨이 되는 '규범적인' 인생 경로에서 벗어난 존재였다. 일용직 노동의 특성상 매번 일하는 현장이 달라질 수 있으므로, 일용직 노동자는 한 회사에 소속되어 경력을 쌓고 평생고용을 보장받는 일본형 고용 시스템에서도 완전히 벗어나 있었다. 따라서 가마가사키는 무연사회에 관한 담론이 유통되기 오래전부터 '전후 일본형 순환모델'에서 소외된 사회관계가 만연한 도시공간이었다.

그러나 다른 한편으로 가마가사키는 가족, 학교, 회사에 속하지 못한 사람들이 다양한 사회적 관계를 만드는 활동을 전개하는 곳이기도 하다. 무연고 죽음과 관련된 활동만 살펴보더라도, 가마가사키의 여러 단체가 연합해 연말연시에 실시하는 월동투쟁(越冬闘争) 기간 동안 이 지역에 있는 한 공원에서는 그해 연고자 없이 사망한 동료들에 대한 추모 모임이 열린다(Aoki 2006). 또한 2000년대부터 한 사찰에서는 이 지역에서 연고자 없이 사망한 사람들을 위한 장례를 도맡아 치르고 있다(神田誠司 2012: 7장). 따라서 산야와 고토부키초와 같은 다른 요세바에서도 그렇듯이(Kim 2016; Marr 2021a), 가마가사키에서는 행려병사자라 할지라도 누구의 관심도 받지 못한 채 세상을 떠나는 일은 좀처럼 없다.[22]

더욱 중요한 점은 가마가사키에는 가족, 학교, 회사를 통한 관계에 해당하지 않는 새로운 성격의 사회적 관계와 이를 뒷받침하는 장이 다수 존재한다는 사실이다. 지역의 인구학적 특성상 고령의 일용직 노동자, 노숙인, 생활보호 수급자가 이용할 수 있는 공공공간(public space)이 많다.[23] 공공근로 일자리와 쉼터는 고령의 일용직 노동자와 노숙인에

---

22 김지은(Kim 2016)은 3대 요세바 중 하나인 요코하마 고토부키초에서 산 자와 죽은 자 사이의 지속적인 관계를 만들어 가는 활동을 죽음의 사회성(necrosociality)이라는 개념을 동원해 민족지적으로 분석했다. 이 연구에서 저자는 고령화가 진행된 요세바에서 주민을 돌보는 활동은 '삶 자체를 향상시키는 것'에서 '이곳에서 일생을 보낸 일용직 노동자들을 이승에서 저승으로 문제없이 이행하도록 도와주는 것'으로 바뀌었다고 지적한다. 간이숙박소에 사는 고령의 생활보호 수급자에게 일상적인 의료·복지 서비스를 제공하는 것부터 연고자 없이 사망한 이들을 위한 장례 공간을 마련하는 것까지, 죽음의 과정(dying)을 둘러싼 일련의 실천이 이에 해당한다. 결론적으로 저자는 죽음의 사회성이 전후 일본 사회에서 규범이라고 여겼던 가족에 의존하는 사회관계나 신자유주의적 국가정책이 내세우는 자기조절적 개인을 넘어서는 대안적 형태의 사회성이라고 주장한다. 대안적인 사회성을 탐구한다는 점에서 김지은의 연구는 이 책의 주장과 일맥상통한다. 다만 이 책에서는 새로운 형식의 사회성이 기존의 공동체주의적 제도(가족, 학교, 회사)와는 다른 장소를 만드는(place making) 데서 생겨난다는 점에 주목하고, 이런 장소의 성격을 분석한다는 점에서 김지은의 연구와 구별된다고 하겠다.

23 저소득 가정의 아이들을 위한 보육 및 교육 서비스를 무료로 제공하며 이곳에 나오는 아이들을 주축으로 삼아 노숙인 지원활동도 하는 아이의 마을(こどもの里)처럼, 가마가사키에는 아동과 청소년이 의지할 수 있는 공공공간도 존재한다(田中聡子·西村いづみ·松宮透高 2012). 또한, 고령의 일용직 노동자, 노숙인, 생활보호

게 단지 소득원이나 임시거처가 아니라 사회관계 형성에 없어서는 안 될 장이다(제3장 참조). 카페와 게스트하우스를 운영하며 얻는 수입과 기부금, 그리고 각종 공모사업에 응모하여 받은 조성금을 기반으로 주로 고령의 생활보호 수급자들과 함께 다양한 표현 활동을 전개하는 NPO도 있다(제5장 참조). 또한 생활보호 수급자가 서로 사회적 관계를 형성하고 지역사회에 참여할 수 있는 장을 만드는 조직도 있다(제6장 참조).

가마가사키는 무연사회의 불안정성이 집약된 장소이지만, 바로 그런 이유로 전후 일본 사회의 생활보장 시스템이 갖는 한계를 해결하기 위한 시도가 적극적으로 실천되어 온 장소이기도 하다. 따라서 이곳에서 이뤄지는 사회적 실천을 분석하는 작업은 일본 사회가 대안적인 형식의 사립과 사회성을 만들어 가는 과정을 이해하는 길이기도 하다.

4. 신자유주의와 자립의 형식

현재 일본 시민은 '전후 일본형 순환모델'을 무연사회의 과제를 해결할 방법이라고 보지 않는다. 이 모델이 전후 일본 사회에 안정감을 제공한 것은 사실이나, 가족, 학교, 회사의 일원인 사람들에게조차 긍정적인 효과만 가져다 준 것은 아니었기 때문이다.

샐러리맨(サラリーマン)은 이른바 종신고용제도 아래에서 고용을 보장받는 대신, 야근수당도 제대로 받지 못한 채 서비스 잔업을 하거나 회사의 요구에 따라 가족과 떨어져 혼자 다른 지역으로 전근(単身赴任)

수급자와 주로 활동하는 NPO인 가마가사키지원기구도 주거 및 고용이 불안정한 청년층을 지원하는 활동을 병행하기도 한다.

가야 했다. 1980년대 문제시됐던 과로사나 2000년 후반부터 제기된 블랙기업의 노동 착취도 바로 이러한 '일본식' 고용 관행에서 비롯된 것이다(김영 2016). 고등학생은 학교경유취직제도를 통해 졸업과 동시에 정규직 일자리를 얻을 수 있었지만, 학교 내부의 선발 절차를 통과하지 못하면 희망하는 직장에 지원할 수조차 없는 일도 있었다(Okano 1993). 주부는 남성 배우자가 회사 일로 바쁜 탓에 가정 내에서 일정한 자율성을 누릴 수 있었지만 자녀의 교육과 부모 돌봄의 책임을 오로지 혼자 감당해야 했다(Borovoy 2005). 한마디로 말하자면, '전후 일본형 순환모델'은 집단을 통해 안전을 보장받는 대가로 일정하게 개인의 자유를 희생해야 하는 시스템이었다. 따라서 이 모델로 회귀하는 것은 '잃어버린 30년' 동안 일본 시민이 겪은 삶의 힘겨움(生きづらさ)을 해소하는 최선책이 될 수 없다.

2000년대 이후 '전후 일본형 순환모델'을 대신한 것은 신자유주의적 이데올로기다. 신자유주의는 흔히 국영기업을 포함한 공공 부문의 민영화, 복지정책의 축소, 시장 개방과 외국인 투자의 자유화, 기업과 시장에 대한 국가의 탈규제 등과 같이 시장경제에 대한 정부의 개입을 축소하는 정치경제적 이념과 정책이라고 간주된다. 그러나 신자유주의를 자유방임주의적 경제정책으로만 간주하면 고전적인 의미의 자유주의와 구분되는 '신'자유주의의 새로움을 간과하게 될 뿐만 아니라, 신자유주의의 논리가 어떻게 일상 구석구석까지 스며들게 되었는가를 제대로 이해할 수 없다(권수현 2010; 김고연주 2010; 서동진 2009).

반면 데이비드 하비는 신자유주의의 특징을 적절히 포착한다. 그에 따르면 "신자유주의란 우선 보기에는 강력한 사적 재산권, 자유 시장, 자유무역의 특징을 갖는 제도적 틀 내에서 개인의 기업가적 자유 및 기술을 해방함으로써 인간의 복지가 가장 잘 증진될 수 있다는 점을 제안하는 정치적·경제적 실천에 관한 이론이다. 국가의 역할은 이러한 실천에 적합한 제도적 틀을 창출하고 보호하는 것이다(하비 2007: 15).” 말하자면 신자유주의 체제에서 국가의 역할은 일방적으로 축소되는 것이 아니라 시장경쟁의 원리를 일상에 구현하는 것으로 변형되는 셈이다.

미셸 푸코도 『생명관리정치의 탄생』에서 신자유주의의 문화적 논리를 이해하는 데 유용한 실마리를 제공한다.[24] 이 강의록은 푸코의 여러 저작 중에서 독특하게도 현대사회의 문제를 다룬 것으로, 18세기부터 20세기 중반까지 일어난 자유주의적 통치성(governmentality)의 변형을 살펴본다.[25] 그에 따르면 19세기의 고전적 자유주의에서 “시장의 본질은 경쟁”이라고 간주됐다(푸코 2012:184). 반면 신자유주의에서는 경쟁을 자연적인 것이나 주어진 것으로 보지 않고, 오히려 적극적인 통치를 통해 만들어 내야 하는 것이라고 간주했다. 즉, 신자유주의는 “시장을 위해 통치”하는 “적극적인 자유주의”인 셈이다(188, 197).

---

24 푸코는 국가만 적극적인 통치의 역할을 담당한다고 보지 않는다는 점에서 하비와 다르다. 그러나 푸코도 독점이 발생하는 것을 막고, 좀처럼 시장경제에 포섭되지 않는 농업 분야까지도 시장의 영역으로 끌어들이기 위한 제도적 틀을 확립하는 것이 통치의 역할이라고 보고 있다.

25 푸코(2011: 162-163)는 통치성을 “인구를 주요 목표로 설정하고, 정치경제학을 주된 지식의 형태로 삼으며, 안전장치를 주된 기술적 도구로 이용하는 지극히 복잡하지만 아주 특수한 형태의 권력을 행사케 해주는 제도·절차·분석·고찰·계측·전술의 총체”라고 정의한다. 즉, 통치성이란 근대국가에서 대규모로 늘어난 인구를 효과적으로 관리하기 위해 사용된 각종 권력의 기술과 이러한 관리방식을 합리화하는 논리를 의미한다. 푸코가 이처럼 생경한 단어를 만들어 낸 이유는 푸코의 권력 분석에서 국가에 대한 분석이 빠져 있다는 비판에 대응하기 위한 것이었다. 그렇다고 해서 푸코가 국가를 권력의 중심에 두는 고전적 분석방식을 수용한 것은 아니며, 오히려 근대국가는 이런 권력의 기술들에 의존적이라는 점을 일관되게 강조하고 있다. 즉, 푸코는 국가를 자유주의적 통치 합리성의 효과라고 보는 셈이다.

나아가 푸코는 "신자유주의적 통치"의 궁극적 목표를 "근본적으로 모든 순간, 모든 사회적 층위의 각 지점에서 경쟁 메커니즘이 조절적 기능을 수행할 수 있도록 하기 위해 사회에 개입해야 한다"라는 것으로 파악했다(219). 따라서 "경쟁 메커니즘이 조절 원리를 구성해야 하는 사회"에서 "재구성되고 있는 인간 호모 에코노미쿠스"는 "교환하는 인간도 아니고 소비하는 인간도 아니"며, "기업과 생산의 인간"이라고 주장했다(222).

신자유주의가 요구하는 "기업과 생산의 인간"은 "몸과 노동력을 소유하고 있는" 근대적인 노동자가 아니라, 시장에서 통용될 수 있는 "기술과 속성"을 소유하고 있는 기업가적 자아라고 정리할 수 있다(Gershon 2011: 539). 기업가적 자아는 시장 경쟁에서 성공하기 위해 "자신의 능력과 관계에 대한 성찰적 관리자"여야 하며, 위험(risk)을 "불가피하게 부정적인 것이 아니라 기회와 성취의 필수적인 구성요소"로 받아들여야 한다(540). 즉, "신자유주의적 행위자"는 "미래지향적"일 뿐만 아니라 "자신의 미래에 대해 책임지는" 존재로 규정된다(540). 그러므로 신자유주의적 논리를 내면화한 청년은 외국어를 습득하고 해외자원봉사 경험을 쌓고 각종 공모전에 참가하며 심지어 외모까지도 아름답게 가꿔서 자신의 시장가치를 증대시키려는 자기 계발의 실천을 묵묵히 수행한다(김고연주 2010; 정정훈 2016; 조문영 2014). 한마디로 신자유주의적 주체성의 핵심은 자기관리와 자기책임이라고 할 수 있다.

일본 사회에도 신자유주의적 자기책임의 논리가 횡행하고 있다(유아사 마코토 2010). 비정규직 일자리를 전전하는 프리터는 자신이 꿈꾸는 일을 하기 위해 한 직장에 얽매일 필요 없는 일을 선택한 것이므로 고용 불안을 스스로 감당해야 한다고 간주한다(Toivonen and Imoto 2012). 실업 상태에 있으면서도 교육이나 직업훈련을 받지 않는 니트는 일할 의지가 없다고 비난받는다(Genda 2007; Toivonen 2012).

그러나 1990년대 중후반에 학교를 졸업하고 사회에 나선 청년세대, 이른바 취직 빙하기 세대(就職氷河期世代)는 취업하려는 시점에 경기가 좋지 않은데다 기업이 기존 노동자의 고용을 보호하는 한편 프리터를 경험한 사람을 고용하기를 꺼려, 정규직 일자리를 얻는 데 구조적인 어려움을 겪었다(Genda 2003).[26] 따라서 청년세대를 일할 의지가 없다고 비난하는 것은 옳지 않다. 그러나 비정규직 청년조차도 자기책임의 논리를 내면화해 기존의 표준화된 라이프 코스와 남성다움을 실현하지 못하는 것에 괴로워하며(Cook 2013) 삶의 힘겨움을 개인적으로 해결하려 하거나(Masuda 2015) 사회로부터 상처받지 않기 위해 스스로 고립되는 길을 택한다(Imai 2018).

이처럼 구조적으로 자립하기 어려운 상황에 놓인 청년세대가 자기책임을 내면화하게 된 데는 일본 정부가 경제적 자립이라는 의미로 자기책임의 논리를 설파해 온 탓이 크다. 1999년 경제전략회의의 답신 「일본 경제 재생을 위한 전략(日本経済再生への戦略)」에서는 "자기책임과 자조 노력을 전제로 하는 창조적인 경쟁 사회"를 앞으로 일본 사회가 나아가야 할 방향으로 제시했다(中村行秀 2010). 그리고 경제재정자문회의의 제언에서는 자립을 "자기 일은 관(官)에 의존하지 않고 자신이 해

26 프리터가 탈산업화, 고용의 유연화, 진로 지도 방식의 다양화와 같은 구조적, 제도적 요인으로 인해 늘어났다고 보는 것이 일반적이다(Honda 2005). 하지만 일부 연구는 이들의 노동윤리(학교를 중퇴하거나 회사를 그만두는 모라토리엄 유형)나 라이프스타일(예술가 등이 되려는 개인의 꿈을 추구하는 유형)을 문제 삼기도 한다(Kosugi 2008). 나아가 풍요로운 시대에 자란 청년이 가지는 새로운 가치 지향성을 인정하며 이들이 단지 신자유주의적 구조변동의 희생자가 아니라, 그로부터 비롯되는 자유로움과 불안정성을 전유하며 대안적인 삶의 방식을 적극적으로 만들어 가는 행위자로 봐야 한다고 지적하는 연구도 있다(Smith 2018; Takeyama 2010).

결"하며 "취업을 통한 경제적 자활"을 지향하는 것으로 규정했다. 이후 일본 정부가 각종 사회적 과제 해결을 위해 제시한 계획이나 법률[27]에서도 자립은 이러한 의미로 사용됐다.

홈리스자립지원법은 "자립 의사가 있으면서도 홈리스가 되는 것을 피할 수 없게 된 자"를 지원하는 것을 목적으로 한다. 한국에서 1997년 금융위기 당시 갑자기 정리해고된 남성 노동자만 정부의 지원을 받을 수 있는 "자격 있는 노숙인"으로 간주했던 것처럼(송제숙 2016: 33), 일본도 불가피하게 노숙인이 된 사람만을 '정당한' 지원의 대상으로 간주한 것이다. 또한 홈리스자립지원법의 제3조에서는 "홈리스의 자립을 위해서는 취업 기회의 확보가 가장 중요하다는 점"을 명시하고 있다. 즉, 자립이란 개인이 취업을 통해 독립적인 경제생활을 할 수 있어야 한다는 것을 전제하고 있다.

취업을 통한 경제적 자립을 우선시하는 것은 노동을 돈벌이 수단으로만 보고 자립을 경제적인 관점에서만 접근하는 근대주의적 세계관이 반영된 것이다(후쿠시마 미노리 2015: 64). 그러나 일은 돈을 벌기 위한 수단일 뿐만 아니라 사회에 기여함으로써 개인의 존엄성을 획득하는 도구라는 점도 고려해야 한다(샌델 2020: 7장). 최근 들어 일을 하더라도 경제적으로 자립하기 어렵다거나 주거의 불안정으로 인해 자립할 수 없는 청년세대가 늘어나고 있다(카도쿠라 다카시 2008; NHK스페셜 워킹푸어 취재팀 2010; 미스핏츠 2015). 따라서 자립의 의미를 "어디서 어떻게 일하는가"라는 "노동"의 견지에서만이 아니라, "소속감과 지속 가능한 희망"을 "확보"한다는 차원에서 생각해야 한다(Masuda 2015: 117).

---

27 예를 들어 홈리스의 자립 지원 등에 관한 특별조치법(ホームレスの自立の支援等に関する特別措置法, 2002, 이하 홈리스자립지원법), 청년자립·도전플랜(若者自立·挑戦プラン, 2003) 등이 있다.

홈리스자립지원법만이 아니라 일본 정부가 노숙인을 대하는 방식에서도 특정한 형태의 경제적 자립만을 바람직하게 보는 태도가 확연하게 드러난다. 일본의 일용직 노동자와 노숙인을 연구해 온 문화인류학자인 톰 길(Gill 2012: 17)에 따르면 일본 남성 노숙인 중에는 구걸하는 경우가 없다. 왜냐하면 일본 남성에게 구걸하는 행위는 남성성(masculinity)과 어른다움(adulthood)의 상실을 의미하기 때문이다. 그는 오히려 남성 노숙인이 일본 사회의 주류 남성들보다 '자립적인' 생활을 한다고 주장한다. 노숙인은 직접 집을 짓고 수리하며, 캔이나 폐지를 주워 수입을 얻고, 유통기한이 임박한 음식을 받아 끼니를 해결하기도 한다. 또한 노숙인끼리 공원이나 강변의 공터에서 공동체를 이루고 서로 도우면서 생활하기도 한다. 그러나 일본 정부는 노숙인의 자립을 지원한다면서도 노숙인을 임시 숙소에 수용하거나 노숙인이 집으로 사용하는 청색 텐트를 철거해 공원에 형성된 공동체를 파괴하고, 캔 수집이나 남은 음식 수거를 금지함으로써 사실상 독립적인 생활을 방해했다. 일본 정부는 노숙인에게 좁은 의미에서의 자립만을, 즉 "사회적으로 용인된 방식"인 정기적인 임금 노동에 의한 자립만을 강제하는 것이다(Gill 2012: 19).

주류사회가 인정하는 정규직 노동을 통한 경제적 독립과 '정상적인' 주거를 갖추는 것으로 노숙인의 자립을 한정할 수 없다. 그렇다고 노숙인을 위한 경제적 기반 마련과 주거의 안정화가 필요 없다는 뜻은 아니다. 일본의 노숙인 지원운동은 노숙인을 위한 임시 숙소를 마련하고 공공근로와 같은 중간적 일자리를 확보하는 일부터 시작됐다(전홍규 2004). 그리고 노숙인 지원 활동을 하는 단체는 공공근로사업이나 쉼터를 이용하는 고령의 노숙인에게 생활보호제도를 이용하도록 권유함으로써, 거리에서 생활하는 사람들이 경제적 안정과 주거의 안전을 얻을 수 있도록 지원했다.

그러나 노숙 경험이 있는 고령자들이 생활보호를 통해 각자의 방에서 지내기 시작하자 고립되는 경향이 나타났다. 노숙할 때처럼 돌아다니면서 캔을 줍거나 무료 급식을 받기 위해 줄을 설 필요가 없어지자, 좁은 방에서 온종일 텔레비전만 시청하고 무료함을 달래기 위해 도박이나 음주에 생활보호비를 탕진해 버리는 일도 벌어졌다. 극단적으로 생활보호 수급자가 고독사하는 경우마저 발생했다. 사회경제적으로 배제됐던 고령자가 일정한 생활 리듬을 유지하며 의미 있는 일상생활을 영위하기 위해서는 복지제도를 통해 일정한 소득과 주거공간을 확보하는 것만으로는 충분하지 않은 것이다.

개인의 자립을 위해서는 추가적으로 자신의 존재가치(self-worth)를 체감할 수 있는 공적인 장을 마련하는 것이 필요하다. 현재 일본 사회의 맥락에서 이런 공적인 장은 이바쇼(居場所)라고 할 수 있다(阿部真大 2011). 이바쇼는 문자 그대로 머무는(居る) 장소(場所)를 뜻한다. 그러나 현재 일본 사회에서는 이러한 사전적 의미를 넘어 확장된 개념으로 사용되고 있다(藤原靖浩 2010). 1980년대 이후부터 장기 결석생(不登校)이나 중·고등학교 중퇴자가 편안히 머물면서 다시 학교나 사회에 돌아올 수 있도록 도와주는 장소를 가리키는 말로 사용됐다. 최근에는 교육 영역에 한정하지 않고 실직 청년, 생활보호를 받는 노인, 장애인, 여성 노동자, 노숙인 등 사회경제적으로 소외된 사람들이 힘을 얻을 수 있는 장소라는 뜻으로 사용되고 있다.[28]

28 이처럼 현재 일본 사회에서 이바쇼는 안식처에 가까운 의미로 사용된다. 다만 안식처라는 번역어로는 이 단어가 가진 임시성 혹은 자율성을 표현하기 어려워서, 이 책에서는 이 단어를 번역하지 않은 채 사용하고자 한다. 친밀권적 공공권으로서의 이바쇼의 성격에 대해서는 이 책의 제5장과 제6장에서, 그리고 이바쇼와 공

예를 들어 나가노현의 '우리 고향집(うちの実家)'처럼 지역사회에 "만남의 이바쇼"를 만드는 운동이 일본 전역에서 확대되고 있다(Allison 2012: 365). 비정규직 운동도 단지 고용 조건을 개선하기 위한 활동만이 아니라 불안정한 노동에 시달린 노동자들이 자존감을 회복할 수 있는 안식처와 같은 공간을 만드는 활동을 함께 전개하고 있다(이진경·신지영 2012). 즉, 일본 사회에서 이바쇼는 "개인이 수행할 역할을 갖고 있고 소속감을 느끼는 곳, 그 과정에서 다른 사람과 연결되는 곳, 따라서 그곳에 있는 것을 편안하다고 느끼며 그곳에 있으면서 존중받고 자신감을 갖게 되는" 공적인 장이다(박지환 2017a: 122-123).

이 연구에서는 노숙 생활을 경험한 생활보호 수급자가 자율적인 행위자로서 살아가기 위해서는 소득과 주거의 안정을 넘어 이들이 사회적 존재로 인정받을 수 있는 공공공간이 필요하다는 점을 보여 주고자 한다. 이러한 공공공간은 타인에게 의존하더라도 수치심을 느낄 필요가 없으며, 오히려 타인에게 의존함으로써 자율적인 존재로 인정받게 되는 장소라는 사실을 보여 줄 것이다. 이로써 현대 일본 사회에서 새롭게 만들어지고 있는 공공공간과 그 속에 실천되는 자립의 방식은 '멤버십주의'나 신자유주의에서 요구하는 '자기책임'과는 다르다는 것을 밝히고자 한다.

공공간의 관계에 대해서는 제7장에서 자세하게 다룰 것이다.

5. 신자유주의적 통치와 NPO의 역할

이 책은 노숙인의 생활세계에 관한 연구가 아니라 노숙인을 지원하는 활동에 관한 연구다. 또한 노숙인 지원 활동에서 드러나는 일본 사회가 새롭게 창출하고 있는 자립과 연대의 형식에 관한 연구다. 구체적으로는 가마가사키에서 살아가는 고령의 일용직 노동자, 노숙인 그리고 생활보호 수급자가 자신의 존재 의의를 체감할 수 있는 공공공간인 이바쇼를 만드는 데 NPO가 어떤 역할을 하는지를 분석한다. 따라서 NPO의 역할, 특히 신자유주의 시대에 국가와 사회 사이에서 NPO가 수행하는 역할에 대해 고찰할 필요가 있다.

NPO에 관한 기존 연구에서는 NPO의 역할을 이분법적으로 바라보는 경향이 두드러진다. 한편에서는 NPO를 참여민주주의의 진정한 실행 기관으로 바라본다(샐러먼 2000). 1980년대 말 동유럽 사회주의 국가들이 민주화되는 과정에서 시민사회에 관한 관심이 활성화되면서 NPO가 시민의 직접 참여를 통해 민주주의를 실현할 주요한 기제로 주목받게 됐다. 반면 NPO는 국가가 기존에 담당했던 각종 공공 서비스를 대신 제공하는 기관에 불과하다는 견해도 존재한다(Kamat 2004). 특히, 글로벌 사우스 개발에 관한 논의의 맥락에서 지역주민을 정치적으로 각성시키고 이들에게 적합하고 유익한 개발을 진행할 주체라고 기대된 NPO조차 세계은행이나 국제통화기금과 같은 국제기구의 신자유주의적 논리에 따라 탈정치화되고 특정 개발 프로젝트를 수행하는 기관으로 변형되고 있다는 것이다.

그러나 NPO를 민주주의 실현 주체나 서비스 제공 기관으로 보는 이분법적 시각에는 논리적인 맹점이 내포되어 있다. 먼저, NPO를 민주주의 실현의 주체로 보는 관점은 국가와 사회의 관계를 대립적인 것으로 전제한다. 하지만 자유주의를 18세기 이후에 등장한 새로운 통치성의 원리라고 파악한 푸코에 따르면, "시민사회"란 자유주의적 통치성이 "국가에 필요한 상관물"로서 만들어 낸 것이다(푸코 2011: 474). 특히 신자유주의 논리에 따르면 국가는 시장경제에 관여해서는 안 되며 그렇다고 모든 역할을 포기해서도 안 된다. 오히려 시장을 둘러싼 환경을 경쟁 원리가 작동할 수 있도록 재배열해야 하는데, 이처럼 조절 대상이 되는 환경이 바로 시민사회이고 그중에서도 인구의 안전 관리가 핵심적이라는 것이다(푸코 2012: 103–104). 그러므로 시민사회에 지나치게 사회변혁적 의미를 부여하는 관점은 국가와 사회의 관계를 대립적으로만 보고, 양자를 모두 규정하는 권력의 기술인 통치성의 문제를 간과한다. 그 결과 NPO를 시민 참여를 촉진하는 민주주의적 기관이라고 일률적으로 정의하는 오류에 빠지게 된다.

반면 NPO가 국가를 대신해 각종 공공 서비스를 제공하는 기관에 불과하다고 비판하는 견해는 공공기관과 NPO 간의 관계를 행정조직에 의한 NPO의 이용 혹은 NPO와 정부 기관의 공모(cooptation)라고 단순화해 파악하지만,[29] 이것은 행정과 NPO 사이의 관계가 근본적으로 권력관계라는 점을 간과한 일방적인 해석이다(Fisher 1997: 451). 푸코에 따르면 권력관계는 전복 가능성이 모두 배제된 지배 상태와 다르다. 권력관계는 유동적이며 그 관계 내에 속한 주체들은 자유롭다. 즉, "주체들이 자유로운 한해서만 권력관계가 가능하다(Foucault 2003: 34)." 따라

29 이 책의 초고를 검토한 한 심사자는 정치학과 시민사회 연구에서는 cooptation을 '흡수'라고 번역하는 것이 일반적이라고 했다. 그러나 '흡수'라는 번역어는 행정조직과 NPO의 관계가 일방적이라는 의미를 전달하므로 이 연구에서 다루는 양자 사이의 관계를 포착하기에 적절하지 않은 것 같다. 양자 사이의 경합적 관계를 설명하기에는 문화인류학에서 일반적으로 사용하는 번역어인 '공모'가 적절하다고 생각한다.

서 권력관계에는 저항의 가능성이 내포되어 있다. 푸코는 한 대담에서 권력관계를 바라보는 이러한 관점을 정부 기관과 NPO를 비롯한 사회운동단체와의 관계에 적용해 "결국 당신은 반대하면서도 여전히 관여할 수 있습니다. 정부와 일하는 것이 종속이나 전적인 용인을 의미하지 않습니다. 일하면서 동시에 저항적일 수 있습니다. 나는 심지어 그 두 가지가 함께 간다고 생각합니다"라고 말했다(Foucault 1982: 33).

일본의 NPO에 관한 연구에서는 일본의 NPO가 국가나 지방정부와 의존적, 심지어 종속적 관계를 맺고 있는 경우가 많아서, 약자를 옹호하는 기능보다는 행정기관을 대신해 공적 서비스를 제공하는 역할을 담당하고 있다는 견해가 우세하다(이숙종 2005; 정정숙 2005; Kawashima 2000). 최근에는 일본 정부가 공적 서비스에 투입되는 비용을 절감하기 위해 기존에 국가가 담당하던 공적 서비스를 NPO가 대신하도록 유도하고 있다는 지적도 있다(Schwartz and Pharr 2003). 오즈번(Osborne 2003)은 일본 NPO의 약자 옹호 역할이 약한 이유는, 일본에서는 공적인 것에 대립하는 것으로서의 사적인 것이 대단히 취약하기 때문이라고 설명한다. 반면 박명희(2012: 122)는 그 이유를 상당수의 NPO가 재정을 행정에 의존하고 있기 때문만이 아니라 "정치적 기회구조"의 "제한", 즉 "시정촌의 불완전한 복지정책 권한, 의회, 정당의 기능 부전"으로 인해 NPO가 정치적 의사결정 구조에 관여할 여지가 별로 없기 때문이라고 본다.

오가와 아키히로는 평생학습에 관여하는 NPO에 대한 문화인류학적 연구에서, 2000년대 이후 일본에서 일어난 NPO의 증가는 정부가 공적 기능과 서비스를 축소하거나 민간에 위탁함으로써 비용을 절감하려는 신자유주의적 논리에 의해 파생된 것이라고 주장했다(Ogawa 2009). 그에 따르면 2000년대에 일본 정부가 유포한 새로운 공공(新しい

公共)이나 공공 민간 파트너십(public private partnership)과 같은 담론은 공적인 일에 시민의 참여를 독려함으로써, 국가가 담당해 온 각종 서비스 제공 부담을 시민에게 전가하고 시민을 국가에 봉사해야 하는 존재로 규정했다. 이런 신자유주의적 담론이 실현된 양태 중 하나로 일본의 NPO는 정부의 하청기관에 머물고 있다는 것이다. 나아가 그는 NPO에 참여하는 자원봉사자가 자아실현 욕망을 이용당한 훈육된 주체이며, 이들은 1945년 이전에 일어난 일련의 전쟁을 지지했던 주체들과 연결되어 있다고까지 주장했다.

일본의 노숙인 지원운동 내에서도 NPO화가 사회운동의 정치성을 훼손한다는 비판이 제기됐다. 나스비(なすび 2004: 59)는 2002년 홈리스자립지원법이 성립된 이후부터 노숙인 운동조직이 정부가 실시하는 노숙인 관련 사업을 수주하기 위해 NPO라는 법인격을 취하는 경우가 늘어나고 있다는 점을 지적하고, 그 결과 "NPO화에 따른 운동에서 활동으로의 전환"이 일어나고 있다고 비판했다. 노숙인 운동조직이 NPO로 전환되면서 행정에 대항적인 자세를 취하지 않고 고용 상황의 악화나 복지 관련 법안의 개악과 같은 거시적인 문제는 간과한 채, 노숙인에게 사회안전망을 제공하는 역할에 머물고 있다는 것이다. 결과적으로 NPO화된 노숙인 지원운동은 NPO에 참여하는 자원봉사자의 선의를 이용해 행정 비용을 줄이고 행정 책임을 전가하려는 정부의 신자유주의적 정책을 뒷받침하게 된다.

새로운 공공과 공공 민간 파트너십과 같은 담론에서 일본 정부가 상정하는 NPO의 위상이 신자유주의적인 측면을 포함하는 것은 사실이다. 그러나 실제로 일본 사회에서 공공성이 실천되고 행정과 NPO 사이에 관계가 만들어지는 양상은 이처럼 일률적이지 않다. 예를 들어 소비자협동조합운동 등을 토대로 성립된 민주적 성격의 NPO는 단순한 복지 서비스 제공기관이 아니라 지역공동체를 활성화하는 사회운동체적 성격을 유지한다(Yamashita 2013). 또한 NPO 스스로 공공기관으로부터 일정한 독립성을 지키면서 동시에 안정적인 재원을 확보하기 위해 행정과 협력 관계를 맺는 전략을 구사하고 있다(Nakamura 2002). 그리고 홈리스 운동 중에는 NPO를 통해 노숙인에게 주거의 안정을 제공하는 것을 우선시하면서도, 노숙에서 벗어난 사람들이 일과 각종 교류 프로그램을 매개로 지역주민 및 노숙인과 관계를 맺을 수 있는 장을 창출함으로써 신자유주의적 통치에 포섭되지 않는 길을 모색하는 예도 있다(Yamakita 2020).

나아가 NPO는 정부를 대신해 복지 서비스를 제공하는 기관이며, NPO의 복지 서비스를 받는 사람은 자율성이 없는 객체라고만 보는 관점도 재고할 필요가 있다. 가마가사키의 NPO 활동가들은 새로운 종류의 노숙인 지원 방안을 지자체에 적극적으로 제안하기도 하고, 행정기관이 기획한 재개발 사업에 적극적으로 참여해 노숙인을 포함한 사회적 약자가 지역에서 배제되는 일이 없도록 한다(제3장, 제4장 참조). 또한 NPO가 운영하는 복지 서비스를 이용하는 고령자는 가마가사키 내의 다양한 장을 발판 삼아 자립적이고 자율적인 주체로 살아간다(제5장, 제6장 참조).

따라서 일본 사회에서 NPO의 역할 및 행정기관과의 관계를 일률적으로 규정할 것이 아니라, 개별 NPO가 형성되는 과정과 처한 사회 조건을 고려해 그 조직의 성격을 파악해야 한다. 행정기관과 NPO의 관계도 보다 역동적인 것으로 이해할 필요가 있다. 그리고 NPO의 구성원은 행정기관에 종속된 수동적 존재가 아니라 NPO 활동을 통해 다양한 방식으로 주체화될 수 있다는 점에도 주목해야 한다.

가마가사키의 NPO는 '전후 일본형 순환모델'로 회귀하거나 개인의 자기책임을 강조하지 않는 방식으로 국가와 사회의 관계를 새롭게 모색하고 있다. 시민의 안녕을 보장하기 위해서 국가가 제도적 기틀을 마련하는 일은 필요하다. 그러나 일상의 모든 것을 국가에 의탁하는 것도 위험하다. 왜냐하면 국가는 모든 것을 단순화하고 관리하려 드는 속성을 가진 권력 장치이기 때문이다(스콧 2010; 클라스트르 2005). 하지만 현재와 같은 체제에서 "상호성과 자유의 필수적인 조건"인 "상대적인 평등"을 달성하는 데 각각의 개인이 속한 국가를 통하지 않을 수 없다면, 토머스 홉스가 리바이어던(Leviathan)이라고 명명한 국가라는 "그 괴물을 길들"이는 것도 한 방법이다(스콧 2014: 17). 다시 말해 사람들은 언제나 국가에 대항하는 것이 아니라, 때로는 국가와 공모하고 협력하며 국가의 "비위를 맞추고" 살아간다(그레이버 2016: 262). 가마가사키에서 이뤄지는 실천은 이런 가능성을 보여 준다.

그러므로 이 연구에서는 가마가사키에서 전개된 노숙인 지원운동의 변화를 1990년대 이후 발생한 사회 조건의 변동 속에서 고찰하고, 새로운 주체가 새로운 형태의 운동을 실천하는 과정과 그에 담긴 정치적 의미를 탐구하고자 한다. 우선 노숙인 지원운동과 행정과의 관계를 규정하는 사회 조건의 변화와 인구의 안전을 보장하는 기술의 변화에 주목함으로써, 국가와 사회의 관계를 획일화하는 논의에서 탈피하고자 시도할 것이다. 또한 노숙인 지원운동조직이 NPO라는 법적 지위를 획득한 것도 사회운동의 쇠퇴라고 보기보다는, 사회 조건의 변화에 따라 새로운 방식의 운동을 모색하고 실천하는 것이라는 점을 보여 줄 것이다. 이로써 노숙인을 지원하는 NPO가 새로운 형식의 주체화와 공공성의 재구성을 실현하고 있다는 점을 보여 주고자 한다.

6. 단기방문식 도시 연구

문화인류학에서는 장기간의 집중적인 현장연구를 이상으로 여긴다. 그래야만 연구자가 연구 참여자와 신뢰 관계(rapport)를 맺고 그들의 말과 행동을 그들이 살아가는 역사적·사회적·문화적 맥락에서 충분히 이해할 수 있다고 보기 때문이다.

이 연구에 사용한 방법론은 이러한 문화인류학의 이상에 비춰 보면 부족한 점이 많다. 여름방학과 겨울방학 동안 가마가사키를 짧게 방문하고 몇몇 사람과 인터뷰하는 방식으로 연구를 진행했기 때문이다. 대학에서 학생을 가르치면서부터는 대학원생 신분으로 학위 논문을 쓰기 위해 현장연구에만 전념했던 때처럼 1년 이상 현장에서 연구할 기회가 전혀 없었다. 현장이 해외 도시라서 어려움이 배가됐다. 도시공간 속 사람들은 매우 유동적이어서 여름방학이나 겨울방학 기간에 1–2주 정도 방문하는 것으로는 그들과 안면 관계를 유지하기조차 쉽지 않았다. 그러므로 이 연구는 참여관찰에 근거한 민족지적 연구라고 부르기 힘들다.

대신 이 연구에서는 많은 도시인류학자가 그래왔듯이 도시공간에서 벌어지는 일을 이해하기 위해 다양한 방법을 시도했다(이정덕 1997; 야퍼·더코닝 2020). 한 가지는 가마가사키에서 열리는 공개 모임에 참석하는 것이었다. 앞서 기술한 것처럼 2012년 2월 연구 목적으로는 처음 가마가사키를 방문했을 때, 가마가사키재생포럼이 실시하는 지역 스터디 투어에 참가했다.[30] 이 단체의 사무국장이자 당시 니시나리노동복

30 빈민가의 환경을 개선하려는 사회문화적 노력은 의도치 않게 빈곤을 비가시화하는 효과를 초래할 수도 있다(김주영 2015). 가마가사키에서의 스터디 투어도 가난을 대상화하는 것일 수 있다. 그러나 제4장에서 상세하게 서술하듯이, 가마가사키

지센터 직원이었던 아리무라 센에게 가마가사키에 관한 강의를 한 시간 듣고,한 시간 동안 지역의 주요 장소(아이린종합센터, 하기노차야중앙공원, 하기노차야남측공원, 이마미야쉼터 등)를 안내받았다.[31] 이 인연으로 이후에도 가마가사키재생포럼이 주최하는 마을 만들기 광장이라는 집담회에 참석할 수 있었고, 코로나19 상황으로 일본에 갈 수 없었던 2020년 이후에도 그와의 이메일을 통해 가마가사키에 관한 최신 정보를 얻을 수 있었다.

외부인에게 개방된 모임이나 장소라고 해서 처음부터 알고 방문한 것은 아니었다. 몇몇 NPO는 지역활동가의 소개로 알게 됐다. 예를 들어 작은 카페에서 지역의 고령자와 함께 표현 활동을 펼치는 코코룸에 처음 방문한 것도 2013년 2월 산토쿠료 아이린상담실 실장인 오리타 다카유키가 인터뷰 중 "재미있는 가게가 있으니 꼭 가 보라"고 권유했기 때문이었다. 그날 오후에 카페를 찾아 코코룸의 대표인 우에다 가나요와 만나 이야기를 나눴다. 우에다 대표에게 며칠 뒤에는 코코룸이 운영하는 가마가사키예술대학(釜ヶ崎芸術大学)의 제1회 졸업식 겸 성과 발표회가 열린다는 것을 듣고 그 자리에도 참석할 수 있었다.

우연히 참석하게 된 졸업식에서 한 일용직 노동자의 말을 듣고 코코룸에 대해서도 알아보아야겠다고 결심했다. 정근상을 받은 한 일용

재생포럼과 사무국장 아리무라 센이 이 지역에서 행한 역할과 위상을 고려할 때, 이 스터디 투어는 가난을 타자화하는 데서 벗어나 있다고 생각한다. 가마가사키재생포럼은 이 지역에서 노숙인과 생활보호 수급자를 포용하는 형태의 마을 만들기를 실천해 온 단체이기 때문이다. 가마가사키에서 스터디 투어가 "타자화에 맞서는 관광 실천(他者化に抗する観光実践)"으로서 갖는 가능성에 대해서는 스나가 가즈히로(須永和博 2016)의 논문 참고.

31 하기노차야중앙공원과 하기노차야남측공원은 두 공원의 형태가 각각 사각형, 삼각형이어서 가마가사키에서는 주로 사각공원과 삼각공원이라고 불린다.

직 노동자가 가마가사키예술대학 수업에 참여하려면 하루치 일을 못 할 때도 있어서 경제적으로 부담스러웠지만 "가마가사키예술대학은 나에게 힘을 주는 곳(パワースポット)"이라고 말한 것에 감명을 받았기 때문이다(2013. 2. 16). 그 후 가마가사키에 갈 때마다 코코룸을 방문하고 가마가사키예술대학의 수업에 참여했다. 2016년부터 코코룸은 재정적으로 자립하고자 게스트하우스를 운영하기 시작했는데, 필자는 연구하는 단체에 조금이나마 도움을 주고자 가마가사키에 가면 종종 이곳에 묵었다. 그러면서 카페와 게스트하우스를 운영하는 코코룸의 직원, 가마가사키예술대학이나 코코룸이 관여하는 기타 프로그램에 참여한 수강생과도 자연스레 이야기를 나눌 수 있었다.

고령의 생활보호 수급자가 참여하는 사회적 관계 만들기 사업을 하는 히토하나센터도 앞서 코코룸을 알려준 오리타 다카유키 실장의 소개로 방문했다. 이곳 역시 처음부터 연구하려는 계획은 없었다. 히토하나센터는 당시 오사카 시장인 하시모토 도루(橋下徹)가 사실상 가마가사키 지역을 염두에 두고 제시한 재개발 사업인 니시나리특구구상(西成特区構想)의 일부로서 만들어진 시설이었다. 2013년 시점에 필자는 일본의 시민사회가 불평등에 어떤 식으로 대응하는지 관심이 있었기 때문에, 히토하나센터는 사실상 공공기관인 것처럼 느껴졌다.

그러나 가마가사키지원기구와 가마가사키재생포럼의 활동에 초점을 맞춰 이 지역에서 전개된 노숙인 지원운동과 마을 만들기의 역사를 정리하면서, 지자체와 NPO의 관계를 다른 각도에서 바라보게 됐다. 그리고 히토하나센터가 지자체의 개발 프로젝트에 포함된 맥락을 이해하게 됐다. 그래서 2013년부터 2016년 사이에 히토하나센터를 총 여섯 차례 방문하여 이 센터가 운영하는 각종 프로그램에 참여했다. 예를 들어 고령의 생활보호 수급자가 수강하는 체조 수업, 이들이 참여하는 학교 주변 청소, 센터 구성원이 점심을 함께 준비해서 먹는 프로그램, 옛날 영화 감상 시간, 센터의 소식지 만들기 검토회의, 반나절 산책 프로그램 등의 활동에서 고령자나 센터 직원과 대화를 나누거나 교류했다.

짧은 체류 기간에도 최대한 참여관찰할 기회를 찾고자 애썼지만,[32] 이 연구는 단기방문식 도시 연구의 약점을 보완하기 위해 문서 자료에 크게 의존했다. 오사카시립대학 도시연구플라자 홈페이지(https://www.ur-plaza.osaka-cu.ac.jp)에서 여러 전공의 연구자들이 가마가사키 지역에 관해 작성한 연구 보고서를 이용할 수 있었다.[33] 이외에도 일본 3대 요세바라는 명성에 걸맞게 연구자뿐만 아니라 노동, 복지, 예술 등을 매개로 사회운동을 전개해 온 활동가나 이 지역에 관심을 가진 언론인 등이 남긴 다양한 기록을 일본국회도서관, 오사카부립도서관, 오사카시립도서관 등에서 찾아 참고했다.

한편 선행연구와 다른 지점을 다루기 위해서는 1차 자료를 확보할 필요가 있었다. 이를 위해 1990년대 초부터 노숙인 지원운동을 광범위하게 전개하다가 2000년대 들어 NPO로 전환한 가마가사키지원기구(http://www.npokama.org)나 가마사카시자료센터(http://www.kamamat.org/) 홈페이지에 공개된 자료를 이용했다. 그중에 1990년대 초 노숙인 지원운동을 시작한 시점부터 기록된 블로그 기사와 NPO가 설립된 이후 매년 발행된 회보 등의 자료를 통해 노숙인 지원운동의 전개와 변화를 파악했고, 가마가사키지원기구가 고령의 일용직 노동자와 노숙인

32 예를 들어 연구 기간 중 모포, 속옷, 삼각김밥 등을 나눠 주며 노숙인의 건강 상태를 살피는 야간순회 활동(夜回り)에는 두 차례 참가했다.

33 2022년 4월 오사카시립대학과 오사카부립대학이 통합하여 오사카공립대학이 출범했다. 이로 인해 오사카시립대학의 도시연구플라자와 도시방재교육연구센터가 도시과학·방재연구센터로 통합됐다. 그렇지만 2021년 이전의 연구 자료는 여전히 본문에 제시한 이전 홈페이지에 남아 있다.

쉼터 이용자를 대상으로 실시한 각종 조사 보고서나 코코룸과 히토하나센터가 각종 프로그램을 운영한 후 발간한 결과 보고서도 검토했다. 그리고 각 단체 관계자가 집필한 책이나 이들의 활동을 소개한 인터뷰 기사 등도 참고했다. 이러한 문서를 이용함으로써 선행연구에서 언급하지 않은 가마가사키 노숙인 지원운동의 특징을 파악하고, 방학 기간을 이용해 단발적으로 실시한 인터뷰 조사의 한계를 보완하고자 했다.

2017년까지 현장연구를 마무리하고 2020년부터 단행본 작업을 시작했다. 문헌조사를 통해 20세기 초부터 1980년대까지 가마가사키의 도시공간적 성격 변화를 고찰하는 한편(제2장 참조), 최근 이 지역에서 발생한 변화를 파악하기 위해 각 단체의 홈페이지나 SNS에 업데이트된 문서(이번에도 가마가사키지원기구가 발행한 회보를 요긴하게 활용했다)나 사진, 영상을 참고하거나 개별 단체(예를 들어 오사카시 니시나리구청, 니시나리노동복지센터)에 연락해 사진이나 일용직 노동시장의 현황에 관한 자료를 보내 달라고 요청하기도 했다. 또한 가마가사키지원기구, 코코룸, 빅이슈 재팬 등이 조직한 온라인 워크숍 등에 참여하고, 서울대 일본연구소가 제공한『아사히신문』의 기사 검색 데이터베이스를 활용했다.

다각적인 노력에도 이 연구는 본격적인 민족지적 연구라 하기에는 여전히 부족하다. 그러나 문화인류학에서도 단기간의 현장연구가 불가피할 때가 있다. 따라서 문화인류학자는 장기적인 현장연구의 필요성과 이상을 고수하면서 동시에 짧은 시간에 집중적으로 문화적 맥락을 파악할 수 있는 방법론을 끊임없이 모색해야 한다. 이 연구가 보여 준 단기방문식 도시 연구는 이를 위해 여러 문화인류학자가 이미 실천하고 있는 다양한 시도 중 하나다.

이 책에서는 가마가사키가 1980년대까지 요세바로 자리 잡는 과정을 살펴보고 1990년대 이후 이곳에서 이뤄진 사회운동을 검토한다.

구체적으로 이곳에서 전개된 노숙인 주거·일자리 창출 운동, 마을 만들기 운동, 그리고 예술문화 활동이 갖는 정치적 성격을 탐색한다. 사회운동을 대립이라는 관점에서만 정의한다면 국가의 신자유주의적 논리에 포섭된 것이라고 보기 십상인데, 이러한 실천도 대안적 주체와 새로운 공공공간을 형성할 수 있다는 것을 보여 주고자 한다. 이로써 빈곤과 고령화라는 과제가 집약된 도시공간에서 전후 일본에 지배적인 사적 영역에 의존하는 생활보장의 방식이나 2000년대 이후 통용된 개인의 자기책임 논리와는 구분되는 대안적 공공공간 속 상호의존적 자립의 형식을 발견하고자 한다.

제2장

주변적 남성성의 공간적 생산과 구성

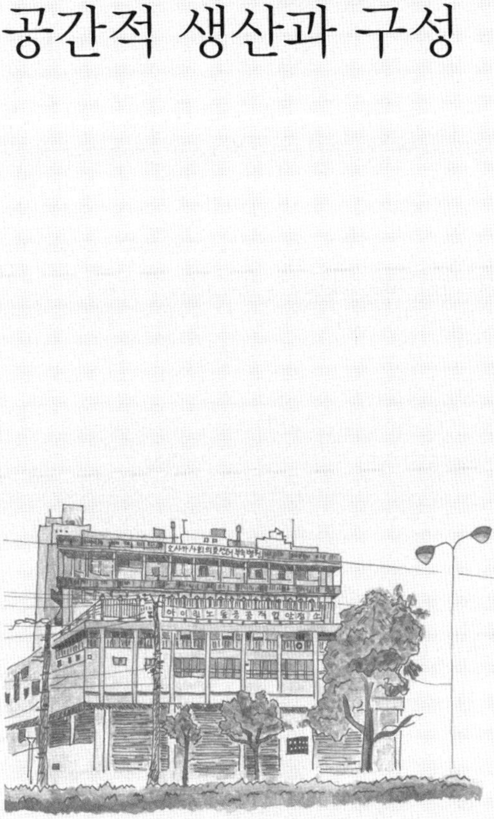

「슬럼에서 요세바로: 현대 일본에서의 주변적 남성성의 공간적 생산과 구성」, 『일본연구논총』 52, 2020, 123-155쪽을 개고하여 수록했다.

1. "위험하니 내리지 마시오!"

2016년 4월 트위터에서 "잠이 안 와서 [오사카시 JR] 순환선에 대한 개인적인 감상을 적어 보았습니다(眠たくないので個人的な環状線の感想述べました)"라는 설명이 붙은 그림이 화제를 모았다.[1] 이 그림에는 서울시 지하철 2호선처럼 오사카시를 일주하는 JR 순환선의 각 역에 대한 짤막한 품평이 달려 있었다. 코리아타운이 있는 쓰루하시역(鶴橋駅) 옆에는 "한국"이라고 덧붙이는 식이었다. 특기할 만한 부분은 이마미야역과 신이마미야역 옆에 "위험하니 내리지 마시오(降りるな危険)"라는 문장이 두 번이나 붉고 굵은 글씨로 적혀 있었다는 점이다. 하지만 두 역 주변이 왜 위험한가에 대한 명확한 설명은 없었다. 작성자는 "이곳이 간사이(関西) 지역을 여행할 때 거점이 아니냐"는 댓글에 대해 "남성이라면 괜찮겠지만, 오사카에서 치안이 가장 나쁜 곳이므로 밤에는 조심하세요"라고 '친절하게' 답변을 달았다.[2]

사실 신이마미야역은 이용 승객이 매우 많은 역 중 하나다. 2018년 JR 신이마미야역의 1일 평균 승차 인원은 66,083명으로 JR 순

---

1 「眠たくないので個人的な環状線の感想述べました」, https://twitter.com/pimiko_inzm/status/720296239514816512 (검색일: 2020. 7. 6). 이 트위터 내용을 단초로 오사카시 JR 순환선을 따라 분포하는 소수자 거주지역의 심상 지리를 인류학적으로 분석한 논문은 조수미(2018)를 참고.

2 위 트윗이 작성된 2016년 오사카시의 범죄율 통계에 따르면, 날치기, 자동차·오토바이·자전거 절도 등을 포함한 범죄 건수가 가장 많은 곳은 오사카성이 위치한 추오구(中央区, 6,939건)이고, 다음은 오사카역이 있는 기타구(北区, 6,514건)이다. 신이마미야역이 있는 니시나리구(西成区, 2,272건)는 전체 24개 구 중 9위에 해당한다. 「平成28年中 大阪市区別街頭における犯罪発生件数(確定値)」, https://www.city.osaka.lg.jp/shimin/cmsfiles/contents/0000036/36925/28-kubetu-kakuteiti.pdf (검색일: 2022. 5. 1).

환선에 속하는 19개 역은 물론 JR서일본(JR西日本)이 운영하는 103개 역을 통틀어서도 이용객이 다섯 번째로 많다.[3] 제1장에서 언급한 바와 같이, JR 신이마미야역 주변에는 난카이 철도, 오사카 시영 지하철, 경전철이 교차하고 있어서 다른 노선으로 환승하기에 편리하고 오사카시 내외로의 접근성이 매우 좋기 때문이다. 더구나 역 주변에는 1,200엔부터 4,500엔대의 저렴한 간이숙박소와 비즈니스호텔이 산재해 있어, 오사카로 출장 오는 일본인뿐만 아니라 간사이 지역을 방문하는 외국인 여행자도 저가의 숙박시설을 이용하기 위해 신이마미야역을 이용한다.

이토록 교통이 편리하고 저렴한 호텔이 밀집된 곳을 일부 사람들이 위험하다고 생각하는 이유는 한 인터넷 기사를 통해 유추해 볼 수 있다. 이 기사에 따르면 "술 취한 아저씨들이 노상에 모여 있다", "훔친 물건이나 약, 불법 DVD 등을 파는 장물 시장이 열린다", "각성제 거래나 도박이 일상에서 공공연히 이뤄진다", "치안이 나빠서 여성은 낮에도 가지 않는 편이 좋다" 등과 같이 이 지역에 대한 부정적인 이미지가 있다.[4] 일본의 여성 노숙인에 대해 연구한 바 있는 마루야마 사토미(丸山里美) 교수는 이 기사에서 "본래 남성 인구의 비율이 압도적으로 높은 동네"라서 노숙인을 지원하는 사회적 자원이 많기는 하지만 기본적으로 노숙인이 남성임을 전제하고 있으며,[5] "술에 취해 시비를 거는 남성도 많고 여성에 대한 폭력이 만연한 동네이기도 하"다며, "개인적으

3 「JR各駅別乗車人員」, http://www.pref.osaka.lg.jp/toukei/nenkan/tn2019index.html#09 (검색일: 2020. 8. 27).

4 「オンナたちの釜ヶ崎—圧倒的'男性社会'で生きてきた'私娼' '女性ホームレス'の姿」, https://www.cyzowoman.com/2019/06/post_236548_1.html (검색일: 2020. 8. 26).

5 오사카시 전체 노숙인의 약 30%에 해당하는 400여 명이 이 지역에 집중되어 있다(大阪市福祉局自立支援課 2019: 11).

로는 여성에게 위험한 동네"라고 생각한다고 밝혔다. 즉, 신이마미야역 주변, 따라서 가마가사키에 관한 '위험' 담론은 이곳에 남성 주취자나 남성 노숙인과 같이 '바람직하지 않은 남성'이 많다는 사실에서 기인한다고 추론할 수 있다.[6]

다음 〈표 1〉에서 보듯, 실제로 가마가사키는 남성이 전체 인구의 80% 이상을 차지하는 남초 지역(男超地域)이다. 오사카시 전체로는 여성이 남성보다 더 많다는 점을 고려하면, 이곳이 오사카시에서 예외적인 장소임을 알 수 있다. 또한, 세대구성원 수가 평균 1.13명이라는 데서 주민 대부분이 배우자나 자녀 없이 혼자 살고 있다고 짐작할 수 있다. 게다가 65세 이상인 고령 인구의 비율이 45%에 이른다. 이들 중에는 청장년기에 일용직 노동에 종사한 사람이 많아 경제적으로 여유롭지 못한 경우가 많다. 이런 사실은 주민 1,000명 중 382명이 생활보호 수급자로, 생활보호 수급률이 전국에서 가장 높은 오사카시 전체 평균(인구 1,000명당 50명)과 비교해도 7배 이상 높고, 전국 평균(17.1명)에 비해

6 일본 정부가 2022년 1월에 실시한 노숙인의 실태에 관한 전국 조사에 따르면, 총 3,448명의 노숙인 중 남성은 3,187명, 여성은 162명, 그리고 불명은 99명으로 나타나 여성 노숙인의 비중은 4.7%였다.「ホームレスの実態に関する全国調査(概数調査)結果について」, https://www.mhlw.go.jp/content/12003000/000769666.pdf (검색일: 2022. 5. 1). 마루야마 사토미(Maruyama 2019)는 일본에서 여성 노숙인이 잘 보이지 않는 이유를 두 가지 측면에서 설명한다. 한편으로는 여성은 실업급여를 받을 수 있는 일에 종사하지 않아서 선뜻 집을 나오기 쉽지 않다. 즉, 여성은 일본 사회에서 경제적으로 자립하기 어려워서 가정폭력 등으로 집을 나와야 할 사정이 있더라도 나오지 못하는 경향이 있다. 다른 한편으로는 일본 정부가 여성을 주된 소득자로 간주하지 않으므로 공적부조를 받기 수월하고 각종 보호시설(생활보호법상의 모자생활지원시설, 매춘방지법상의 여성보호시설, 가정폭력법상의 가정폭력희생자지원시설 등)을 이용하기 쉽다. 말하자면 일본 정부가 여성을 경제적으로 의존적인 존재로 간주하기 때문에, 노숙의 위험성에 놓인 여성이 각종 시설을 쉽게 이용할 수 있어서 노숙하는 여성이 적은 것처럼 보이는 것이다.

표 1. 가마가사키의 인구 구조

	가마가사키	니시나리구	오사카시	일본
인구(명)	21,447	111,883	2,691,185	127,093,745
남성(명)	17,345	64,639	1,302,562	61,841,738
여성(명)	4,102	47,244	1,388,623	65,253,007
남성 비율(%)	80.9	57.8	48.4	48.7
세대수	18,931	69,225	1,354,793	53,331,797
세대구성(명)	1.13	1.62	1.99	2.33
면적(㎢)	0.62	7.37	225.21	377,975
인구 밀도(명/㎢)	34,592	15,181	11,950	341
고령화율(%)	45.1	38.7	25.3	26.6
생활보호 수급자 세대수	8,377 (2016년 2월)	23,457 (2019년 3월)	113,543 (2019년 3월)	2,174,331 (2015년 3월)
생활보호 수급자 비율(‰)	382.0	232.5	50.7	17.1

출처: 이 표는 가마가사키마을재생포럼 사무국장 아리무라 센이 2018년 4월 작성한 미발간 자료 〈아이린지구 데이터(あいりん地区データ)〉를 토대로, 인구부터 고령화율까지는 『2015년 국세조사(2015年 国勢調査)』의 오사카시 상세 집계 결과를, 생활보호 수급자 통계 중 니시나리구와 오사카시의 수치는 오사카시 홈페이지(www.city.osaka.lg.jp)에 있는 "생활보호의 적용 상황 등(生活保護の適用状況など)"을 참고해 수정한 것이다.

서는 22배 이상 높다는 것에서 잘 드러난다. 따라서 2010년대 현재 가마가사키는 가난하고 나이 든 남성이 혼자 생활하는 비율이 압도적으로 높은 동네다.

가마가사키가 "본래 남성 인구의 비율이 압도적으로 높은 동네"인 것은 어쩌면 당연할 일일는지 모른다. 왜냐하면 1970년대 이후 가마가사키는 건설업 중심의 일용직 노동시장이 열리는 요세바였기 때문이다. 그러나 〈표 2〉는 1960년대 중반까지도 가마가사키 인구 구조가 현재와는 상당히 달랐음을 보여 준다. 심지어 1950년대 중반까지는 남

표 2. 가마가사키의 성별 인구 추이

	남성	여성	합계
1945	4,949	5,792	10,741
1950	10,954	13,136	24,090
1955	16,110	17,959	34,069
1960	18,619	17,592	36,202
1965	17,237	15,574	32,811
1970	21,797	11,739	33,536
1975	22,090	11,778	33,868
1980	21,984	9,832	31,876

출처: 水野阿修羅(1993: 229)

성보다 여성이 더 많이 거주했다. 1960년대 들어 남녀의 성비가 역전되었지만, 현재와 같이 남성이 압도적으로 많지는 않았다. 남성 일용직 노동자는 전국의 건설 현장을 돌아다니며 일하므로 가마가사키에 주민등록을 하지 않는 경우가 많았을 것임을 고려하더라도, 1960년대 중반까지 가마가사키는 현재와 같이 "남성 인구의 비율이 압도적으로 높은 동네"는 아니었다. 1970년대 들어서야 비로소 현재와 같이 남성에 편중된 인구 구조가 나타나기 시작했다.

따라서 가마가사키가 "남성 인구의 비율이 압도적으로 높은 동네"로 변한 역사적 과정을 검토해 볼 필요가 있다. 결론부터 말하자면, 가마가사키는 1960년대에 행정기관의 봉쇄 대책과 가족이 있는 세대의 이탈, 단신 남성 노동자의 개체화된 소비 행위로 인해 빈민 가족이 거주하는 슬럼에서 남성 단신 노동자만 모인 요세바로 "사회적으로 생산되고 구성(social production and construction)"됐다(Low 2000).[7] 이 장에서는 공권력이 공간적 배열을 통해 인구집단을 차등적으로 통치하는 양상을 파악하고, 행위자가 건조환경(built environment)과 상호작용하여 물리적 공간을 의미가 담긴 장소로 만드는 실천을 분석함으로써 가마가사키의 장소성이 변화하는 과정을 이해하고자 한다.

현대 도시에서 권력은 바람직하지 않은 존재를 처벌하거나 규율할 뿐만 아니라 이들을 도시공간에서 다양한 방식으로 배제한다(Harms 2016). 도시인류학자인 리브커 야퍼와 아나욱 더코닝(2020: 308)은 "도시의 사회질서는 범죄를 처벌하거나 범법자를 규율하는 방식보다 공간적 방법을 통해서 관리된다"라고 지적한다. 이들은 공권력이 주권(sovereignty)이나 규율(discipline)뿐만 아니라 인구를 관리하는 통치성(governmentality)의 기술에 의해 작동한다는 푸코의 논의를 참고하여 도시공간을 매개로 권력이 구현되는 양상을 설명한다.

> 공간적 통치성(spatial governmentality)은 생명정치적 형태의 통치로서 공간적 구획 설정과 공간적 규정을 통해 사회질서를 형성한다. 공간적 통치성은 '공격적인' 사람과 행동을 처벌하거나 개조하기보다는 그런 사람과 행동을 배제하거나 감춤으로써 더 많은 인구가 처할 위험을 줄이고자 한다. 이런 공간적 메커니즘은 종종 인구 전체에 대한 위험을 최소화하거나 더 피해를 당하기 쉽거나 가치 있다고 간주되는 집단을 외부와 차단함으로써 안전을 향상하고자 한다. 그러나 이러한 새로운 공간적 질서 체계는 예를 들어 경찰, 감옥, 치료 같은 처벌적 형태 및 개조적 형태의 권력과

7 도시인류학자인 세타 로는 코스타리카의 수도인 산호세에 있는 광장이 사회적 의미를 지닌 장소가 되는 과정을 분석하며 공간의 사회적 생산과 사회적 구성이라는 개념을 제안했다. 공간의 사회적 생산은 "물리적 장소를 실제로 만들어 내는 과정에서 사회적, 경제적, 이데올로기적, 기술적 요소들이 어떤 작용을 하는가"를 포착하는 개념이라면, 공간의 사회적 구성은 "사람들이 공간을 일상적으로 이용하는 행위에 의해 물리적 환경이 상징적인 의미를 갖는 장소로 변환되는 과정"을 지적하는 개념이다(Low 2000: 127-128).

공존하며, 동시에 이런 형태의 권력이 야기하는 위협에 의해 지탱된다(야퍼·더코닝 2020: 308).

다시 말해, 도시공간 속의 권력관계는 주권, 규율, 통치성이라는 세 가지 권력의 기술이 복합적으로 작용하여 만들어진다는 것이다. 이 장은 위와 같이 도시공간에서 권력을 구현하는 다양한 기술을 염두에 두면서, 가마가사키가 계급화되고 젠더화된 장소성을 획득하는 과정에서 전후 일본의 사회문화적 규범에 부합하는 사람과 그렇지 못한 사람을 구분하고, 전자를 주류사회로 포섭하는 한편 후자를 특정한 도시공간 속에 격리하는 인구 관리의 방식이 작동했다는 것을 밝히고자 한다. 구체적으로는 행정기관이 자녀가 있는 세대는 거주지 분리를 통해 갱생을 돕는 한편, 단신 남성 일용직 노동자는 감시와 처벌 그리고 공간적 격리를 통해 통치했다는 점을 기술할 것이다.

다른 한편으로, 앙리 르페브르(2011)가 지적한 것처럼 공간은 전문가가 어떤 의도를 갖고 계획하느냐에 따라 다른 모습으로 재현되며, 동시에 사람들이 공간을 일상적으로 활용하는 공간적 실천을 통해 구성된다는 점에 주목하고자 한다. 공간적 통치성은 위에서 아래로 일방적으로 작용하는 것이 아니다. 모든 권력관계가 그러하듯 관리 대상이 된 행위자가 이에 어떤 식으로 대응하는가를 매개로 실현된다. 따라서 이 장에서는 행정기관의 공간적 봉쇄 대책의 결과 형성된 건조환경과 이 속에서 살아가는 단신 남성 일용직 노동자의 개체화된 성향(individualized dispositions)의 상호작용에 주의를 기울일 것이다. 가마가사키가 요세바로서 활성화됐을 때조차도 이곳의 일용직 노동자는 개별화된 주거환경과 소비환경 속에서 고립된 채 외롭게 살아갔다는 점을 지적함으로써, 가마가사키는 일본 사회에서 주변적 남성성(marginalized masculinity)이 투영된 장소라는 점을 지적하고자 한다.

2. 슬럼으로서의 전사(前史)

가마가사키에 간이숙박소가 처음 생긴 것은 지금으로부터 120여 년 전인 20세기 초였다. 1890년대에는 오사카시의 서쪽을 에워싸고 있는 니시나리군 이마미야무라의 일부였으며, 각각 1885년과 1889년에 개통한 한카이철도(阪堺鉄道)[현재 난카이전철]와 오사카철도(大阪鉄道)[현재 JR]의 철로가 부설되어 있었을 뿐[8] 건축물이라고 할 만한 것이 없고 대부분 농경지가 펼쳐진 곳이었다(原口剛 2011a: 19). 그러나 1910년 이후에 이뤄진 경지정리사업 대상에서 가마가사키가 제외된 데서도 알 수 있듯이(本間啓一郎 1993: 28), 이곳도 오사카시의 다른 주변 지역처럼 19세기 말에서 20세기 초 사이에 급격히 시가지화되었다.

오늘날의 간이숙박소에 해당하는 기친야도(木賃宿)[9]는 에도 시대부터 오사카의 대표적인 "빈민굴"로 알려진 나가마치(長町) 3번가부터 5번

8 가마가사키에 JR의 전신인 국철과 난카이전철의 신이마미야역이 설치된 것은 각각 1964년과 1966년의 일이었다. 다만 한카이전기궤도(阪堺電気軌道)가 1911년 에비스초역(恵美須町駅)에서 오쇼지역(大小路駅) 구간을 개통할 때, 가마가사키에 미나미가스미초역(南霞町駅)[현재는 신이마미야역입구역(新今宮駅前駅)이라고 불린다]을 설치했다.

9 기친야도라는 명칭은 숙박객이 자취를 하며 하루치 연료비에 해당하는 기친(木賃)을 내고 머무는 곳이라는 데서 유래했다(加藤政洋 2011: 164-165). 투숙객은 집주인의 거처 뒤편으로 이어진 길고 큰 방(나가야, 長屋)에서 혼숙(混宿)을 했으며, 수개월에서 수년에 걸쳐 사는 사람도 많아서 나가야는 숙박시설이라기보다 사실상 주거시설에 가까웠다.

가[10] 기슈카이도(紀州街道)의 양편에 빽빽이 자리하고 있었다(水内俊雄 2008: 11). 기슈카이도는 전근대 시대부터 오사카의 남부 지역에서 오사카시로 진입하는 주요한 도로이자, 오사카 주변 지역에서 생산된 곡물이 유통되는 주요 통로였다.

나가마치에는 상품경제의 발전에 따라 1660년대부터 도정(搗精), 착유(搾油), 주조(酒造)에 종사하는 수공업 노동자를 위한 숙박시설인 기친야도가 관의 허가를 받아 설치됐다(Porter 2012: 74). 이로써 나가마치의 토지 소유주와 기친야도 관리인은 도시에 집과 호적이 없는 사람(無宿殼人別)에게 주거와 일자리를 독점적으로 제공하며, 미등록 노동자를 관리하는 역할을 했다. 예를 들어 노동자는 나가마치의 기친야도에 기거하면서 기친야도 관리인이 알선하는 작업장에서 탈곡(脫穀)이나 기름 짜는 일을 했다. 1791년에는 38채의 기친야도에 총 1,380명이 거주했는데, 이 중 약 75%인 1,042명은 이런 식으로 일을 소개받는 수공업 노동자였고 나머지는 매춘부(110명)와 걸인(228명)이었다(本間啓一郎 1993: 32). 즉, 근대 이전의 나가마치는 "육체노동 인력풀(力役型労働力のプール地)"로 큰 역할을 했다.

그러나 산업화와 더불어 농촌에서 도시로의 인구 이동이 대거 일어나자 나가마치의 노동자를 전근대적 원리에 따라 통제할 수 없게 되었다. 오사카는 민간자본에 의해 1883년 오사카 방적 산겐야 공장(大阪紡績三軒家工場) 등이 세워지면서 근대적인 상공업 도시로 발전했다(芝村篤樹 1999: 7). 이 공장은 철야 작업은 물론 원격지에서도 여공을 모집하는 등 새로운 경영 기업을 도입해 큰 이득을 거뒀다. 이후 오사카시에는 1891년까지 8곳의 방적공장이 추가로 생겨 일본 전체 방적공장의

10 현재 전자상가 거리인 니혼바시(日本橋)에 해당하는 지역으로, 가마가사키의 북쪽에 직선거리로 1㎞에서 1.7㎞ 정도 떨어진 곳이다.

40% 이상을 차지했다.

공장에서 일하기 위해 오사카 주변 지역의 많은 사람이 오사카시로 유입되면서 시 인구가 급격히 증가했다. 메이지유신(明治維新)이 일어난 1868년 오사카시의 인구는 28만 1,306명이었으나, 1882년과 1887년에는 각각 33만 2,425명, 42만 6,846명까지 늘어났고, 1897년에는 75만 8,285명에 달했다(芝村篤樹 1999: 6). 특히 1880년대 이후 오사카시 외곽 지역인 니시나리군 난바무라(難波村), 덴노지무라(天王寺村), 기즈무라(木津村), 이마미야무라에는 규모가 작고 영세한 공장이 생겼고, 공장에서 일하거나 도시의 각종 허드렛일을 수행하는 하층 노동자가 모여 살기 시작했다(水内俊雄 2008: 15). 오사카시는 이처럼 주변부에 늘어나는 인구를 적절히 관리하는 한편 새로운 세수(稅收)의 기반을 확보하고자 1897년 제1차 시역 확장을 단행했다(Saga 2012: 66).

오사카가 근대 산업도시로 변화함에 따라 나가마치의 토지 소유주와 기친야도 관리인은 근대 이전처럼 도시에 거주할 권리가 없는 미등록 주민에게 주거를 제공하고 수공업 일자리를 알선하는 독점권을 유지할 수 없게 되었다(Saga 2012: 66). 전근대부터 착유(搾油) 노동자에게 일자리를 알선한 숙박업자와 근대 이후 노동자를 소개하기 시작한 숙박업자가 서로 대립하는 가운데, 기존 숙박업자가 착유 노동자를 강하게 통제하거나 임금을 인하하려고 하자 노동자는 1886년부터 1889년에 걸쳐 쟁의를 일으켰다(本間啓一郎 1993: 38-39). 이로 인해 “나가마치의 기친야도에 의한 노동력 통제는 완전히 붕괴”됐고, “시내에 산재한 구인-숙박업소”가 나가마치의 기친야도를 대신해 새로운 “육체노동 인력풀”이 됐다.

전근대적인 노동력 관리 기능을 상실한 나가마치는 도시 빈민이 거주하는 근대적 슬럼으로 변모했다. 1890년에 나가마치 주민 중 “걸식하는 사람은 8.5%에 불과하고, 전체의 70% 이상은 잡업(雜業)에 종사"했다(加藤政洋 2004: 4). 이곳 주민의 대부분은 "우산살 깎기, 빗 갈기, 성냥상자 붙이기, 음식물 소매, 쓰레기 줍기, 연탄 갈이, 막노동, 인력거 끌기, 그릇닦기용 가루 팔이" 등을 하며 생계를 유지했다. 도시 하층에 속한 나가마치 주민의 거주환경도 열악하기는 마찬가지였다. 1896년 기친야도 관리인의 주택이 나가마치의 동쪽과 서쪽에 각각 17채와 23채가 있었던 것에 비해, 이 주택 뒤편으로 쪽방에 해당하는 나가야(長屋)는 각각 52채와 51채나 있었다(加藤政洋 2011: 160).

1880년대부터 오사카부는 이처럼 주거환경이 열악하고 생활 조건이 불안정한 나가마치를 범죄와 사회 불안의 근원일 뿐 아니라 전염병의 발원지로 보고 철거 계획을 수립했다(Porter 2012: 75–77). 오사카시에서는 1877년부터 1886년까지 매년 콜레라가 발생해 3만 명 이상이 사망했는데, 나가마치와 같은 슬럼이 전염병의 발원지라고 본 것이다. 1886년 오사카부 경찰부장이었던 오우라 가네타케(大浦兼武)는 나가마치를 포함해 오사카 시내의 슬럼을 시 외곽으로 이전하는 계획을 세웠다. 그러나 이 계획은 나가마치에서 주민을 대상으로 음식이나 일상용품을 파는 소상인과 그들에게 기친야도와 돈을 빌려주고 일자리를 알선하며 돈을 벌어 왔던 토지 소유자의 반대 등으로 무산됐다.

하지만 오사카부는 포기하지 않고 1886년에 제정한 기친야도 관리 규칙(宿屋取締規則)과 나가야 건축 규칙(長屋建築規則)을 엄격히 적용하여 사실상 나가마치의 불량 가옥과 빈민을 오사카시 외부로 추방했다(Porter 2012: 78). 기친야도 관리 규칙은 기친야도를 오사카 시내가 아닌 시외의 5곳에서만 운영토록 했으며, 나가야 건축 규칙을 어긴 불량 가옥의 소유주는 자기 비용으로 주택을 철거하거나 재건축해야 했다. 결국 1891년에 오사카시 최초로 4,000채 정도의 불량 주택이 철거되거나 재건축됐다.

나가마치의 저렴한 주거시설을 이용할 수 없게 된 도시 빈민은 오사카시의 주변 지역인 난바무라로 1,905세대, 덴노지무라와 기타노무라로 1,226세대, 기즈무라와 이마미야무라로 874세대가 옮겨 살 수밖에 없었다(Porter 2012: 78). 현대 도시에서 하층 노동자는 도심부에 쉽게 접근할 수 있는 곳에 거주해야 각종 일거리를 얻을 수 있기 때문이었다. 또한, 앞서 언급한 바와 같이 오사카시 외곽에 영세 공장이 늘어나면서 이곳에서도 일자리를 얻을 수 있었기 때문이다.

이런 조건을 갖춘 이주지 중 하나가 나가마치에서 기슈카이도를 따라 직선거리로 채 2km도 떨어지지 않은 이마미야무라 가마가사키였다. 1896년 화재 위험 때문에 주로 도시 주변부에 지어졌던 성냥공장이 가마가사키에도 들어섰다(本間啓一郎 1993: 39-40). 1901년 이 공장에서 일하는 직공 130명 중 상당수는 아동이었다. 가마가사키가 덴노지로 가는 중간 지점이자 언덕을 올라가는 출발점에 있어서 이곳에 거주하는 성인 남성은 짐 나르기, 수레를 끌고 미는 일, 막노동 등과 같은 육체노동에 종사했고, 성인 여성은 무직이거나 주변 농가에서 날품팔이를 하는 등 잡업에 종사하며 생계를 이어갔다. 따라서 농촌 지역이던 가마가사키에 각종 허드렛일을 하는 단신 남성 노동자나 도시 하층 가족이 1891년부터 1900년 사이에 거주하기 시작했다고 짐작할 수 있다.

가마가사키에 기친야도가 처음 생긴 것은 1904년 무렵으로 알려져 있다(加藤政洋 2011: 181-184).[11] 1904년에는 기슈카이도의 새 이름에 해당하는 니혼바시스지(日本橋筋)를 따라 시영 지하철을 부설하기 위해 도로를 확장하는 공사가 이뤄졌다. 또한, 1906년에서 1907년까지 난

11 현재는 1904년 무렵부터 가마가사키에 기친야도가 들어서기 시작했다는 가토 마

바경찰서는 이 길 주변에 여전히 남아 있던 나가야를 여러 차례 단속해 빈민들을 오사카시 밖으로 쫓아냈다. 쫓겨난 사람들과 철거된 기친야도가 모두 가마가사키로 유입됐다고 할 수는 없지만, 1890년대 이후 되풀이된 철거와 단속으로 인해 가마가사키에 불량 주거시설이 집적되기 시작했다.

그러나 가마가사키가 오사카 시내에서 허용되지 않는 기친야도와 나가야의 집결지가 된 것은 나가마치와의 지리적 근접성 때문만은 아니었다. 현재 시영 지하철 동물원입구역 주변에는 오사카의 7대 형장 중 하나인 도비타묘(鳶田墓)와 처형장이 있었고, 이곳에서 일하는 피차별집단인 히닌(非人)의 거주지도 있었다(水内俊雄·加藤政洋·大城直樹 2008: 19). 즉, 가마가사키에는 전근대의 주변적 시설이 집중되어 있었다. 1880년을 끝으로 묘지와 처형장은 사라졌지만, 상징적 의미에서 이미 "오염"되어 "위험"한 장소가 된 이곳은 전염병의 온상으로 지목된 불량가옥이 이전되기에 적합했던 셈이었다(더글라스 2005). 1891년 이후 오사카시에 의해 슬럼이 철거되고 불량가옥이 시 외곽의 여러 지역으로 분산됐지만, 이 중에서 유독 가마가사키만 20세기 이후에도 오사카의 대표적인 슬럼으로 남았다는 점에서 이곳이 전근대 시기부터 이미 상징

사히로의 주장이 정설로 받아들여지고 있다. 과거에는 1903년 제5회 내국권업박람회(内国勧業博覧会)가 신세카이(新世界)와 덴노지공원(天王寺公園) 지역에서 열렸을 때, 메이지 천황이 순행할 길에 있는 불량가옥과 빈민가를 철거하면서 가마가사키에 기친야도가 형성됐다고 보았다(本間啓一郎 1993: 42). 그러나 가토 마사히로는 내국권업박람회를 준비하던 시기에 오사카시에서 대규모 슬럼 철거가 있었다는 기록을 발견할 수 없다는 이유로 이러한 설명을 기각했다. 다만, 〈표 3〉에서 1900년대 초에 이미 16채에서 18채의 기친야도가 있었다는 오사카부의 통계도 남아 있다는 것을 확인할 수 있다. 따라서 1903년 내국권업박람회를 준비하는 과정에서 오사카시에 있던 일부 기친야도가 가마가사키로 이전됐을 가능성도 완전히 배제할 수는 없다.

적으로 오염된 공간이라는 인식이 중요하게 작용했음을 알 수 있다.

따라서 가마가사키에는 근대적 위생 개념에 근거한 정치적 실천과 상징적 오염에 대한 전근대적 관념이 중층적으로 작용해, 1910년 이후 도시환경을 유지하는 데 필수적이지만, 높은 숙련도를 요구하지 않는 일에 종사하는 도시 하층민이 거주하는 간이숙박소가 밀집하게 됐다. 〈표 3〉을 보면, 가마가사키의 간이숙박소 수는 1906년 이후 꾸준히 늘어나 1920년에 이미 52채로 오사카부 전체 간이숙박소의 34%를 차지했으며, 1940년에는 그 수가 68채까지 늘어 집중률도 38%까지 상승했다. 즉, 1945년 이전에 이미 가마가사키는 명실상부한 간이숙박소 거리였던 셈이다.

당시에도 간이숙박소에 거주하는 사람은 육체노동이나 잡업을 겸하는 도시 하층 노동자였다. 1923년 기친야도 거주자 조사에 따르면, 49채에 모두 4,226명이 거주하고 있었으며, 거주자의 60% 이상을 차지하는 청장년층(21-50세)은 막노동자, 항만하역 노동자, 날품팔이꾼 등으로 일했다(吉村智博 2011: 191-193). 1929년 이마미야경찰서가 실시한 실태 조사 결과도 크게 다르지 않아, 막노동자, 폐지 줍는 사람, 행상, 배우, 매춘부 등이 가마가사키에 거주했다. 즉, 1920년대 가마가사키의 간이숙박소는 사실상 도시 하층의 주거시설이었다.

하지만 전전(戰前)의 가마가사키라는 공간을 1970년대 이후 남성 일용직 노동자로만 채워진 요세바 가마가사키와 똑같다고 할 수는 없다. 단신자(單身者)만 일용직 일자리를 구하러 모인 것이 아니라, 도시 하층 가족 또한 각종 허드렛일을 하며 간이숙박소에서 살아갔기 때문이다. 예를 들어 1917년에는 2,600명에서 4,000명 정도가 40채에서 50채 정도의 기친야도에서 살았는데, 기친야도는 가족이 있는 세대가 거주하는 곳과 청장년층을 중심으로 하는 단신 노동자가 다수를 점하

표 3. 연도별 간이숙박소 수의 변화

연도	명칭	오사카부	오사카시	가마가사키	집중률(%)
1887	하숙	97	13	0	0
1897	기친야도	95	7	NA	NA
1900		90	22	16	18
1902		106	23	18	17
1906		134	44	30	22
1915		177	76	40	23
1920		151	85	52	34
1925		147	92	49	33
1930	간이숙소	206	99	56	27
1935		201	97	58	29
1940		181	104	68	38
1950	하숙	152	111	12	8
1955		301	275	107	36
1958	간이숙소	72	72	57	79
1959		147	147	129	88
1960		152	152	134	88
1961		220	220	183	83

출처: 大阪社会学研究会(1961a: 83). 1897년까지의 수치는 각 연도 말에, 이후는 각 연도 10월에 집계한 것이다. 1961년 수치는 1961년 10월 당시 현재 추정치로 미등록 간이숙박소 49곳도 포함되어 있다. 집중률은 오사카부 전체 간이숙박소 중 가마가사키의 간이숙박소가 차지하는 비율을 말한다.

는 곳으로 양분됐다(本間啓一郎 1993: 47).

1920년대부터 1945년까지도 간이숙박소 거주자의 이러한 인구학적 특성은 지속해서 유지됐다. 1921년 한 사회복지위원의 보고에 따르면 가마가사키에는 기친야도가 50채 정도 있었고, 막노동을 하는 3,700명에서 4,000명 정도의 사람들이 머물렀으며, 이 중에서 단신자는 1,350명, 가족이 있는 사람은 850명 정도였다(吉村智博 2011: 188). 1936년 오사카시 조사에서는 잡업형 노동자가 육체노동자를 상회했다(本間啓一郎 1993: 52). 간이숙박소 거주자의 수는 1921년 조사와 비교해 4,145명에서 3,506명으로 감소했으나, 단신자의 비율은 61.4%에서 65.9%로 소폭 늘어났고, 동시에 세대별 인원도 3.33명에서 3.44명으로 증가했다. 이것은 가마가사키에 홀로 일자리를 찾아 이주한 경우와 노동자 가족이 정착하는 이중적 경향이 동시에 지속된 까닭이었다. 따라서 1945년까지 가마가사키는 전적으로 남성 단신 노동자만 있는 요세바가 아니라 도시 하층 가족이 혼재된 슬럼이었다.

3. "오사카의 밑바닥"

가마가사키는 2차 세계대전 말기인 1945년 3월과 8월에 미군의 공습으로 폐허가 되었다. 따라서 "그 후 슬럼 가마가사키"라는 제목의 1947년 9월 22일 『아사히신문』 기사에서는 "영세민 동네의 대명사로 전국적으로 알려진 (…) 가마가사키"도 "전쟁으로 인한 피해를 입어" 일부 철근 구조물을 제외하고는 "완전히 불타 버렸"지만, "지금은 토건업자의 손으로 새로운 주택, 상점가가 계획되고 있"고 "4만 3,000엔짜리 단독주택이나 점포가 딸린 분양주택이 점차 지어지고 있"으므로, "슬럼 가마가사키라는 이름도 사라질 것"이라고 예상했다(水内俊雄 2004: 30 재인용).

그러나 이러한 기대와는 달리 가마가사키는 각지에서 몰려든 가난한 사람들로 금세 "일본 최대의 슬럼"이 됐다(柴田俊治 1960: 20). 1960년 2월 9일부터 20일까지 『아사히신문』에는 가마가사키에서 힘겹

게 살아가는 일용직 노동자와 고물상, 주민등록이 되어 있지 않아 학교에 다니지 못하는 아이들의 모습, 그리고 간이숙박소와 가설주택이 밀집된 열악한 주거환경 등을 보도하는 기사가 연재되었고, 이곳을 "오사카의 밑바닥(大阪のどん底)"이라고 불렀다. 즉, 전후의 가마가사키는 전전의 가마가사키와 별반 다를 것이 없었다.

〈표 2〉에서 보듯, 가마가사키의 주민등록상 인구는 1950년대에만 1만 2,000명 이상 늘어났다. 증가한 인구 대부분은 1945년에 새로 유입된 경우였다. 오사카사회학연구회(大阪社会学研究会 1961a: 76–77)가 1959년 실시한 가마가사키 실태 조사에 따르면, 1945년 이후 전입자가 85.8%, 1952년 이후 전입자가 61.6%를 차지했다. 또한, 세대주의 본적지는 오사카시 27.7%, 오사카부 7.1%로 오사카 출신이 많았지만, 본적지가 오사카 이외의 긴키(近畿) 지역과 기타 지역인 세대주도 각각 20%와 35.2%나 됐다.

1950년대부터 1960년대 초까지 타지에서 가마가사키로 인구가 이토록 급격하게 유입된 것은 전후 일본 사회의 구조적 변화와 관련 있다(上畑恵宣 2012: 9–15). 일본 정부가 주된 에너지원을 석탄에서 석유로 변경하자, 규슈 등의 탄광에서 해고된 노동자가 오사카 등의 대도시로 몰려들었다. 또한 1961년에는 농업의 기계화를 촉진하는 농업기본법(農業基本法)이 제정되어 영세농민의 임금 노동자화가 가속됐다. 실직자와 이농자 중 일부는 오사카로 이주해 사카이센보쿠 임해공업지대(堺泉北臨海工業地帯)의 석유화학, 철강, 금속 공장이나 오사카항에서 일용직 노동자로 일했다. 즉, 산업화에 필수적인 비숙련 노동을 수행할 비정규직 노동자를 원하는 자본가와 산업구조 조정에 따라 고향을 떠나 대도시로 올 수밖에 없었던 노동자의 상황이 결합하여 가마가사키는 전후에도 값싼 노동력의 공급처가 됐다.

그림 6.
1960년대 가마가사키 노천 인력시장 (니시나리정보아카이브(오사카공립대학) 소장 우에하타 시게노부 가마가사키 아카이브 제공)

1950년대부터 가마가사키에는 항만하역업, 육상운송업, 건설업, 제조업 등에 필요한 비숙련 일용직 노동자를 모집하는 노천(露天) 인력시장이 열렸다(海老一郎 2011: 210-211; 〈그림 6〉). 여기서는 일당 300엔, 500엔, 700엔인 일자리를 구할 수 있었는데 노동자는 평균적으로 400엔 전후의 임금을 받았다(磯村英一 1962: 158-159). 한편, 1950년 아베노직업공공안정소(阿倍野職業公共安定所)의 니시나리노동출장소(西成労働出張所)가 이 지역에 설치되어 패전 이후의 사회경제적 혼란 속에서 일자리를 잃은 사람, 아시아 등지에서 귀국한 군인과 일반인 등을 위한 긴급 실업대책사업의 하나로 일자리 알선이 이뤄졌다. 실업대책사업을 통해 제공되는 일자리는 토사 운반, 성토(盛土), 일반 청소, 제초, 폐지 수거 같은 비숙련 노동이 대부분이었다(大阪社会学研究会 1961b: 111-112). 오사카부는 실업대책사업에 참여한 노동자에게 최고 475엔에서 최저 251엔을 지급했는데, 노동자는 건강보험료와 실업보험료를 제하고 평균적으로 340엔 정도를 받았다.

따라서 니시나리노동출장소에 나가는 사람은 주로 고령자이거나

병약자였던 반면, 건강한 청장년층 노동자는 한 푼이라도 더 벌기 위해 노천 인력시장에 나갔다. 고용안정법에 따르면 정부의 허가를 받지 않은 자가 일자리를 소개하는 것은 불법이었지만,[12] 1,000명에서 2,000명 정도의 노동자는 니시나리노동출장소보다 매일 아침 가스미초(霞町) 부근에서 열리는 노천 인력시장에 나가 구인업자를 통해 일거리를 구했다. 거리에서 구인업자를 마냥 기다리는 일용직 노동자의 모습이 마치 입을 벌리고 먹잇감을 기다리는 아귀(鮟鱇, 앙코あんこう)와 비슷하다고 해서 이들은 앙코(アンコ)라고 불리기도 했지만 제조업, 하역운송업, 건설업에서 단순 육체노동을 담당하던 가마가사키 노동자는 "룸펜 프롤레타리아가 아니라 가난해서 일하고 또 '일하는 빈민(the labouring poor)'이었다(細川順正 1965: 23)."

한편, 가마가사키는 1960년대 초까지 전전과 마찬가지로 조악한 주거시설로 다시 빼곡히 채워졌다. 여전히 전쟁으로 인한 피해를 복구 중이었던 1950년에는 간이숙박소가 12채에 불과했지만, 한국전쟁 특수 등으로 인해 경제가 성장하며 대도시로 인구가 집중되던 1955년에는 간이숙박소가 107채, 1960년에는 134채까지 늘어나 오사카부 전체 간이숙박소의 88%가 가마가사키에 집중되었다(大阪社会学研究会 1961a: 83).

---

12 1947년 11월 제정된 직업안정법은 국가기관인 공공직업안정소가 무료로 일자리를 소개하도록 규정했다(萱山真次·西村幸満 2000: 67-82). 1930년대 말까지 일자리 소개업무는 기초자치단체나 광역자치단체의 업무였으나, 1938년 일본이 총동원체제로 전환되면서 국가의 필요에 적합한 직업에 졸업예정자를 배치하기 위해 국가업무로 전환됐다. 전후에도 일본 정부는 공공직업안정소를 설립해 경제부흥에 필요한 노동력의 수급을 적절히 조절하는 한편, 개인의 직업 선택 자유와 노동자의 권리를 보호하기 위해 사적인 조직이 정부의 허가를 받지 않고 직업소개업무를 하는 것을 원칙적으로 금지했다. 그러나 요세바에서는 미등록 구인업자가 일용직 노동자에게 직접 일자리를 소개하는 방식(相対方式)이 묵인됐다.

이는 전후의 다른 도시와 마찬가지로 오사카시도 주택난이 심각했던 탓이었다. 오사카시의 경우 1953년 시점에 동거, 가설주택, 노후주택을 포함하면 10만 호 이상의 주택이 부족했다(芝村篤樹 1999: 87). 인구 증가와 신혼 세대의 증가를 고려하면 해마다 3만 호 이상의 주택이 추가로 필요했지만, 새로 건설되는 주택은 1만 호 정도에 불과했다. 주택 공급이 현저히 부족한 상황에서 월세조차 낼 여력이 없는 도시 하층민은 그날그날 집세를 내는 간이숙박소와 간이아파트가 밀집된 가마가사키로 모여들었다.

물론 당시 가마가사키에는 간이숙박소와 간이아파트뿐만 아니라 셋방, 하숙, 가설주택(バラック), 점포병설형 주택, 일반전용 주택, 개량철근 주택 등 다양한 형태의 주거시설이 혼재되어 있었다(細川順正 1965: 14). 그러나 이런 주거시설 사이의 경계는 엄격하게 구분하기 어려웠다. 간이숙박소 중에도 가설주택처럼 불법으로 점거한 토지에 지은 시설이거나 건축법을 제대로 지키지 않은 무허가 시설도 있었고, 법적으로는 간이아파트나 하숙이라고 분류되어 있지만 사실상 간이숙박소처럼 매일 집세를 징수하고 침구류를 빌려주는 곳도 있었다.

1950년대 말에서 1960년대 초에는 주민등록을 하지 않은 사람까지 포함해 가마가사키에 약 5만 명이 살고 있다고 추정했다(大阪社会学研究会 1961a: 79-80). 이중 절반 정도인 약 2만 5,000명이 무허가 간이숙박소 49채를 포함한 총 183채의 간이숙박소, 실질적으로는 간이숙박소와 별반 다를 바 없는 150채의 간이아파트, 그리고 수많은 셋방에 거주했고, 나머지 절반은 전후 슬럼에 전형적으로 나타나는 가설주택이나 전전 슬럼의 대표적인 주거 형태인 나가야에 살았다.

다만 가설주택과 간이숙박소에 거주하는 세대의 인구학적 특성에는 차이가 있었다. 가설주택은 시유지(市有地)에 불법으로 직접 기둥을

박아 임시로 지은 판잣집으로, 1960년 무렵 가마가사키에는 160호 이상의 가설주택이 있었다(大阪府警察本部防犯部 1961: 14). 난카이철도가 지나는 고가(高架) 아래에는 1945년 9월만 해도 가설주택이 두세 세대에 불과했지만 1959년에는 104세대까지 늘어났고, 대부분은 다다미 세 장 크기의 단칸방이었다(磯村英一 1962: 152-154). 주거 면적이 협소했을 뿐만 아니라 주거환경 자체가 열악해 104세대가 거주하는데 공용 수도 시설은 두 곳, 화장실도 몇 곳에 불과했다.

가설주택 세대주의 55.7%는 30대와 40대였고, 부부로만 구성된 세대가 전체의 60.6%, 직계가족으로 구성된 세대가 16.3%, 단신 세대가 17.3%를 차지했다(大阪社会学研究会 1961b: 114-117). 세대주의 학력은 의무교육만 수료한 경우가 93.3%였으며, 세대주의 직업은 일용직 노동자가 31.8%로 가장 많았고, 상근(常勤) 노동자가 21.1%, 기타가 35.7%였다. 상근 노동자라고 하더라도 대부분은 육체노동에 종사했고, 그중 40%는 급료도 일급(日給)으로 받았기 때문에 일용직 노동자와 비슷한 처지였다. 기타로 분류된 사람은 각종 직인(職人)이거나 행상으로 역시 그날그날 벌어 산다는 점에서 일용직 노동자와 별반 다르지 않았다. 즉, 1960년대 초 가마가사키의 가설주택에는 도시 하층 노동자의 가족이 살았다.

한편 가설주택이 패전 직후 폐허가 된 토지에 우후죽순으로 지어진 것에 비해, 간이숙박소는 한국전쟁 발발 후인 1951년과 1952년 사이에 2층 목조건물로 지어지기 시작했다(本間啓一郎 1993: 55). 1960년대 당시 간이숙박소는 다다미 세 장 크기의 개인실(個室式)이 표준이었으나, 다다미 열 장에서 스무 장 크기의 큰 방에서 단체로 잠을 자는 곳(大部屋式)이나 2단 침대를 설치해 개별적으로 잠을 자는 곳(かいこ棚式)도 있었다(平川隆啓 2011: 128).

1960년에 헤이본샤(平凡社)가 펴낸『일본 잔혹 이야기 제5부 근대의 암흑(日本残酷物語 第5部 近代の暗黒)』에는 1950년대 가마가사키 간이숙박소의 열악한 상황이 자세하게 묘사되어 있다(磯村英一 1962: 146 재인용). "○○숙소(寮)"라는 간판이 걸린 큰 방 형식의 간이숙박소에는 "대부분 다음 날 아침 노천 인력시장에 나갈 사람"이 "1박에 30엔"을 내고 "모포 두 장"을 받아 널찍한 방에 "어시장의 참치처럼 아무렇게나 몸을 눕힌" 채 잠을 청했다. "50엔에서 70엔"을 내면 "상하로 2단 침대"가 있는 간이숙박소에 머물 수 있었는데, "베니어판으로 가린 동굴과 같은" 침대에서 잠을 청하는 사람은 "대부분 중년 이상으로 공공직업안정소에 등록된 실업 대책 노무자"였지만, 그중에는 "부자(父子) 둘이 사는" 경우도 있었다. "80엔을 내면 다다미 세 장 크기의 방에 두 사람이 자"거나 "가족이 있는 경우에는 이런 방을 빌리거나 그날그날 집세를 내는 아파트나 가설주택에 들어갔다."

간이숙박소 거주자의 60%는 30−59세의 청장년층에 속했고, 남성이 여성보다 4배 정도 많았다(磯村英一 1962: 148−151; 大阪社会学研究会 1961a: 80−82). 세대 구성을 보면, 단신 세대가 70% 이상을 차지했지만, 부부만이거나 자녀가 있는 세대도 20−30% 정도 있었다. 거주자의 학력은 무학이거나 의무교육 정도만 마친 사람이 전체의 80%에 달했다. 거주자의 직업 구성을 살펴보면 일용직 노동자가 40% 전후로 가장 많았고, 행상, 노점상, 구두닦이, 우산 수리공 등의 영세 자영업자가 10%, 공장 노동자·점원·운전사 등의 회사원이 20%, 경륜·파칭코·매춘·마약 등에 의존해 살아가는 무직자가 20%를 차지했으며, 나머지 10%는 실업자·내직 생활자·노동력 상실 세대 등 생활보호를 받기 직전의 사람이었다. 이들은 간이숙박소를 사실상 주거시설로 이용했다. 간이숙박소에 1박만 하는 경우는 설문 응답자의 20%에 불과했고,

1개월 이상 머무는 비율이 60%가 넘었으며, 1년 이상 거주하는 비율도 30% 전후였다. 즉, 가설주택에 비해 간이숙박소에는 남성 위주의 단신 세대가 많았지만 자녀가 있는 하층 가족도 간이숙박소를 주거시설로 이용했다.

가마가사키 전체 인구 구조를 살펴보더라도, 1960년 무렵 가마가사키는 현재의 인구 구조처럼 주변 지역과 현격히 다르지 않았다. 1959년 인구 구조가 니시나리구의 평균이었던 쇼텐시타초(聖天下町)와 비교하면 1인 세대는 14% 정도 더 많아 36.4%를 차지했다(大阪社会学研究会 1961a: 87). 그러나 부부만이거나 부부와 혈연관계로 구성된 세대, 부부와 혈연자 및 비혈연자가 함께 거주하는 세대, 즉 좁은 의미에서 가족을 이룬 세대를 합친 수치 역시 쇼텐시타초의 55.0%보다 낮지만 가마가사키의 가족 세대 비율도 32.6%에 달했다. 따라서 1960년 무렵 가마가사키는 현재와 같이 단신 남성 세대로만 이뤄진 동네가 아니었다.

오히려 당시 가마가사키는 "일본 최대의 슬럼"이라는 점에서 1945년 이전과 별반 다르지 않았다(柴田俊治 1960: 20). 다만 1960년대의 가마가사키는 "빈민들이 황폐한 가옥에 밀집하게 거주하는 빈민가"라는 "고전적·단일적" 의미에서가 아닌 "현대 일본의 사회변동 과정에서 생겨난 새로운 특질과 기능의 현대형 슬럼"이자 "여러 가지 특질과 기능을 가진 여러 유형의 슬럼이 한 지구에 혼재하고 있는 복합형 슬럼"이었다(大藪寿一 1965: 111-114). 가마가사키는 "현재의 산업구조 변화"로 인해 전업(轉業)과 전직(轉職)할 수밖에 없었던 사람들이 "전후의 경제성장과 함께 도시산업을 지탱하는 새로운 노동력으로서 항만 운송, 육상 운송, 건설 등 비숙련 노동"을 하며 살아가는 "간이숙박소 거리 슬럼(ドヤ街スラム)"이었다. 또한, "간이숙박소 거리를 중핵으로 하되 그 주변에는 넝마주이 거리, 일용직 노동자·직인(職人) 등이 사는 가설주택

거리, 나가야 거리, 저급 아파트 거리, 이른바 빈민가 등 온갖 유형의 슬럼이 집중된” 곳이었다.

4. “일용직 노동의 성지”

가마가사키가 도시 하층이 거주하는 슬럼에서 단신 남성 노동자가 인구의 압도적 다수를 차지하는 요세바로 변형된 것은 1961년부터 1970년대 초까지 빈번하게 발생한 일용직 노동자의 ‘폭동’에 대응한 행정기관과 지역주민의 영향이 있었다. 1961년 8월 1일 오후 9시경 62세의 남성 노동자가 히가시다파출소 앞에서 길을 건너다가 택시에 치이는 사고가 발생했다(白波瀨達也 2017a: 15-17). 경찰관은 남성이 즉사했다고 판단하여 우선 현장검증부터 실시했고, 이로 인해 적절한 응급조치를 받지 못한 남성은 뒤늦게 병원에 옮겨졌으나 결국 사망하고 말았다. 이에 격분한 3,000-5,000명의 노동자가 파출소를 에워싸고 돌을 던지거나 경찰차를 방화하는 등 사건이 확대됐다. 오사카부경찰본부는 완전무장한 경찰관을 6,000명이나 동원해 8월 4일에야 겨우 ‘폭동’을 진압했다.

가마가사키에서는 1961년 1차 ‘폭동’ 이후 1973년까지 총 21차례의 ‘폭동’이 발생했다(原口剛 2011b: 241). 처음에는 경찰서만을 대상으로 삼았지만, 1960년대 중반 이후에는 가마가사키에서 영업하는 간이숙박소, 음식점, 파친코, 심지어 민가까지도 투석 및 약탈의 대상이 됐다(丹羽弘一 1993: 215-219). 가마가사키에서 가게를 운영하는 업주들이 일용직 노동자를 상대로 돈을 벌면서도 그들을 외지인 취급하며 홀대했기 때문이다. 한편 1970년대에는 ‘폭동’이 더욱 조직적으로 변모했다(221-

223). 1960년대 말부터 여러 일용직 노동조합이 결성되면서 구인업자의 임금 갈취나 폭력에 저항하는 일이 '폭동'의 핵심 쟁점으로 부상했다.

점점 더 확대되고 잦아지는 일용직 노동자의 '폭동'에 놀란 오사카부경찰본부, 오사카시, 오사카부는 행정기관 간에 서로 연계하여 각각 가마가사키 지역의 치안, 복지, 노동에 관한 대책을 제시했다. 1차 '폭동' 직후인 1961년 세 행정기관은 가마가사키대책연락협의회(釜ヶ崎対策連絡協議会)를 결성했고, 1966년 5차 '폭동'을 계기로 이곳을 '아이린지구(あいりん地区)'로 지정하고 기존 협의기구를 아이린지구대책삼자연락협의회(あいりん地区対策三者連絡協議会)로 개편해 이 지역의 산적한 문제에 적극 대처해 나갔다(白波瀬達也 2017a: 17-20, 28-36; 原口剛 2003: 36-40).

세 행정기관의 대책 중에는 1966년을 기점으로 달라진 점도 있었지만, 이전 시기의 대책과 연속적인 부분도 있었다. 오사카부경찰본부, 오사카시, 오사카부가 가마가사키의 문제에 공동 대응하긴 했지만, 각 행정기관이 주력하는 문제가 달랐고 개별 문제에 접근하는 방식도 바뀌었기 때문이다. 세 기관은 감시, 규율, 공간적 통치성이라는 권력의 기술을 중층적으로 사용하며 '위험'하고 '불안정'한 인구집단을 관리하고자 했다. 또한, 같은 행정기관이 인구집단의 부분(segment)에 따라 포섭과 배제의 기술을 차등적으로 적용하기도 했다.

먼저 오사카부경찰본부 방범부는 1차 '폭동'이 발생했을 때만 해도 "범죄 동네 가마가사키"를 대표하는 범죄는 폭력조직이 관여된 "폭력, 매춘, 마약, 장물"이지만, 이에 관여하는 사람은 지역 전체에서 일부에 지나지 않는다고 보았다(大阪府警察本部防犯部 1961: 49-50). 대신 가난으로 인한 생계형 범죄가 대부분이므로 방범 상담 코너를 설치하거나 방범등(防犯燈)을 증설하는 등의 조치를 일차적으로 취했다. 또한 일용직 노동자가 가진 불만의 근저에는 불법적으로 일자리를 알선하는 민간

구인업자에 의한 임금 착취가 있다고 보고 이에 대한 단속을 강화하고자 했다. 즉, 치안당국도 처음에는 슬럼에 사는 빈민과 일용직 노동자를 범죄 집단으로 취급하기보다 이들의 생활환경과 노동조건을 개선하고자 했다.

그러나 '폭동'이 가마가사키의 민간 시설에까지 확대된 1966년부터는 가마가사키의 한복판에 있는 니시나리경찰서를 요새화하고 가마가사키 곳곳에 감시 카메라를 설치함으로써 일용직 노동자에 대한 통제를 강화했다(原口剛 2011b: 242-243). 또한 1967년 6월 '폭동'을 진압한 후에도 진압 부대 일부가 10명에서 20명씩 간이숙박소 거리 구석구석을 돌아다니며 일용직 노동자를 감시하도록 했다(井上俊夫 1967: 104). 1970년대에는 조직화되는 노동운동 세력을 단속하는 데 힘을 쏟았다(原口剛 2012: 474). 1960년대 중반 이후 치안당국은 '폭동'의 근본 원인이 일용직 노동자가 처한 착취적인 노동환경에 있다는 점을 경시한 채 일용직 노동자를 감시와 처벌의 대상으로 삼기 시작한 것이다.

그러나 경찰 당국의 이러한 조치는 지역주민의 불안과 불만을 해소하지 못했고, 가마가사키 주민의 상당수는 이 지역에서 하루빨리 벗어나고 싶어 했다. 1967년 오사카시의 의뢰를 받아 오사카사회학연구회가 실시한 아이린지구 종합 실태 조사(愛隣地区総合実態調査)에 따르면, 설문 응답자의 약 60%가 가마가사키의 치안과 사회적 이미지가 나쁘고 주거환경이 열악하므로 다른 지역으로 이주를 희망한다고 답했다(白波瀬達也 2017a: 35-36). 특기할 만한 점은 단신 세대의 경우 이사를 희망하는 경우와 희망하지 않는 경우 사이에 별 차이가 없었지만, 3인 이상으로 구성된 세대에서는 이사를 희망하는 사람이 그렇지 않은 사람보다 2배 이상 많았다. 따라서 자녀를 양육하는 세대가 경제적 여유가 생겼을 때, 먼저 이 지역에서 떠났을 것이라고 예상할 수 있다.

한편 오사카시는 1차 '폭동'이 "가마가사키 주민의 욕구 불만이 폭발"한 결과라고 보고 "가마가사키 사람에게 꿈과 희망을 안겨주고 마찬가지로 이들의 생활 수준을 높이기 위해" 1차 '폭동' 직전인 1961년 4월에 문을 연 종합복지기관인 아이린회관(あいりん会館)을 보다 충실히 운영해 나가기로 했다(大阪市民生局 1962: 1–7). 부인 상담실, 아동 상담실, 유아센터, 생활보호 상담실, 보건소 분실을 설치해 가마가사키에서 주민이 자녀를 키우며 살아갈 수 있도록 지원했다. 또한, 경제적 어려움에 부딪힌 사람이 소액 대출을 받을 수 있도록 생활자금 대여실을 설치했고, 일용직 노동자가 계획성 있게 생활할 수 있도록 돕기 위해 밤늦게까지 영업하는 아이린 은행을 열었으며, 생계를 꾸리느라 낮에 주민등록을 하지 못하는 노동자를 위해 호적 및 주민등록실도 운영했다. 그리고 아이린회관 부설로 여성이 취업할 수 있는 작업장도 열었고, 부모가 주민등록을 하지 않아 학교에 다니지 못하는 아동을 위한 학교인 아이린학원(정식 명칭은 이마미야중학교 분교, 하기노차야초등학교 분교)을 개설했다.

오사카시는 가족을 형성한 가마가사키의 주민에게 이처럼 복지정책을 펼치는 한편, 단신 노동자와는 다른 주거 대책을 적용했다. 오사카시는 아이린료(愛隣寮)와 이마이케생활관(今池生活館)을 각각 1962년과 1965년에 열고, 자녀가 있는 세대가 이곳에서 1년 6개월간 저렴한 집세를 내고 살면서 생활지도를 통해 자립·갱생을 도모하면 가마가사키 외부에 있는 공영주택을 알선해 주었다(大藪寿一 1965: 121). 이를 통해 1969년 12월 말까지 아이린료에서 퇴거한 가족은 230세대, 이마이케생활관에서 나온 가족은 94세대였다(原口剛 2003: 135). 반면 오사카시는 가마가사키 외부에 240명이 생활할 수 있는 항만노동자용 숙박시설을 설치했지만 가마가사키에서 일자리를 구하는 단신 노동자를 위한 공공숙박소는 설치하지 않았다. 일용직 노동자의 주거 문제는 간이숙박업자가 민간 숙박시설을 늘리는 것으로 해결하고자 했다.

오사카시가 알선한 공영주택으로 이주한 세대가 많지 않았으므로, 오사카시의 주거 대책 때문에 가마가사키가 남성 밀집 지역이 됐다고는 할 수 없다. 그러나 오사카시는 가족이 있는 노동자를 이 지역에 정착시키기 위한 주거정책을 적극적으로 펼치지 않았다. 1969년에 아이린종합센터의 부속건물로 방 두 칸 구조(2K, 약 33m²)의 하기노차야주택(萩之茶屋住宅)을 177호, 1975년에 아이린종합센터 옆에 방 세 칸 구조(3DK, 약 43m²)의 하기노차야 제2주택(萩之茶屋第2住宅)을 108호 공급한 것이 전부였다.[13] 같은 시기에 니시나리구의 동화지구(同和地区)에 2,000호 이상의 공공주택을 건설한 것과는 대비되는 주택정책을 펼친 것이다(水内俊雄·橋爪紳也·福原宏幸·小玉徹·野口道彦·中山徹 2003: 373–374).[14]

---

13 일본에서는 주택의 구조를 영어를 사용해 표기한다. 예를 들어, 3LDK는 방 3칸, 거실(L), 식당(D), 부엌(K)으로 이뤄진 주택을 뜻한다. 한편, 2014년 9월 하기노차야주택과 하기노차야제2주택에는 각각 128세대, 87세대가 입주하고 있었다. 「大阪市営住宅の建物概要」. https://www.city.osaka.lg.jp/nishinari/cmsfiles/contents/0000283/283163/261006sieizyuutaku.pdf (검색일: 2021. 8. 13).

14 동화지구는 전근대 시대 신분제도상에서 천민으로 분류되었던 사람들의 후손이 산다고 '간주'되는 지역 중 동화대책사업특별조치법(1969–2002)이 적용된 곳이다(일본부락해방연구소 2010). 피차별부락(非差別部落) 혹은 줄여서 부락(部落)이라고도 하며, 이곳에 사는 사람은 부락민(部落民)이라고 부른다. 그러나 부락에 사는 모든 주민이 전근대 시대 천민 집단의 후손은 아니며, 근대 이후 저렴한 주택이나 도시경제 속 주변적인 일거리를 찾아 하층민이 이곳으로 유입되기도 했다. 부락의 성립과 부락문화의 형성에 대해서는 박지환(2011)을 참조할 것. 한편 니시나리구의 동화지구(니시나리지구라고 불린다)는 19세기 말까지 기즈무라(木津村)였던 곳에 서일본(西日本) 각지의 부락 출신 사람들이 모여들어 형성된 부락이다(水内俊雄 2008: 20–22). 따라서 니시나리지구의 경우, 지구 내부에 역사적으로 형성된 위계가 존재하지 않았고, 계층적 지위가 비슷한 주민 2–3만 명 모인 대규모 부락이 됐다. 이 덕분에 1950년대부터 활발하게 전개된 니시나리지구의 부락해방운동은 불량주택을 공영 아파트로 개선하는 성과를 거둘 수 있었다. 다만 니

결과적으로 오사카시는 이러한 주거정책을 통해 가마가사키를 "단신 남성 일용직 노동자의 거리로 순화"시키는 데 일조한 셈이다.

다만 오사카시는 1970년대 이후에도 이 지역에서 자녀를 양육하는 세대를 위해 보육과 청소년 교육에 관한 대책을 내놓았다(白波瀬達也 2017a: 31-34). 오사카시는 1970년에 맞벌이 부부가 영유아를 맡길 수 있는 와카쿠사보육원(わかくさ保育院), 1973년 아이린학원을 개편한 신이마미야초·중학교(新今宮小·中学校), 1976년 방과 후에 아동과 청소년을 돌봐 줄 이마이케아동센터(今池こどもの家) 등을 차례로 열었다. 즉, 오사카시가 가마가사키에 거주하는 자녀가 있는 세대를 일률적으로 배제한 것은 아니었다. 오사카시는 한편으로 가마가사키에 사는 빈민 가족을 지원하면서 다른 한편으로 이들을 핵가족 이념에 맞는 가족으로 갱생하여 '위험'한 단신 노동자와 공간적으로 분리하는 이중 정책을 취했다.

오사카부를 위시한 국가의 노동자 관리 정책이 가마가사키라는 도시공간의 남성화에 결정적인 역할을 했다고 볼 수 있다(海老一郎 2011: 211-216). 오사카부는 1961년 9월 오사카부 노동부 니시나리 분실을 설치해 일용직 노동자의 취업과 생활에 관한 상담을 시작했고, 1962년부터 재단법인 니시나리노동복지센터(西成労働福祉センター)에 일용직 노동자의 복지와 노동에 관한 업무를 위탁했다. 일자리 알선에 관한 업무는 원래 공공직업안정소가 담당해야 하지만, 행정기관은 일용직 노동 문제에 익숙하지 않다는 이유로 이를 민간단체에 일임했다.[15] 그리고 일

시나리지구는 가마가사키와는 국도 26호선을 두고 인접하고 있음에도 불구하고 1990년대 초까지도 니시나리지구의 부락해방운동과 가마가사키의 일용직 노동운동 사이에는 접점이 없었다.

15 1970년 설치된 아이린공공직업안정소는 여느 공공직업안정소처럼 일자리 소개업

용직 구인과 구직의 수월성을 보장한다는 이유로 구인자와 구직자 간의 직접적인 거래를 허용했다. 이러한 한계에도 니시나리노동복지센터는 구인자에게 노동조건을 미리 공지하도록 하고, 일용직 노동자의 신원을 보증하며 이들이 고용보험에 적극 가입하도록 권유하는 등 노동자의 권리 보호에 노력을 기울였다.

그러나 오사카부는 일용직 노동자의 권리를 보호하는 것보다 자본과 협력해 도시 개발에 필요한 노동력을 수급하는 일에 더 힘을 기울였다. 1970년 오사카에서 열린 만국박람회를 준비하는 데 많은 노동력이 필요했다. 이 때문에 1967년 오사카부 요도가와공공직업안정소에 만국박람회 임시공공직업안정소를 설치해 인력을 모집했다(海老一郎 2011: 219-221). 1968년 1월에서 5월 사이에는 홋카이도(北海道), 도호쿠(東北), 호쿠리쿠(北陸), 니시니혼(西日本) 등의 23현에 213명의 만국박람회 노무협력원을 배치하여 전국적으로 일용직 노동자를 모집했다. 건설업계도 1967년 11월 오사카부 건설업 고용촉진협회를 설립해 노동력 확보에 나섰다. 그런데도 공공직업안정소를 통한 만국박람회 관련 구인 충족률은 73.3%에 불과했다.

이처럼 노동자 모집에 어려움을 겪은 중앙정부, 오사카부, 오사카시, 지역 건설업계는 각지에 분산된 인력시장을 한 곳에 집중시키고자 1970년 가마가사키에 아이린종합센터를 열었다(水野阿修羅 1993: 230). 오사카부와 중앙정부는 아이린종합센터를 설치함으로써 전국에서 일용직 노동에 종사할 단신의 청장년 남성을 가마가사키로 불러 모으는 제도적 기반을 마련했다. 이것은 '폭동'을 일으킬 가능성이 있어 위험

무를 담당할 예정이었으나, 일용직 노동자의 실업급여 지급 업무조차 감당하기 힘든 사정을 고려해 결국 일자리 소개업무는 중단한 채 실업급여 교부만을 담당했다(海老一郎 2011: 219).

하다는 우려가 있었지만, 자본주의적 도시 발전에 필수적인 비숙련 남성 노동자를 공간적으로 집중시키는 정치적 실천이었다. 이를 계기로 가마가사키의 공간적 성격은 복합적 슬럼에서 일용직 노동자를 대량으로 동원할 수 있는 요세바로 단순화됐다.

1970년대부터 1990년대 초까지 가마가사키는 명실상부한 노동자의 거리(労働者の街)였다. 오오야부 주이치(大薮寿一 1980: 31)는 가마가사키의 일용직 노동자는 주민등록을 하지 않는 경우가 많아 국세조사(国勢調査) 결과만으로 일용직 노동자의 수를 알기 어려우므로, 대신 니시나리노동복지센터의 취업 관련 자료를 토대로 1978년 3월 당시 가마가사키에는 18,461명의 노동자가 있다고 추정했다.

마찬가지 이유에서 일용직 노동자의 연령 구조도 간접적으로 추정할 수밖에 없다. 〈표 4〉는 오사카시 민생국이 1977년 12월 29일부터 1978년 1월 3일까지 월동대책을 실시할 때 임시숙박소에 온 사람 중 희망자에 한해 실시한 설문조사와 니시나리아이린회(西成愛隣会)가 1977년 7월 30일부터 8월 31일까지 주로 오사카시립갱생상담소를 찾은 일용직 노동자를 대상으로 실시한 실태 조사 결과를 오오야부 주이치(大薮寿一 1980: 36, 49)의 논문에서 재인용한 것이다. 이에 따르면, 1970년대 후반에 가마가사키의 노동자는 약 60–70%가 30–40대였다. 그러므로 고령 인구가 45%를 넘는 2010년대 후반과는 달리 1970–1980년대에 가마가사키는 일용직 노동을 구하러 전국에서 모여든 청장년 남성으로 활력이 넘치는 "일용직 노동의 성지(日雇い労働の聖地)"였다.[16] 그래서 〈그림 7〉과 〈그림 8〉에서 볼 수 있듯이, 아이린종합센터

16 「日雇い労働者の街 釜ケ崎の歴史」, https://shin-imamiya-osaka.com/history/kamagasaki/ (검색일: 2022. 7. 13).

표 4. 1977년 가마가사키 일용직 노동자의 연령 구조 (명, 괄호 안은 %)

연령대	오사카시 민생국, 아이린지구 월동대책사업 통계	니시나리아이린회, 아이린지구 노동자 실태 조사
20~29	59 (4.3)	38 (5.9)
30~39	371 (27.1)	172 (26.8)
40~49	604 (44.1)	236 (36.7)
50~59	271 (19.8)	117 (18.2)
60~69	61 (4.5)	54 (8.4)
70~	4 (0.2)	25 (3.9)
불명	해당 없음	1 (0.1)
합계	1,370 (100.0)	643

출처: 大藪寿一(1980: 36, 49)

는 구인자와 구직자로 붐볐다.

1970년대부터 오사카부와 오사카시의 가마가사키 대책은 이 지역에 집중된 일용직 노동자에게 최소한의 복지를 제공하는 데 초점을 맞추고 있었다. 1971년부터 오사카시, 오사카부, 오사카건설협회는 니시나리노동복지센터를 통해 일용직 노동자에게 1년에 두 차례 일종의 보너스에 해당하는 복리후생비(モチ代)를 지급하기 시작했다(大藪寿一 1980: 56-57). 예를 들어 1977년 여름에는 1만 4,724명의 일용직 노동자에게 1인당 5,300엔을, 겨울에는 1만 4,780명에게 1인당 7,100엔을 복리후생비로 지급했다. 이로써 1977년 가마가사키 일용직 노동자를 위한 복리후생사업비는 총 1억 8,867만 엔에 달했다.

또한 오사카시는 전쟁 직후 발생한 부랑자를 관리하기 위해 설치한 행정기관인 오사카시립중앙갱생상담소(大阪市立更生相談所)를 1971년 가마가사키로 이전하고, 주거가 일정치 않은 일용직 노동자의 복지를 담당하는 업무를 전담하도록 했다(水内俊雄 2004: 35). 이곳은 일용직 노

그림 7. 1970년대 아이린종합센터(니시나리정보아카이브 (오사카공립대학) 소장 우에하타 시게노부 가마가사키 아카이브 제공)

동자의 생활보호 신청 관련 상담이나 급하게 돈이 필요한 일용직 노동자에게 돈을 대출해 주는 업무 등을 수행했다. 또한 모든 공공기관이 업무를 하지 않는 연말연시에 가마가사키 일용직 노동자를 위한 월동 대책으로 약 2주간 임시숙박시설을 제공하는 역할도 담당했다. 이처럼 가마가사키에 대한 행정기관의 대책은 점차 남성 단신 노동자라는 동질적인 인구집단의 관리에 초점을 맞추게 됐다.

정리하면 1970년대 초까지 오사카부경찰본부, 오사카시, 오사카부가 각각 치안, 복지, 노동을 분담하여 가마가사키와 이곳의 남성 일용직 노동자를 통치하는 이른바 "아이린체제(あいりん体制)"가 성립됐다(生田武志 2007: 24). 아이린체제에서 지역의 문제에 접근하는 방식은 행정기관에 따라 그리고 정책의 시행 시점에 따라서도 일률적이지 않았다. 한편으로는 일용직 노동자를 위험한 존재로 간주해 감시 대상으로 삼았으나, 다른 한편으로는 도시경제에 필수적인 존재로서 갱생 및 지원 대상으로 접근하기도 했다. 또한 자녀가 있는 세대가 지역 내에서

그림 8.
1980년대 아이린종합센터
(아리무라 센 제공)

살아갈 수 있도록 지원했지만, 주택정책을 통해 이들과 단신 일용직 노동자를 공간적으로 분리하려고 노력하기도 했다.

이처럼 상충하는 대책이 실시되는 가운데 "아이린체제"는 점차 경제 발전에는 필요하지만 사회적으로는 위험한 인구집단으로 인식되는 일용직 남성 노동자를 한곳에 모아 관리하는 방향으로 귀결됐다. 만국박람회를 성공적으로 개최하고 근본적으로 산업발전을 효율적으로 추진하기 위해서는 유연한 노동력을 한 지역에 집중시켜 관리하는 편이 수월했기 때문이다. 다른 한편으로는 위험 요소로부터 나머지 사람들을 분리하여 슬럼이 안고 있는 문제를 해결할 수 있다고 보았기 때문이다. 전후 일본 사회의 가족 규범에서 벗어난 단신 남성 세대가 핵가족 규범에 맞게 바뀔 수 있는 빈민 가족에 부정적 영향을 미칠 수 있으므로 전자와 후자를 분리한 것이다.

일본 행정기관이 가마가사키의 일용직 노동자에게 적용한 정책은 사회병리학적 관점에서 이뤄진 공간적 통치의 일환이었다. 오사카부 경찰본부 방범부는 "가마가사키는 이곳을 중심으로 유동하며 운집하는 사람들이 빚어내는 특이한 생활양식과 매춘, 마약, 폭력행위, 장물 등 범죄의 온상 지대라는 두 가지 점에서 전국 어디에도 비할 데 없는 문제 지역"이라고 규정했다(大阪府警察本部防犯部 1961: 1). 이어서 빈곤의 원인은 도시 하층 노동자의 "타고난 나태벽이나 유흥벽" 때문이며, "일할 의욕을 상실"한 사람과 "그날 일을 얻지 못해 아침부터 폭탄 소주를 마시고 배회하는 사람이 많"(18)고, "행로병인(行路病人)"도 "이 지역에 거주하며 재기할 힘이 없는 사람의 모습"을 대변하는 "슬럼 특유의 양상"(19)을 드러낸다고 했다. 즉, 공권력이 일용직 노동자를 바라보는 시선에는 가난을 빈민의 심리적 특성 탓으로 돌리는 이른바 가난의 문화(culture of poverty)라는 관점이 투영되어 있었다(루이스 2013).

일본의 행정조직은 바이러스 감염을 막기 위한 봉쇄 조치처럼 사회병리학적 관점에서 "일탈로 예상되는 요소들을 요세바 안으로 집중시키거나 가둠으로써(concentrating or containing) 사회적 감염의 잠재적 근원을 봉인(seal up)하고자" 했다(Gill 2001: 185).[17] 이는 가마가사키를 아이린지구로 지정하고 일용직 노동자의 집결지로 만든 조치에서 단적으로 실현되었다. 이로써 유연한 노동력의 유용성은 최대한 활용하면서, 일용직 노동자에 의한 '폭동'이라는 물리적 위험뿐만 아니라 핵가족이라는 규범을 깨뜨릴 수 있는 문화적 위험에서 사회를 보호하고자 한 것이다. 그 결과 〈표 2〉에서 본 것처럼 가마가사키는 1960년대 중반부터

---

17 김지은(Kim 2018)은 요코하마에 있는 요세바인 고토부키초의 형성과 변화에 관한 분석에서 일본 정부가 인구집단에 따라 선별적인 통치방식을 적용했다는 점을 지적했다. 동시에 저자는 고토부키초 간이숙박소의 대부분을 소유한 재일코리안이 한편으로는 자신들의 생계와 번영의 기반을 만들기 위해 때로는 기업가적인 정신을 발휘하고, 다른 한편으로는 국적과 민족은 다르지만 자신들과 마찬가지로 일본 사회의 하층에 속한 일용직 노동자 및 활동가와 연대하며, 이 지역을 외부와는 구별되는 지역으로 만들어 나갔다는 점에 주목했다.

남성 인구가 여성 인구를 추월하기 시작해, 1970년대 이후 남성이 여성의 2배에 달하는 남성화된 도시공간으로 변했다.

5. “고독의 집합소”

가마가사키의 요세바화와 이에 따른 남성화는 이 지역이 단지 남성 인구율이 높은 인력시장이 형성됐다는 것만을 의미하지 않는다. 1970년대 이후, 특히 1980년대 중반부터 1990년대 초반까지 가마가사키에는 일용직 일거리가 풍부했기 때문에 이곳을 “일용직 노동의 성지”라고도 불렀지만, 가마가사키는 오일쇼크나 버블 경제의 붕괴 등과 같은 경기 변동에 따라 언제든지 일자리를 잃고 노숙 상태에 빠질 수 있는, 다시 말해 고용과 생활이 불안정한 남성 인구가 밀집된 곳이었다. 즉, 일본 사회의 지배적 남성성(dominant masculinity)과 구분되는 주변적 남성성(marginalized masculinity)이 표상된 공간, 아무런 소속을 갖지 못하고 고립된 개인이 살아가는 장소로 의미화됐다. 이러한 변화는 가마가사키 내 건조환경의 변형과 남성 일용직 노동자의 성향이 선택적으로 조응하며 일어났다.

1970년에 열린 오사카 만국박람회를 계기로 건설업에서 일용직 노동자에 대한 수요가 늘어나자, 간이숙박소 업주는 숙박 인원을 최대화하기 위해 객실을 한 사람만 머물 수 있는 구조로 변형했다(水野阿修羅 1993: 230-231; 平川隆啓 2011: 128-129). 이 장의 3절에서 설명한 바와 같이 1960년대 전반까지 간이숙박소는 목조 2층 건물에 다다미 세 장 크기의 개인실, 다다미 열 장에서 스무 장 크기의 혼거형 큰 방, 한 층에 양쪽으로 다다미 한 장 크기의 침대를 2단으로 짜 넣은 침대방 등이

표 5. 간이숙박소 내부 구조의 변화

년도	내부 구조					합계
	개인	침대	큰 방	개인+침대	개인+큰 방	
1964년 9월	171	40	9	0	0	220
1968년 3월	156	77	0	6	2	241
1969년 12월	120	71	0	29	2	222
1970년 12월	206	1	0	9	4	220

출처: 原口剛(2003: 139)

혼재되어 있었다. 따라서 자녀가 있는 세대 중 일부는 간이숙박소를 거처로 사용할 수 있었다.

그러나 〈표 5〉에서 알 수 있듯이, 만국박람회를 앞두고 숙박 수요가 증가함에 따라 간이숙박소의 내부 구조는 개인화됐다. 하라구치 다케시(原口剛 2003: 138)에 따르면, 1960년대 말에서 1970년대 초에는 다다미 한 장 크기의 침대방 혹은 개인실 형태의 간이숙박소가 대다수를 차지했다. 결과적으로 간이숙박소의 전체 수는 220채 정도로 일정했지만, 이곳에 머물 수 있는 인원수는 1965년에 1만 8,820명에서 1970년에 2만 2,896명으로 4,000명 이상 늘어났다. 그러나 간이숙박소의 구조가 협소해졌기 때문에 2인 이상 가족이 머물 수 있는 주거공간은 사라졌다.

한편 가마가사키에서 불량주택이 철거 및 재개발되면서 자녀가 있는 세대가 더는 이 지역에서 가설주택과 같은 저렴한 거처를 구할 수 없게 됐다. 1964년 현재의 JR 신이마미야역이 설치된 것을 계기로 1960년대 후반부터는 역 주변 가설주택이 급속하게 철거됐고, 1967년에 가설주택 밀집 지역에서 화재가 발생하자 이곳에는 공원이 조성됐다(原口剛 2003: 139). 간이숙박소 내부 구조의 변화와 주거지 재개발로 인해 빈민 가족이 이용할 만한 저렴한 주택이 가마가사키에서 점점 줄어들었다. 이러한 건조환경의 변화로 가마가사키는 1인 가구밖에 거주할 수 없는 도시공간으로 급속히 변모했다.

나아가 거주 공간의 개인화는 남성 노동자 간의 사회관계를 단절시켰다는 면에서 가마가사키를 특정한 형태의 남성적 공간으로 만드는 요인이었다. 말하자면 가마가사키는 사회관계에서 자유롭지만 고독한 개체로만 존재하는 주변적 남성이 집중된 공간이 되었다. 20명의 가마가사키 일용직 노동자를 인터뷰하고 이들의 삶을 기록한 책에서 한 저자는 이 노동자들이 "사회생활, 집단생활에 잘 적응하는 유형도 아니고, 아이린지구의 생활에서도 다른 사람과 잘 관계를 맺지 못해서(大藪寿一 1981: 17)," 이 "동네의 길거리 이곳저곳에 이토록 사람들이 모여 있는데도 고독감에서 헤어날 수 없는 것처럼 보인다"(101)라고 적었다.

가마가사키에서 일용직 노동자로 살면서 시인으로 활동한 데라시마 다마오(寺島珠雄 1977: 52)도 이런 가마가사키 일용직 노동자의 정체성을 "당연히 어떤 식으로든 규제를 낳는(규제를 전제로 하는) 집단화, 조직화된 생활로부터의 도피라는 점을 더하면(가족은 집단화 조직화의 최소 단위), 믿음직스럽기도 하지만 깎아지른 듯이 우뚝 솟아 있는(頼もしく屹立した) 자아상"이라고 정리했다. 다시 말해, 가마가사키의 일용직 노동자는 "개체이면서 고독하기도 한(個であり孤でもある)"(48) 존재인 셈이다. 데라시마는 가마가사키 노동자와 함께 10여 년간 일한 경험을 토대로, 이들이 작업 단위를 새로 구성할 때 반장 역할을 서로 맡지 않으려고 하거나, 그날그날 할 일이 정해지면 최대한 짧은 시간에 맡은 일을 끝마치고 일당을 받아 한시라도 빨리 자유로워지길 바라는 성향을 보인다고 했다.

데라시마는 가마가사키 일용직 노동자의 이러한 성향이 근본적으로 고도 경제성장을 구가하던 일본 사회에서 철저하게 소외된 데에서 유래했지만, 한편으로는 주거공간의 개인화에서 비롯된 것이라고도 했다. 이것이 단적으로 드러나는 예는 가마가사키 노동자 중에 혼잣말하는 버릇을 가진 사람이 많다는 것이라고 지적했다. 그가 "독어증(獨語症)"이라고 명명한 행동은 좁은 방에서 혼자 생활하다 보니 마음을 열고 대화할 상대가 없는 데서 비롯된 습관이었다(寺島珠雄 1974a: 286-287). 4인실이나 8인실 간이숙박소에서는 함께 머물면서 안면을 익힌 동료 노동자와 이야기할 기회가 있었지만, 다다미 한 장 크기의 개인실로 변해 버린 간이숙박소에서는 대화 상대조차 발견할 수 없었기 때문이다.

가마가사키의 일용직 노동자가 비슷한 처지에 있는 동료와 이야기를 나눌 수 없었다는 것은 낯설게 들릴 수도 있다. 그러나 일본 사회가 일용직 노동자를 일본 경제가 고도성장하는 와중에도 주류사회에 편입되지 못한 것은 "자업자득"이라며 "공정한 경쟁의 패배자"로 간주하고 차별한 사정을 고려하면, 이러한 역설도 충분히 이해할 만하다(平川茂 1993: 180-181). 개인주의와 능력주의가 팽배한 미국 사회에서 육체노동자가 느끼는 수치심과 같은 "숨겨진 계급적 상처(the hidden injuries of class)"를 일본의 일용직 노동자도 경험한 것이다(Sennett and Cobb 1993).

1970년대에는 "샐러리맨"이 연말에 "50만 엔의 보너스를 받는 일도 드물지 않았"고 매년 2-3월쯤 열리는 임금 협상 및 노동시간 단축 투쟁인 춘투(春闘)에서 "3만 엔 이상, 그중에는 8만 엔의 임금 인상을 요구하"던 정규직 노동자도 있었다(寺島珠雄 1974a: 287). 이에 반해 연말에 겨우 "4,200엔의 복리후생비를 받"거나 "400cc의 피를 1,400엔에 팔아" 석유 파동으로 인한 불황을 넘겨야 했던 가마가사키의 일용직 노동자는 전후의 경제발전에 편승하지 못한 책임을 자신에게 돌리고, 자신의 비참한 처지를 다른 사람과 공유하기보다는 혼잣말을 되뇌며 자위(自慰)할 수밖에 없었을 것이다.

비좁은 주거공간에 머무는 남성 일용직 노동자의 고립은 가마가사키에 있는 소비시설의 규모와 이용 방식에서도 그대로 드러난다. 〈표 6〉은 1977년 말에 니시나리경찰서가 파악한 가마가사키의 위락시설 현황을 보여 준다. 당시 가마가사키가 약 2만 명의 일용직 노동자가 밀집한 일본 최대 규모의 요세바였다는 점을 고려하더라도, 0.62km²에 불과한 지역에 선술집, 주점, 찻집, 룸살롱 등의 음식점이 665곳이나 있고 파친코나 마작과 같은 각종 유흥시설이 30곳 이상 있었던 것은 상당한 규모라고 할 수 있다.

이러한 소비환경은 단신 남성 일용직 노동자가 가진 특성과 밀접히 관련되어 있다. 1980년 가마가사키 일용직 노동자에 대한 인터뷰를 토대로 한 책에 따르면, 이들은 "불안정한 일자리, 가족의 이산(離散), 고독감, 하루하루가 불안한 날의 연속, 따라서 '언젠가는……'이라고 밝은 미래를 기대할 수도 없"는 삶을 영위하고 있으며, "현재 중심적일 수밖에 없"어 술에 의존하게 되는 경향을 보였다(大藪寿一 1981: 19). 나아가 "아이린지구 자체가 술을 당연하게 여기는 곳"이어서 "선술집, 일반 주점, 자동판매기 등 손이 금방 닿는 곳에 술이 있다"라고 이 지역의 건조환경 특성을 묘사했다.

더구나 이처럼 음주를 부추기는 소비환경은 일용직 노동자가 살아가는 열악한 주거환경과도 긴밀히 연관되어 있었다. 일용직 노동자에게 간이숙박소는 숙박시설이라기보다는 사실상 주거시설이지만, 간이숙박소 거주자는 잠잘 공간을 제외한 부엌, 욕실, 화장실 등을 모두 공동으로 이용해야 했다. 따라서 가마가사키의 일용직 노동자는 일을 마치고 "저녁에 일당을 받으면 현장 근처 술집에서 한잔하고, 가마가

표 6. 아이린지구 여러 시설의 종류와 규모 (1977년 말 니시나리경찰서 집계)

시설 종류		호수
숙박시설	여관	31
	간이숙박소	194
	간이아파트	36
	일반아파트	245
	합계	506
음식점	선술집	122
	주점	31
	식당	185
	이동식 음식점	20
	내장 요리점(ホルモン店)	26
	찻집	143
	스시집	19
	오코노미야키집	47
	중국집	19
	룸살롱(スナック)	53
	합계	665
유흥시설	파친코	11
	마작	20
	기타	3
	합계	34
기타	전당포	19

출처: 大薮寿一(1980: 43)

사키에 돌아와서 저녁을 먹으며 한 잔" 마신 후, "책을 빌려 간이숙박소에 틀어박히거나, TV를 볼 수 있는 싼 커피점을 찾거나, 파친코나 영화 아니면 유랑극단의 연극"을 즐기러 집 밖을 배회할 수밖에 없었다(寺島珠雄 1974b: 47).

일용직 노동자가 여가를 보내는 파친코, 영화관, 극장은 기본적으로 개인화된 소비공간이다. 도박 기계에 동전을 넣으며 횡재를 바라는 것이나 스크린이나 무대에서 상영·상연되는 공연을 보는 것도 개인적인 행위이기 때문이다. 심지어 가마가사키에서는 음식을 먹고 술을 마시는 행위조차 고독한 행동이었다. "유동적 하층 노동자의 목적은 사는 것, 즉 오직 먹기 위해 일하는 것"이어서, 음식점과 주점은 일용직 노동자에게 타인과 음식이나 술을 나누며 관계를 형성하는 곳이 아니었다. 오히려 "고독의 집합소인 가마가사키 안에서도 음식점만큼 고독이 선명하게 드러나는 곳은 없다"라고 데라지마는 단언했다(寺島珠雄 1974b: 49). 왜냐하면 "짧은 암호와도 같은 주문(注文)과 계산을 재촉하는 목소리 이외에는 대화도 없이, 노동자는 언제나 서둘러 밥을 먹으며 어쩔 수 없이 살고 있다는 느낌(生きているという仕方なさ)을 맛보기" 때문이다.

가마가사키에서 일용직 노동자로 일하며 사회운동가로도 활동한 미즈노 아수라(水野阿修羅 1993)도 가마가사키 일용직 노동자의 고립적 성향 때문에 술집과 도박장과 같은 시설이 이곳에서 성행한다고 주장했다. 그에 따르면 건설업에 주로 종사하는 가마가사키의 일용직 노동자 중에는 남성으로만 이루어진 생활세계에서 살아가며 "다른 사람과 관계 맺는 데 서툰 사람"(247)이 많았다. 우선 "여성과 대등하게 이야기하는 것 자체"를 "여성에게 진다고 느끼는" 남성이 적지 않았다. "남성뿐인 직장에서 이러한 환상이 한층 강화되어, 여성과 이야기를 나누는 남성은 배우자의 꽁무니만 쫓아다닌다거나 못난 남자라고 험담을 듣기"(248) 십상이었다. 그뿐만 아니라 가마가사키 노동자는 다른 남성과도 대등한 관계를 맺지 못했다. "자신보다 윗사람에게는 굽실굽실하고, 자기보다 낮은 사람에게는 마구 으스대는 폭력배와 같은 인간관

계"(256)밖에 맺지 못하는 경우가 많았다. "자신의 정체성"을 이런 식의 "'남성다움' 속에서밖에 발견하지 못하는 남성들"은 타자와 소통하지 못하고 혼자서도 시간을 보낼 수 있는 "도박이나 술 말고는 '삶의 보람(生きがい)'을 찾을 수 없다"라고 지적했다. 가마가사키 노동자의 이러한 성향 때문에 〈표 6〉에서 보듯, 가마가사키에는 숙박시설보다 음식점과 유흥 시설이 거의 200곳이나 더 많은 것이다.

이런 식의 남성성은 성역할 분업이 엄격한 일본 사회에서도 지배적인 형태가 아니다. 전후 일본 사회에서 샐러리맨이 구현한 주류적 남성성은 가족과 회사라는 공동체를 전제로 한다는 점에서 가마가사키의 일용직 노동자가 체현하는 남성성과는 근본적으로 달랐다. 우선, 샐러리맨은 단지 봉급을 받으며 일하는 회사원이라는 의미가 아니라 자신의 노동을 통해 가족의 생계를 전담하는 부양자(breadwinner)였다(Dasgupta 2017; Kelly 1993; Roberson and Suzuki 2003). 가사, 자녀 교육, (시)부모 돌봄은 전업주부(professional housewife)가 전담하고(Vogel 1978), 샐러리맨은 오로지 가족의 생계를 책임지는 존재였다. 나아가 샐러리맨이 표상하는 남성성은 회식 자리에서도 잘 드러났다(앨리슨 2000). 상하 관계에 있는 회사원들이 회식 자리에서 술을 함께 마시며 맺는 관계는 일용직 노동자의 개체화된 관계가 아니라, 직급 차이에도 불구하고 모두 한 회사의 일원이라는 사실을 나타냈다. 이처럼 가족과 회사의 구성원으로서 맡은 역할을 다하는 것이 전후 일본에서 지배적인 남성성의 양태였다.

이와는 대조적으로 가마가사키 일용직 노동자는 공동체(가족)의 부양자도, 결사체(회사)의 구성원도 되지 못한 채 자유롭지만 철저하게 고립된 존재가 구현하는 주변적 남성성을 상징한다. 따라서 가마가사키가 남성적 도시공간이라는 것은 단지 단신 남성인 일용직 노동자가 주민 중 대다수를 차지한다는 점을 넘어 이들이 체현하는 "혼자 남겨짐(孤絶)"이 장소화된 것을 의미한다(寺島珠雄 1974a: 287). 그리고 이것은 이 공간이 젠더화됐을 뿐만 아니라 계급화됐다는 것을 뜻한다. 왜냐하면 가마가사키의 일용직 노동자가 체현하는 남성성은 전후 일본 사회의 주류에 속하지 못한 존재가 드러내는 계급적 정체성으로, 집단의 일원으로 자신의 역할을 충실히 수행함으로써 집단 속에서 존재의 정당성과 안정감을 확보하는 주류적인 남성성의 대척점에 존재하기 때문이다. 그러므로 가마가사키의 남성화는 주변적 남성성이 공간적으로 구현된 것이라고 할 수 있다.

6. 주변적 도시공간 읽기의 의미

가마가사키의 단신 남성 노동자가 누구와도 대화를 나누지 않은 채 허기를 채우기 위해 식사를 하고, 술을 마시고, 도박을 하며 사회적으로 고립된 채 살아가는 것처럼, 가마가사키라는 도시공간은 물리적으로는 철도 노선에 둘러싸이고, 행정적으로는 아이린지구로 구획되고, 상징적으로는 '폭동'이 빈발하는 위험한 장소로 의미화됨으로써 주변 지역과 절연(絶緣)된 장소로 생산되고 구성됐다.

가마가사키는 1970년대 이후로 약 2만 명에 이르는 단신 남성 일용직 노동자가 밀집해 있는 공간이 됐다. 이것은 일차적으로 행정기관이 인구집단에 차등적으로 개입한 결과였다. 이 과정에서 행정기관은 일용직 노동자 집단을 일관되게 통치하지 않았다. 한편으로는 '폭동'을 일으켜 사회질서를 어지럽히는 존재로 간주해 감시와 처벌의 대상으로 삼고, 다른 한편으로는 일본 자본주의 발전에 꼭 필요하지만 쉽게 대체

할 수 있는 노동력으로 보고 최소한의 복지 서비스만 제공해 생산성을 유지하도록 했다. 하지만 궁극적으로 이들은 부부 중심 핵가족이라는 근대 가족 이데올로기에서 벗어난 '바람직하지 않은' 존재였기 때문에, 규율을 통해 개선의 여지가 있는 도시 빈민 가족과는 공간적으로 분리돼야 했다. 결과적으로 가마가사키는 "남성 인구의 비율이 압도적으로 높은 동네"로 변모했다.

그러나 가마가사키의 남성화는 이처럼 행정기관의 개입에 의해서만이 아니라, 이 지역에서 살아가던 사람들의 실천을 통해서도 진행됐다. 1961년부터 1973년까지 21차례나 '폭동'이 벌어지자 자녀를 양육하는 세대 중 경제적으로 조금이나마 여유를 얻게 된 세대는 가마가사키를 빠져나갔다. 다른 한편으로 건설 노동을 하러 전국에서 모여든 단신의 청장년 남성은 거의 남성으로만 이뤄진 직업 세계와 개인 소비 중심의 생활세계 속에서 개체화된 성향을 획득했다. 이러한 성향은 개인화된 건조환경과 상호작용하며 가마가사키를 일본 사회의 주류에서 소외된 남성 하층 노동자의 공간으로 구성했다. 즉, 가마가사키는 행위자의 일상적 실천을 통해 주변적 남성성이 공간적으로 구현된 계급적 장소가 된 것이다.

다만 여기서 기억해야 할 점은 가마가사키와 같은 주변적 공간이 결코 사회 전체의 변화와 무관하게 만들어진 것이 아니라는 점이다. 오히려 전후 일본의 경제성장에서 소외된 사람들이 한데 모인 공간이라는 점에서 가마가사키의 장소성을 독해하는 의미를 발견할 수 있다. 우선 1950년대 이후 가마가사키로 유입된 이들은 일본 경제의 구조적 변화로 인해 더는 농촌과 탄광촌에서 생계를 유지할 수 없어 대도시로 이주한 사람들이었다. 이들은 중공업 중심으로 재편되는 도시경제에서 가장 험한 일을 담당했고, 건설 노동자로 일하며 대도시의 기반 시설을 말 그대로 건설했다. 즉, 가마가사키의 일용직 노동자는 고도 경제성장의 일익을 담당한 존재였다.

그러나 이들은 고도 경제성장의 결실을 주류사회의 구성원만큼 누리지 못했다. 종신고용이 보장되던 샐러리맨과는 달리, 가마가사키 일용직 노동자의 고용상 지위는 심지어 기상 상태에 따라서도 변할 수 있는 불안정한 것이었다. 그뿐만 아니라 가족과의 관계도 단절되고 학교를 발판 삼아 사회이동을 실현하지도 못했다는 점에서, 전후 일본 사회를 지탱한 핵심 제도인 가족–학교–회사의 연쇄에서 철저하게 배제된 존재였다. 일본 사회는 이들을 때로는 처벌하거나 규율하려고 했지만, 궁극적으로는 한 지역에 모이게 해 최소한도로만 생존할 수 있도록 통치했다. 따라서 가마가사키가 주변적 남성성이 재현된 도시공간으로 구성된 것은 전후 일본 사회가 주요 제도에서 소외된 존재들을 공간적으로 통치한 사례로 읽을 수 있다. 이처럼 가마가사키의 형성 과정에는 전후 일본 사회에서 권력이 작동하는 입체적인 방식이 녹아들어 있다.

제3장

노숙인 지원운동의 전개와 변형

「운동에서 복지로?: 오사카시 가마가사키(釜ケ崎) 노숙인 지원운동의 전개와 변형」, 『민주주의와 인권』 13(3), 2013, 73-113쪽을 개고하여 수록했다.

1. 파견마을의 새로움과 친숙함

2008년 12월 31일부터 2009년 1월 5일까지 도쿄의 히비야공원(日比谷公園)에서 해넘이 파견마을(年越し派遣村, 이하 파견마을)이 열렸다(우석훈 2009: 92-95). 파견마을은 2008년 가을 미국에서 시작된 세계 경제 공황을 계기로, 실직과 함께 회사가 제공하던 숙소에서마저 쫓겨나 노숙할 위험에 빠진 파견 노동자, 그 외에 여러 가지 이유로 주거를 상실한 노숙인을 위해 각종 지원 활동을 전개했다.

자립생활지원센터·모야이(自立生活サポートセンター·もやい)와 같은 NPO, 전국커뮤니티유니언연합회(全国コミュニティユニオン連合会)와 같은 노동조합, 그리고 개인 활동가들이 모여 파견마을을 조직하고, 파견마을에 찾아오는 실직자와 노숙인에게 무료로 음식을 제공하거나 생활보호를 신청하는 방법을 알려주고, 임시로 숙박할 곳을 마련해 주었다. 일시적인 해방 공간으로 그칠 수도 있었던 파견마을은 글로벌 도시를 표방하는 수도 도쿄의 한복판, 그것도 국회의사당과 수상관저가 위치한 가스미가세키(霞が関) 바로 옆에 있는 공원에 등장했다는 상징성 덕분에 대중매체와 정치권의 관심을 끌었고, 빈곤 문제를 일본 사회 전체에 각인시키는 데 큰 역할을 했다(유아사 마코토 2009: 258-259).

그러나 행정기관에 의한 일자리 알선 서비스와 복지 서비스가 전면 중단되는 연말연시에, 노숙인을 위해 위와 같은 지원 활동을 전개하는 것 자체는 전혀 새로운 일이 아니다. 가마가사키에서는 해마다 연말연시에 월동투쟁(越冬闘争)이라는 이름으로 파견마을과 유사한 활동을 50년 넘게 주최하고 있다. 1970년 이 지역의 노동조합을 비롯해 노숙인을 위한 지원 활동을 하는 여러 단체와 개인 활동가들이 모여 가마가사키월동대책실행위원회(釜ヶ崎越冬対策実行委員会)를 결성, 지역 내에

있는 하나조노공원(花園公園)에서 일용직 노동자와 노숙인에게 무료급식 및 건강검진 등을 제공한 것이 가마가사키 월동투쟁의 시작이었다(逃亡者こと内田 1995: 6). 가마가사키의 월동투쟁은 일용직 노동조합운동의 시발점이 됐고, 이런 형식의 월동투쟁이 가마가사키만이 아니라 전국의 요세바에서 매년 행해지는 연례행사로 확산하는 계기가 됐다.

2020년에도 11월부터 제51회 가마가사키월통투쟁실행위원회(釜ヶ崎越冬闘争実行委員会)가 활동을 개시했다.[1] 일찌감치 활동을 시작한 이유는 연말연시에 노숙인이 이용할 임시숙박시설의 운영에 관해 오사카시·오사카부와 미리 협의해야 했기 때문이다. 본격적인 월통투쟁은 2020년 12월 28일부터 2021년 1월 4일까지 이뤄졌다. 이 기간 가마가사키에 있는 임시숙박소와 사회복지법인 오사카자강관의 산토쿠료를 이용한 사람은 총 274명이었다. 가마가사키월동투쟁위원회는 하기노차야남측공원(萩之茶屋南公園)에서 매일 무료급식을 제공하는 한편, 밤에는 가마가사키 주변과 오사카역 등 노숙인이 많이 모이는 지역을 돌며 임시숙박소를 이용하지 않는 노숙인의 건강 상태를 살피고 모포나 삼각김밥과 같은 간단한 음식을 나눠 주는 야간 순회 활동(요마와리夜回り)을 전개했다. 이로써 2020년 연말연시 중 거리에서 사망하는 사람이 한 명도 발생하지 않았고, 월동투쟁은 그렇게 무사히 마무리됐다.

한편 월동투쟁은 단순히 노숙인에게 음식과 임시거처를 제공하는 것에서 그치지 않는다. 해마다 월동투쟁 기간에는 삼각공원에서 일용직 노동자와 노숙인이 참여하는 장기 자랑 대회를 개최하고, 그해에 노상에서 숨진 동료들을 애도하는 추모식도 거행한다. 제51회 월동투쟁

---

1 가마가사키월동투쟁실행위원회 페이스북 페이지와 홈페이지. http://kamagasaki.wordpress.com (검색일: 2021. 1. 7).

에서는 코로나19 대유행 때문에 겨울 축제(冬祭り)라고 불리는 이러한 행사를 제대로 열지 못했지만, 소프트볼대회는 예전과 마찬가지로 열었고 2020년에 사망한 동료 노숙인을 애도하는 자리도 마련했다. 즉, 가마가사키의 월동투쟁은 노숙인에게 직접적인 도움을 제공하는 사회적 공간일 뿐만 아니라, 축제와 증여를 통해 살아남은 사람들 간의 연대를 도모하고 나아가 산 자와 죽은 자 사이에 연속성을 환기하는 의례적 공간인 셈이다(Aoki 2006: 227-228).

이처럼 가마가사키에서 노숙인 지원운동이 오랜 역사를 갖는 이유 중 하나는 일본 경제가 장기침체를 겪기 이전인 1990년대 초까지 노숙인 대부분이 요세바에 있었기 때문이다(生田武志 2007: 46). 대다수가 건설 노동자인 가마가사키의 일용직 노동자는 경기 상황과 관계없이 공공사업이 줄어드는 4월부터 장마가 끝나는 7월까지, 그리고 행정기관과 회사가 문을 열지 않는 연말연시에는 늘 실직과 그로 인한 노숙의 위험에 직면했다. 하루 벌어 하루 생활하는 상황에서 하루라도 일하지 못하면, 다다미 세 장 크기의 비좁은 간이숙박소에 투숙할 비용조차 벌 수 없기 때문이다. 이런 이유로 이 지역에는 가마가사키 무료급식 모임(釜ケ崎炊き出しの会), 목요일 야간순회 모임(木曜夜回りの会)처럼 연말연시뿐만 아니라 1년 내내 공원에서 음식을 무상으로 제공하고, 야간에는 노숙인의 안전을 살피는 순회 활동을 전개하는 단체도 있다.

따라서 일본의 노숙인 지원운동을 이해하는 데 가마가사키의 사회운동을 제외하고는 논의할 수 없으며, 오히려 이를 고찰함으로써 빈곤 문제에 대한 일본 사회의 대응 방식의 전개와 변형을 보다 장기적으로 이해할 수 있다. 다만 이 장에서는 1970년대 초부터 1990년대 초까지 이 지역에서 전개된 노동조합 중심의 사회운동은 간략히 살펴보고, 1990년대 이후 일본 사회의 사회경제적 변동과 가마가사키에서 일어난 인구학적 조건의 변화에 대응해 발생한 사회운동의 변형에 초점을 맞추고자 한다. 특히 2000년을 전후한 시점에 노숙인 지원운동의 주체들이 중심이 되어 NPO를 설립했다는 사실에 주목하고, NPO 설립에 따른 행정기관과 노숙인 지원운동 조직 간의 관계가 변화하는 양상에 대해 해석해 보고자 한다.

2. 아이린체제의 붕괴와 사회운동의 변형

"아이린체제"는 좁은 의미에서 1960년대 중반 이후 오사카부경찰본부, 오사카부, 오사카시가 각각 가마가사키 지역의 치안과 일용직 노동자의 노동 및 복지를 분담해 관리한 통치 시스템을 말한다. 이것은 이 지역과 인구에 대한 통치가 도시 빈민의 생활 전반을 관리하는 데서 남성 일용직 노동자에게 최소한의 고용 및 생활의 안정을 제공하는 것으로 단순화됐다는 것을 의미한다.

보다 넓은 의미에서 아이린체제는 단신 남성 노동자가 스스로 일용직 노동을 통해 최소한도의 삶을 영위하는 것을 전제로 한 시스템이었다. 또한 건설 경기가 좋았을 때는 일용직 노동자가 투숙한 간이숙박소를 주소지(실제로는 그곳에 계속 거주하지 않더라도)로 제시하고 실업보험, 의료보험에 가입했기 때문에, 행정기관은 대략적으로나마 일용직 노동자라는 유동적 인구의 규모와 위치를 파악하고, 일용직 노동에 특화된 보험제도를 통해 최소한도의 복지 서비스를 제공할 수 있었다.

예를 들어 오사카부는 니시나리노동복지센터에 등록한 일용직 노동자에게 고용보험 일용직 노동 피보험자 수첩(雇用保険日雇労働被保険者手帳)을 발급했다. 이것은 한국의 건강보험증과 비슷하게 생긴 하얀색의 증서로, 일명 시로테초(白手帳)라고 부른다. 이 수첩을 보유한 일용직 노동자가 고용보험이 적용되는 사업체(매번 다른 사업체여도 상관없다)에서 두 달 사이에 26일 이상 일을 하고 이 사실을 증명할 인지(印紙)를 받을 경우, 다음 달부터 일자리를 구하지 못한 날에는 실업수당을 최대 7,500엔, 최장 17일까지 받을 수 있었다(藤井利明 1999: 21). 최고액이 200엔 이하인 인지대는 사업체가 전액 부담하는 경우도 있었다. 따라서 이 제도는 일용직 노동자에게 생활의 안정을 보장하는 데 도움이 되었다.

그러나 이것은 일용직 노동자가 두 달 사이에 적어도 26일 이상은 일할 수 있어야 비로소 성립하는 이야기다. 니시나리노동복지센터의 직원이었던 아리무라 센이 작성한 〈아이린 지역 데이터〉(2018년 4월 2일 갱신)에 따르면, 건설 경기가 좋았던 1986년에는 이 고용보험증 소지자가 2만 4,458명에 달했지만, 1990년대에 들어 일본 경제가 침체에 빠지면서 1998년에는 1만 4,257명까지 줄어들었다. 또한 니시나리노동복지센터가 필자에게 제공한 고용보험 취급 상황(雇用保険取扱状況) 자료에 따르면, 일용직 노동 피보험자 수첩 소지자의 수가 2017년 처음으로 1,000명 이하로 떨어져 853명을 기록했고, 코로나 팬데믹 시기인 2020년과 2021년에는 각각 616명과 565명에 머물렀다. 2020년 이후에는 현금구인수가 1980년대 말에서 1990년대 초와 비교해 거의 10분의 1 수준까지 줄어들어 일용직 노동자가 고용보험 자격을 유지하는 데 필요한 최소한의 노동 일수를 채우기 어려워졌다. 말하자면 "아이린체제"는 단순히 행정기관에 의한 인구 관리 시스템이 아니라 경제 상황에 크게 의존하는 생활보장 시스템이었던 셈이다.

한편 아이린체제가 성립되던 시기에 가마가사키에서 노동운동이 조직적인 형태를 갖추기 시작했다(原口剛 2011c). 1970년대 초 학생운동을 경험한 사람 중 일부가 이 지역에 들어온 것이 계기가 됐다. 1972년 학생운동가들이 중심이 되어 폭력 구인업자 추방 가마가사키 공투회의(暴力手配師追放釜ヶ崎共闘会議, 이하 가마공투)를 결성해 임금을 지급하지 않거나 폭력을 행사하는 구인업자를 추방하는 운동을 전개했다(小柳伸顕 1993: 84-85). 또한 전일본항만노동조합 관서지방건설지부 니시나리분회(全日本港湾労働組合関西地方建設支部西成分会, 1969년 설립, 이하 니시나리분회), 가마가사키일용노동조합(釜ヶ崎日雇労働組合, 가마공투의 회원이 중심이 되어 1976년 설립, 이하 일용노동조합), 가마가사키 지역합동노동조합(釜ヶ崎地域合同労働組合, 1981년 설립) 등의 노동조합은 일용직 노동자를 위한 노동운동을 체계적으로 전개했다.

노동조합은 주요한 정치적 이슈가 발생했을 때 투쟁을 전개하는 한편, 일상적으로는 고용주와 단체교섭을 벌이거나 노숙 상태에 빠진 일용직 노동자를 구호하는 활동을 시행했다. 예를 들어 일용직 노동자가 보너스 명목으로 1년에 두 차례 받는 복리후생비도 니시나리분회가 건설업체와 행정기관에 요구해 실현된 것이다(海老一郎 2011: 229). 또한 1980년대에 일용노동조합은 건설업자와 구인업자를 상대로 협상력을 높여 해마다 임금 인상을 쟁취했다(小柳伸顕 1993: 84-85). 1981년 1월 가마가사키 노동자의 평균 임금은 5,500엔이었지만, 일용노동조합은 1981년 3월 춘투를 통해 6,000엔까지 올렸다. 이후 매년 500엔씩 임금 인상을 달성했고, 특히 거품경제 시기였던 1988년부터 1991년까지는 해마다 1,000엔씩 임금 인상을 쟁취했다. 1992년에는 전년도에 발생한 주가 폭락으로 인해 500엔 인상에 그쳤으나 평균 임금은 전후 최고 수준인 13,000엔에 달했다. 이와 같은 임금인상 투쟁이 가능했던 것은 일본 경제가 1990년대 초반까지도 계속 성장했기 때문이었다. 그러므로 1990년대 초까지 가마가사키에서 전개된 행정 대책은 물론이고 노동

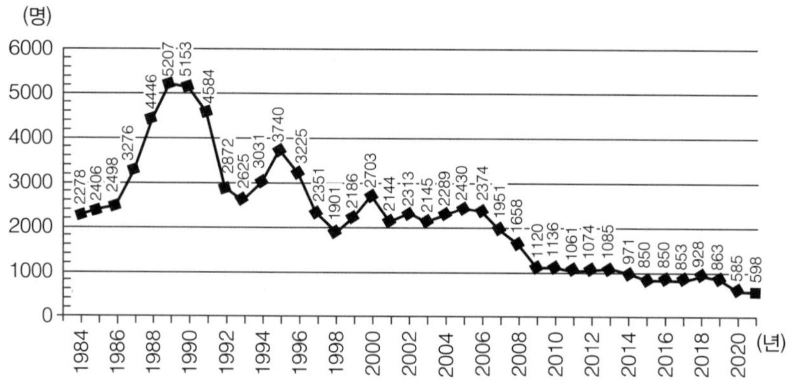

그림 9. 1일 평균 현금구인 노동자 수의 변화

출처: 西成労働福祉センター(2015: 7). 2015년 이후는 니시나리노동복지센터에서 각연도 일용직(현금) 구인 소개 상황(日雇現金求人 · 紹介状況) 자료를 제공했다.

운동도 지속적인 경제성장을 전제로 한 것이었다.

그러나 1990년대 초반 이후 이른바 거품경제가 붕괴하자, 이러한 통치 실천과 대항 실천은 더는 작동할 수 없게 됐다. 그날그날 고용 여부가 결정되는 현금구인 노동자 수의 1일 평균은 1989년에 역대 최고치인 5,207명을 기록했으나, 불과 4년 후인 1993년에 절반 수준인 2,625명까지 떨어졌다(〈그림 9〉). 1995년에는 고베시와 인근지역에 큰 타격을 입힌 한신·아와지대지진(阪神·淡路大震災) 때문에 재해복구 관련 공사가 이뤄져 일시적으로 구인수가 늘어났다. 그러나 그 이후 현금구인수는 꾸준히 줄어들어, 2010년대부터는 1,000명 이하로 떨어졌고, 코로나19가 발생한 2020년부터는 600명을 밑돌았다.

따라서 일용직 일자리가 충분히 공급되는 것을 전제로 한 기존의 통치와 운동 모두 효과를 발휘할 수 없게 됐다. 일거리가 급감해 두 달 중 26일이라는 기준노동일수를 채우지 못하는 일용직 노동자들이 늘어나자, 이들을 대상으로 한 고용보험은 무용지물이나 마찬가지가 되었다. 한편 일용직 노동자들이 당장 먹고사는 데 필요한 최소한의 소득도 올리지 못하는 상황에서 종래와 같이 춘투를 통해 임금 인상을 쟁취하는 식의 노동운동도 현실적으로 어려워졌다.

더구나 1990년대 중반 이후 경기 침체의 영향으로 가마가사키 주변의 노숙인 수가 대폭 증가했다. 물론 가마가사키에 노숙인은 낯선 존재가 아니었다. 건설업 위주의 일용직 인력시장의 특성상 계절적 요인(예: 장마철)이나 심지어 기상 상태에 따라서도 일하지 못하는 날이 생길 수 있었다. 하루 벌어 하루 생활하는 일용직 노동자는 이 경우 언제든지 노숙인이 될 수 있었다. 또한 일용직 일자리가 늘어난다고 해서 바로 노숙인이 줄어드는 것도 아니었다. 1993년부터 1998년 사이에 가마가사키 주변 1일 평균 노숙인 수는 1일 평균 현금구인수가 2,000명일 때까지 600여 명으로 증가하다가, 현금구인수가 2,000명을 초과하면 그제야 줄어들기 시작했다(島和博 1998: 602-603). 그러나 현금구인수가 5,000명 이상까지 늘어나더라도 1일 평균 200여 명의 노숙인은 항상 발생했다. 즉, 일자리가 없으면 가마가사키에서 노숙을 하면서까지 인력시장이 열리길 기다릴 필요는 없으므로 노숙인 수가 감소했다가, 일자리가 늘어나기 시작하면 다시 일자리를 구하러 모여들기 때문에 노숙인 수가 증가했고, 구인이 늘면서 차츰 노숙인 수가 감소하다가 어느새 구직자 수가 구인자 수를 초과하는 순간 일정 인원은 노숙할 수밖에 없었다.

1990년대 이후 가마가사키 노숙인 문제가 이전과 달랐던 점은 경기 침체가 장기화되면서 노숙인 수가 한순간에 급증했다는 사실이다. 〈그림 10〉은 가마가사키 주변 지역에 1일 평균 발생하는 노숙인 수의 추이를 보여 준다. 1995년부터 1996년까지는 한신·아와지대지진 복구공사가 집중된 덕분에 일시적으로 노숙인 수가 줄어들기도 했지만,

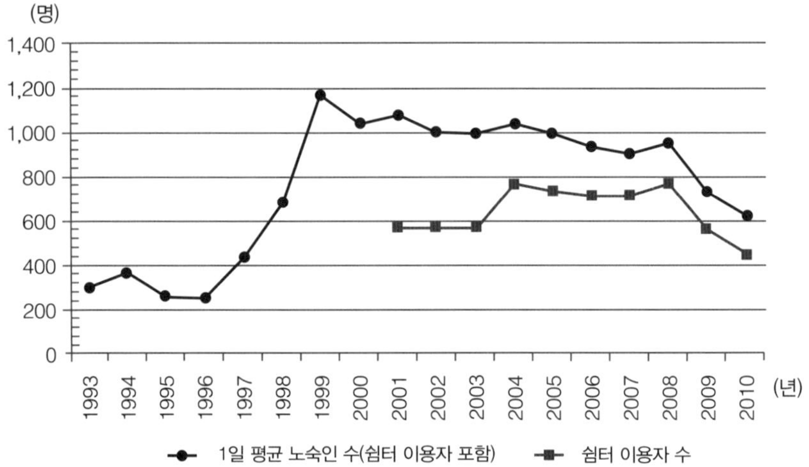

그림 10. 가마가사키 주변 1일 평균 노숙인 수 추이

출처: 大倉祐二(2011: 10)

1990년대 초반부터 2000년대 초반까지 1일 평균 노숙인 수는 계속 증가했다(大倉祐二 2011: 11). 1990년대 초반에는 약 300명 정도였던 노숙인 수가 1990년대 후반부터 급증하기 시작해 1999년에는 약 1,200명까지 늘어났다. 〈그림 9〉와 〈그림 10〉을 비교해 보면, 1990년대 후반 요세바 기능의 축소가 노숙인 증가에 직접적 영향을 주었음을 알 수 있다.

따라서 1990년대에 가시화된 일본 사회의 일련의 구조적 변동(경제성장의 정체, 일용직 노동시장의 축소, 노숙인 증가) 속에서 행정기관은 물론 사회운동도 새로운 존립 방식을 모색해야 하는 상황에 직면했다. 국가와 사회 양측 모두에 일용직 노동자에서 노숙인으로 전락한 사람들을 위한 새로운 안전장치를 제공할 것이 요구됐다. 그 결과 다음 절에서 살펴볼 것처럼, 기존에는 관계가 소원하거나 반목하던 지역사회의 여러 주체(노동운동가, 종교 지도자, 간이숙박업자, 복지시설 직원)가 노숙인의 안전을 도모하는 데 협력할 수밖에 없었다. 또한, 대립 관계였던 사회운동단체와 행정기관이 노숙인을 지원하는 일에 협력하게 되었다. 즉, 1990년대 초에 가마가사키의 여러 주체가 협조해 노숙인을 지원하는 운동조직을 만들고, 행정기관과도 협력 관계를 맺으며, 새로운 형태의 사회운동을 추구한 것은 광의의 아이린체제를 뒷받침해 온 구조적 조건이 무너졌기 때문이었다.

3. 가마가사키 노숙인 지원운동의 전개

1993년 가을 가마가사키 일자리·생활보장제도 실현을 목표로 하는 연락회(釜ヶ崎就労·生活保障制度実現を目指す連絡会, 약칭 釜ヶ崎反失業連絡会, 이하 반실업연락회)가 결성됐다. 일용노동조합 위원장 야마다 마코토(山田實)[2]는 행정기관과의 교섭에 노동운동가만 참여해서는 신뢰를 얻기 어렵다고 판단했다. 1983년 프란시스코회가 설립한 고향의 집(ふるさとの家)이라는 단체를 기반으로 노숙인 지원 활동을 펼치던 혼다 데쓰로(本田哲朗) 신부에게 야마다 위원장이 노숙인을 돕는 일에 협력하자고 요청한 것을 계기로 반실업연락회가 출범했다.[3]

혼다 신부에 따르면 "당시 일용노동조합은 신좌익계의 무장투쟁 집단이라는 이미지가 강했기 때문에, 가마가사키에서 활동하고 있다고 하더라도 그리스도교계 단체나 노숙인 지원 그룹에 연대를 요청해 오

2 1976년 조합 설립 당시 부위원장으로 취임해, 1980년부터 2010년까지 위원장을 역임했다.

3 야마다 위원장과 혼다 신부의 개인사 및 가마가사키에서의 활동에 대해서는 각각 神田誠司(2012)의 3장과 6장을 참조.

그림 11. 1998년 6월 아이린종합센터 야간 개방(마쓰시게 이쓰오 제공)

출처: 「写真で見る98年6月から9月」, https://www.npokama.org/kamamat/3web/hann/hansitu.htm (검색일: 2022. 7. 2).

리라고는 도저히 상상할 수 없는 시대"였다(神田誠司 2012: 184-185). 그러나 야마다 위원장이 "길거리에 넘쳐나는 동지들을 위해 무언가를 하고 싶"고 "광범위한 조직으로 운동을 진전하고 싶다"는 의사를 표명하자, 혼다 신부도 반실업연락회의 공동대표를 맡는 데 동의했다. 여기에 가마가사키의료연락회의(釜ヶ崎医療連絡会議), 노숙노동자네트워크(野宿労働者ネットワーク), 가마가사키 고령 일용직 노동자의 일과 생활을 쟁취하는 모임(釜ヶ崎高齢日雇い労働者の仕事と生活を勝ち取る会) 등 지역 내의 여러 운동·지원 단체도 가담했다(藤井利明 1999: 23).

반실업연락회는 노숙 상태에 빠진 일용직 노동자를 위한 일자리 창출과 숙소 확보를 가장 중요한 과제로 설정했다(松繁逸夫 1999). 먼저 1993년 10월 오사카부와 오사카시에 국가 차원의 노숙인 대책 수립, 일용직 노동자의 일자리 보장 제도 확립, 우기(雨期)와 연말연시 특별일자리사업 실시, 노숙인을 위한 쉼터 설치 등을 요구하는 문서를 제출했다.[4] 그러나 행정기관과의 교섭에 별다른 진전이 없자, 노숙인이 당장 새벽이슬이라도 피할 수 있도록 아이린종합센터를 야간에 개방하자고 제안했다. 이것은 야간에도 아이린종합센터의 문을 열어 둬 노숙인이 적어도 밤새 비와 추위를 피할 수 있도록 하자는 것이었다. 1994년 6월부터 8월까지 전개된 야간 개방에 500명에서 600명 정도의 노숙인이 동참해 저녁 7시부터 다음 날 인력시장이 열리기 전까지 아이린종합센터를 자주적으로 관리했다. 오사카시가 모포, 매트리스, 건빵 등을 제공하면 일용노동조합원과 일용직 노동자가 이 물품을 동료 노동자에게 나눠 주고, 새벽이 되면 다시 침구류를 정리하는 작업을 수 주에 걸쳐 반복했다.

반실업연락회는 1일 평균 노숙인 수가 1,000여 명에 달한 1997년과 1998년 여름에도 아이린종합센터의 문을 야간에 개방했다(〈그림 11〉).[5] 행정기관이 그 이상으로 노숙 문제에 적절한 해결책을 제시하지 않자, 1998년 7월에 야간 개방을 중단하고 새로운 숙소 대책을 요구하며 오사카시청 앞에서 야영 투쟁을 시작했다.[6] 그 결과 1998년 8월부터 산토쿠료에 임시생활케어센터를 설치·운영하기로 하는 성과를 거뒀다. 임시생활케어센터는 1998년에는 8월 17일부터 9월 28일, 그리고 10월 26일에서 11월 27일 사이에 한시적으로 운영됐고, 이 기간에 하루 45명이 2박 3일간 숙박할 수 있었다.[7]

---

4 「釜ヶ崎対策についての請願」, http://www.npokama.org/kamamat/3web/hann/93seigan1.htm (검색일: 2013. 5. 1). 별도의 언급이 없는 한 제3장에서 인용하는 링크의 검색일은 모두 이와 같다.

5 「アブレ·野宿増大に伴う緊急要求」, http://www.npokama.org/kamamat/3web/hann/975.htm.

6 「写真で見る98年6月から9月」, https://www.npokama.org/kamamat/3web/hann/hansitu.htm.

7 현재 이곳은 산토쿠 생활케어센터라는 이름으로 변경한 채 상설 운영되고 있으며, 224명의 인원이 2박 3일에서 1주일 정도 머물 수 있다. 오사카시 조례에 따른 시설로 생활보호법 등의 기준을 충족시키지 않아도 되기 때문에, 생활보호 수급자

그림 12. 1998년 11월 대형 텐트(마쓰시게 이쓰오 제공)

출처: 「写真で見る98年6月から9月」, https://www.npokama.org/kamamat/3web/hann/hansitu.htm (검색일: 2022. 7. 2).

또한 1998년 11월에는 가마가사키에 있는 오사카부 및 오사카시의 소유지를 빌려 200명 정도의 노숙인이 야간에 숙박할 수 있는 대형 텐트를 설치했다(〈그림 12〉).[8] 부지와 전기는 행정기관에서 지원받았지만, 텐트와 침대의 구입 및 설치, 텐트의 야간 관리는 모두 반실업연락회가 담당했다. 이로써 1,000명 이상의 노숙인이 아이린종합센터 야간 개방(800-1,000명)과 대형 텐트(200명)를 통해 임시 숙소를 확보했다.

나아가 행정기관을 상대로 한 지속적인 투쟁과 교섭을 벌인 결과, 반실업연락회가 설립 당시부터 요구했던 노숙인을 위한 야간 숙박시

등을 위한 산토쿠료 내의 다른 시설보다는 여건이 열악하다. 2층 침대가 설치된 방에 10명에서 100여 명까지 함께 지내야 한다. 하지만 주말에는 만실 상태이며, 100여 차례 이용하는 사람도 있다고 한다(산토쿠료 아이린상담실 실장 오리타 다카유키, 2013. 2. 13).

8 「写真で見る98年10月」, https://www.npokama.org/kamamat/3web/hann/hansitu.htm.

설인 쉼터가 임시야간긴급피난소(臨時夜間緊急避難所)[9]라는 이름으로 대형 텐트를 설치했던 부지에 2000년 4월(이마미야쉼터, 삼각공원 남측, 600명 정원)과 2004년 2월(하기노차야쉼터, 산토쿠료 옆, 440명 정원)에 설치됐다(釜ケ崎支援機構 2010: 7). 쉼터에는 2단 침대가 빽빽하게 배치됐고(〈그림 13〉), 쉼터 건물 밖에 간이 세탁실과 개인 샤워실이 설치됐다.

2015년 12월에는 하기노차야쉼터 자리에 450명 규모의 침상을 갖춘 아이린쉼터(あいりんシェルター)를 열고, 노후화된 이마미야쉼터를 폐쇄했다.[10] 리모델링한 아이린쉼터에도 2단 침대가 설치되어 집단생활을 해야 하는 것에는 변함없지만(〈그림 14〉), 세탁실(4대)과 개인 샤워실(16곳)만이 아니라 낮에도 300명 정도가 TV를 시청하거나 쉴 수 있는 담화실(〈그림 15〉), 그리고 밤새 폐

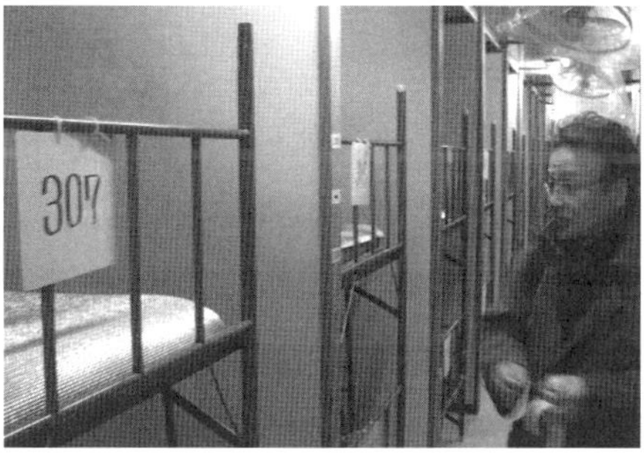

그림 13. 이마미야쉼터(2012년)

그림 14. 아이린쉼터의 숙소 (2022년, 아리무라 센 제공)

그림 15. 아이린쉼터의 담화실 (2022년, 아리무라 센 제공)

9 가마가사키에서는 줄여서 '쉘터(シェルター, shelter)'라고 부른다.

10 『NPO釜ケ崎会報』 제51호(2016), 11-12쪽, http://www.npokama.org/kaihou.html (검색일: 2020. 12. 25). 2013년 이후의 회보는 모두 같은 날 같은 사이트에서 검색했다.

지 등을 주우러 다니는 노숙인이 낮잠을 잘 수 있는 휴게공간도 마련됐다. 그리고 상주 직원이 쉼터를 이용하는 고령의 노숙인과 생활·건강 상담을 하고, 생활보호 신청이나 코로나19 긴급 재난지원금 신청을 돕는다. 이로써 노숙인이 최소한의 생활 안정을 확보할 수 있는 환경이 마련된 셈이다.[11]

다만 쉼터는 여전히 하루 단위로만 이용할 수 있다. 쉼터는 노숙인이 다음 날 새벽에 일용직 노동시장에 일거리를 구하러 나간다는 것을 전제로 설치된 시설이기 때문이다. 따라서 2000년에 이마미야쉼터가 처음 운영될 때는 노숙인이 저녁 5시 30분에 난카이선과 마주하고 있는 아이린종합센터 서편에서 줄을 서서 쉼터 일일 이용권을 받으면 그날 저녁 6시부터 다음 날 아침 5시까지 쉼터에서 머물 수 있었다. 아이린쉼터가 문을 연 2015년 이후에는 숙소동은 저녁 5시 30분부터 다음 날 아침 8시 30분까지, 주간 이용시설인 담화실 등은 오전 9시부터 저녁 5시까지 이용할 수 있게 됐다. 2019년 아이린종합센터 폐쇄 이후에는 숙박시설의 운영시간도 오후 2시 30분에 이용권을 받고 다음 날 아침 8시 30분까지 이용하는 것으로 확대됐다. 쉼터 이용자의 대다수가 나이가 들어 더는 새벽 인력시장에서 일거리를 구할 수 없는 현실을 반영한 조치로 보인다. 3년 한정으로 개설된 쉼터가 이제는 고령의 노숙인에게 없어서는 안 될 '단골 여관(定宿)' 또는 '집(家)'과 같은 공간이 된 셈이다.[12]

---

11 코로나 대유행 시기에는 아이린쉼터 이용자의 밀집을 막기 위해 이용자가 생활보호를 받아 복지 아파트에 입주하도록 유도하는 것을 기본으로 하면서도, 이를 원하지 않는 사람들(2022년 현재 약 60명)에게는 행정기관이 가마가사키의 간이숙박소 2곳을 빌려 이곳에 머물도록 하고 나머지는 쉼터를 이용하도록 했다(아리무라 센과의 이메일 인터뷰, 2022. 2. 12).

12 「シェルター自立支え15年 大阪·釜ケ崎 路上生活者向け施設リニューアル」,『朝

물론 일부 노숙인은 쉼터를 이용하지 않고 여전히 노숙을 선택한다. 2013년 2월 16일 필자가 아이의 마을(こどもの里)이 주관하는 야간 순회 활동에 참여했을 때 활동가에게 쉼터에 충분한 자리가 있는 데도 노숙하는 사람이 있는 이유를 묻자, 그는 나이 든 노숙인 중에는 아침까지 푹 자려고 쉼터 이용을 꺼리는 사람도 있다고 대답했다. 또한 나름 노숙할 능력이 있는 사람은 쉼터에서의 집단생활과 그로 인한 불편함을 감수하기보다는 노숙을 택하기도 한다고 덧붙였다. 이날 야간 순회 활동에서 확인한 노숙인 수는 총 504명이었지만, 이 중 약 80%인 402명은 쉼터를 이용한 반면 나머지 약 20%는 한겨울인데도 골판지를 깔고 담요를 두른 채 길거리에서 잠을 청했다.

그러나 이마미야쉼터가 개설된 직후인 2001년부터 2003년까지는 쉼터의 정원에 육박하는 약 600명이 매일 쉼터에서 하룻밤을 지냈다. 하기노차야쉼터도 운영을 시작한 2004년부터 2008년까지는 약 700–800명이 비나 추위를 피해 쉼터를 이용했다. 숙면하기 힘든 밀집된 환경이고, 한 공간을 많은 사람과 공동으로 사용해 여성 노숙인이 이용하기 어렵다는 한계는 있었지만, 가마가사키 주변에만 하루 평균 1,000명 정도의 노숙인이 있었던 2000년대 중·후반에 쉼터는 상당수의 노숙인에게 최소한의 거처를 제공하는 중요한 역할을 했다. 지금도 건강이 허락하는 한 생활보호를 신청하지 않고 스스로 일하며 살아가려는 고령의 노숙인에게 쉼터는 '쓰이노스미(終のすみ)', 즉 죽음을 맞이할 때까지 지낼 장소다.[13]

한편 반실업연락회는 나이와 건강상 이유로 일자리를 구하기 어

日新聞』 2016년 2월 13일 석간, 9면.

13 「シェルター自立支え15年 大阪·釜ケ崎 路上生活者向け施設リニューアル」, 『朝日新聞』 2016년 2월 13일 석간, 9면.

려운 고령의 일용직 노동자와 노숙인에게 일자리를 제공하기 위해, 1994년 11월 오사카시와 오사카부로부터 55세 이상 일용직 노동자를 대상으로 한 공공근로사업인 고령자특별일자리사업(高齢者特別就労事業, 이하 '특별일자리사업')을 쟁취했다.[14] 이 사업에 등록한 사람은 아이린종합센터 건물과 그 주변 청소 및 주차관리, 지자체 내에 있는 공원 및 학교의 환경미화, 낡은 보육시설, 놀이기구, 버스정류장 도색 작업 등에 참여해 일당으로 5,700엔(점심 식사비 400엔 포함)을 받는다.

다만 이 사업은 모든 등록자가 매일 혹은 일정 기간 연속적으로 일하는 것이 아니라 윤번제(輪番制)로 운영된다는 점이 특징이다. 따라서 특별일자리사업에 등록한 사람은 자신의 번호가 포함된 날짜를 아이린종합센터에 설치된 게시판이나 니시나리노동복지센터의 홈페이지에서 확인하고 해당 날짜에 나와서 일해야 한다. 1994년에는 이 사업에 등록한 940명 중 일거리를 제공할 수 있는 인원수가 하루에 50명 정도에 불과해, 1인당 연간 10회 정도밖에 일할 기회를 얻지 못했다(〈그림 16〉). 그러나 반실업연락회의 노력으로 인해 행정기관에서 할당받는 일자리 수가 꾸준히 늘어나, 2000년대 초반부터는 1인당 연간 30-40회씩 일할 기회를 얻었다(釜ケ崎支援機構 2010: 8-9).

2000년대 후반부터는 생활보호를 받아 노숙에서 벗어나는 사람이 늘어나 특별일자리사업에 등록하는 인원이 줄어든 반면, 하루에 일자리를 제공할 수 있는 인원수는 200명대로 안정화됐다. 특별일자리사업의 등록자 수는 2013년 1,410명에서 2019년 1,057명까지 줄어들었지만 2018년(197명)을 제외하면 줄곧 하루에 202명에게 일자리를 제공했

14 「第二回清掃事業就労者アンケート中間報告から」, http://www.npokama.org/kamamat/3web/hann/koureibira.htm.

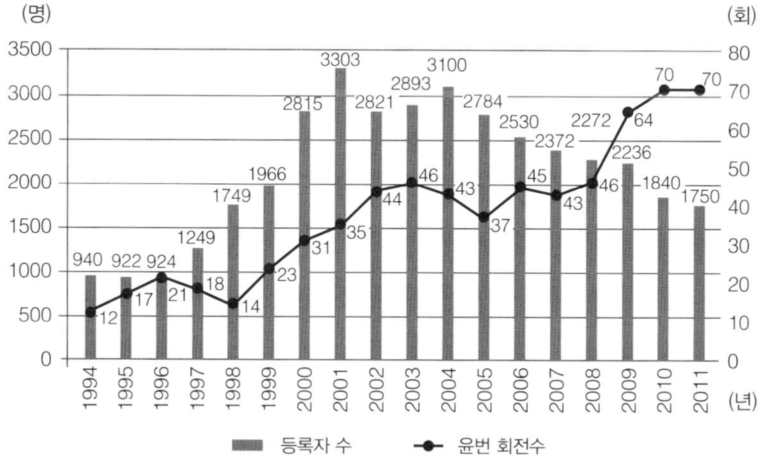

그림 16. 특별일자리사업의 등록자 수와 연간 윤번제 회전수의 추이

출처: 西成労働福祉センター(2012: 29)

고, 2019년에는 10명 더 늘어난 212명에게 일자리를 공급했다.[15] 〈표 7〉에서 알 수 있듯이, 2019년 현재 오사카부로부터 가마가사키 외부의 여러 공공시설을 관리·정비하는 일과 가마가사키 내부의 주차 관리 및 환경 정비 관련 일(하루 100명)을 할당받고, 오사카시로부터 가마가사키 내외의 환경 정비 관련 일(하루 112명)을 분배받고 있다. 이로써 2010년대 이후 특별일자리사업은 1인당 연간 70회 이상 일할 기회를 제공하고 있다.

윤번제로 운영되므로 특별일자리사업을 통해 얻을 수 있는 소득은 한 달에 3만 엔 남짓에 불과하다. 그러나 특별일자리사업은 자립을 추구하는 노숙인에게 더할 나위 없이 중요한 소득원이다. 2016년 특별일자리사업에 등록한 사람의 평균 연령이 66세일 정도로 고령화되

15 『NPO釜ヶ崎会報』 각년도.

표 7. 고령자특별일자리사업 (2019년, 단위: 명)

			등록 노동자	지도원	
오사카부, 고령 일용직 노동자 일자리 자립지원사업	가마가사키 외부 지역	오사카부 A반	24	4	오사카부의 시설·관리토지의 제초 작업 등
		오사카부 B반	16	3	
		오사카부 C반	16	3	
	가마가사키 내부 환경 정비	임시 아이린종합센터주차장 작업원	38	4	3교대제
		구(舊) 아이린 종합센터 주변 청소	6	2	니시나리노동복지센터의 의뢰
	중간 합계		100	13	
오사카시, 아이린 일용직 노동자 등 자립지원사업-고령 일용직 노동자 사회적 일자리 지원	가마가사키 내부	생활도로반	60	6	휴일 다음 날에는 11명 증원
	가마가사키 외부 지역	자치구반	27	4	오사카시 각 구에서 작업
		시유지반	11	2	오사카시 관리토지에서 작업
		보육 A반	7	2	보육원 건물의 도색 등 환경 관리 작업
		보육 B반	7	2	
	중간 합계		112	16	
	총합계		212	29	

출처: 『NPO釜ヶ崎会報』 第55号(2020), 3쪽

어,[16] 생활보호를 받는 사람이 늘어나면서 등록자 수는 계속 줄어들 것이다. 그러나 여전히 전직 일용직 노동자 중 일부는 생활보호를 받아 노숙에서 벗어나는 것을 권해도 "복잡한 일이 없도록 혼자서 지금까지 해"왔고, "일할 수 있는 동안은 어떻게 해서든 (…) 지금 이대로가 좋다"

16 『NPO釜ヶ崎会報』 第52号(2017), 9쪽.

며 특별일자리사업에 참여하고 있다.[17] 따라서 특별일자리사업은 쉼터와 마찬가지로 가마가사키에 노숙인이 폭증한 1990년대 말부터 상당히 줄어든 현재까지도, 노숙 상태에 놓인 고령의 일용직 노동자가 생활보호 제도를 이용하지 않을 때도 최소한의 자립적인 생활을 영위할 수 있도록 기여하고 있다.

한편 쉼터 설치 및 특별일자리사업 확보와 더불어 반실업연락회 등이 오사카시를 상대로 활발히 투쟁하고 교섭을 벌인 결과, 1998년 11월 오사카 시장이 총리를 직접 만나 국가 차원의 노숙인 대책 수립을 요구하기에 이르렀다.[18] 이를 계기로 1999년 2월 중앙정부의 관계 부처와 관련 지방자치단체로 구성된 홈리스문제연락회의(ホームレス問題連絡会議)가 설치됐다. 홈리스문제연락회의는 1999년 5월에 「홈리스 문제에 대한 당면의 대응책에 관해(ホームリス問題に対する当面の対応策について)」라는 문건을 통해 중앙정부 차원에서는 최초로 홈리스 문제에 대한 대응책을 내놓았다. 전국에 자립지원센터를 4–5개소 설치해 6개월간 직업 훈련을 실시하고 직업안정소를 통해 구직 활동을 지원한다는 내용이 이 문건에 담겼다.

반실업연락회를 포함한 일본 전국의 노숙인 관련 단체 등이 국회 앞과 오사카성공원 등에서 집회를 개최하고 국회의원들과 간담회를 여는 등 노력한 끝에 2002년 8월에 홈리스자립지원법이 성립됐다. 홈리스자립지원법은 본래 10년만 적용되는 특별조치법이었다(구인회·정근식 2014: 208). 그러나 홈리스 문제의 완전한 해결을 촉구하는 노숙인 지원 운동 단체의 요구에 따라 2012년에 한 차례 연장됐으며, 2017년에 다

17 『NPO釜ケ崎会報』 第48号(2013), 1쪽.

18 「野宿を余儀なくされている労働者への経済的自立援助策を求めて」, http://www.npokama.org/kamamat/3web/hann/kuni/kuni1.htm.

시 한 차례 10년간 연장되어 2027년 8월까지 유효하다.

이 법에 따라 각 지자체는 노숙인 지원을 위한 기본 방침을 제정하고 노숙인의 생활 자립을 지원하며, 중앙정부는 해마다 「홈리스 실태에 관한 전국 조사: 총수 조사(ホームレスの実態に関する全国調査: 概数調査)」를 통해 전국의 노숙인 수를 파악해야 한다. 또한 노숙인의 생활 실태를 정확히 파악하기 위해 「홈리스 실태에 관한 전국 조사: 생활 실태 조사(ホームレスの実態に関する全国調査: 生活実態調査)」를 다섯 차례(2003년, 2007년, 2012년, 2016년, 2021년) 실시했다.

홈리스자립지원법은 노숙인의 자립을 일자리 확보로만 좁게 정의하며, 노숙인을 공원과 같은 공공장소에서 쫓아낼 수 있도록 허용하는 등의 문제가 있었음에도, 노숙인의 상황을 개선하는 데 일정하게 기여했다고 할 수 있다. 그러므로 반실업연락회의 노숙인 지원운동은 가마가사키 내의 일용직 노동자 및 노숙인에게 임시적인 일자리와 숙소를 제공하는 성과를 냈을 뿐만 아니라, 일본 사회에서 노숙인이 직면한 문제를 국가 차원으로 정치화하는 데도 중요한 역할을 했다고 평가할 수 있다.

4. 가마가사키 노숙인 지원운동의 변형

1999년 반실업연락회의 노숙인 지원운동은 중요한 전기를 맞았다. 반실업연락회의 일부 구성원이 주축이 되어 "노숙생활자와 노숙에 빠질 위험이 있는 사람들의 사회적 처우 개선 및 자립을 도모할 수 있는 지역 만들기에 관한 사업을 진행함으로써 사회복지를 향상하는 것을 목적"으로 하는 특정비영리활동법인 가마가사키지원기구(特定非営利

活動法人釜ケ崎支援機構, 이하 '지원기구')라는 NPO를 설립했다.[19]

일용노동조합 위원장이자 반실업연락회 공동대표 중 한 명인 야마다 마코토 지원기구 이사장은 "당시 정부와 지방자치단체에 의한 홈리스 긴급대책사업이 시작되려던 참이었습니다. 노숙인의 실정을 제일 잘 알고 있는 우리가 그런 사업의 수용처가 되어 현장의 목소리를 반영해 시책을 담당해 가고자 했습니다. 이를 위해서는 노동조합이 아니라 법인 자격을 가진 NPO를 설립할 필요가 있었습니다"라고 지원기구의 설립 취지를 설명했다(神田誠司 2012: 99). 사회운동 네트워크였던 반실업연락회는 법인이 아니었기 때문에 1994년부터 1999년까지 사회복지법인인 오사카자강관을 위탁처로 하여 특별일자리사업을 수주했다. 2000년에 이마미야쉼터가 생길 예정이었으므로 반실업연락회는 NPO 설립을 서둘렀다.

반실업연락회의 공동대표가 각각 지원기구의 이사장(혼다 신부)과 부이사장(야마다 위원장)을 맡은 것에서도 알 수 있듯이, 지원기구는 처음부터 "노동자와 반실업연락회가 행정 투쟁을 통해 획득한 '지붕[20]과 일자리'를 사업으로 운영하여 지킴으로써 노동자에게 환원해 나가는 것을 목적으로 한 '성과의 운영 단체'로서의 색채를 농후하게 띠고 있었다(釜ケ崎支援機構 2010: 10)." 즉, 지원기구는 쉼터와 특별일자리사업의 운영을 지자체에서 위탁받아 운영하는 것에 역점을 두고 노숙인 지원사업을 본격적으로 전개하는 것을 목적으로 삼았다. 이로써 가마가사키에서의 노숙인 지원운동은 본격적으로 행정기관이 지급하는 사업비로 노숙인에게 서비스를 제공하는 방향으로 나아갔다.

19 「特定非営利活動法人釜ケ崎支援機構定款」, http://www.npokama.org/about/teikan2010.pdf (검색일: 2013. 7. 1).

20 지붕은 대형 텐트나 쉼터와 같은 임시 숙소에 대한 비유적 표현이다.

지원기구의 설립 이후에도 반실업연락회는 별도의 조직으로 유지됐는데, 노숙인 지원운동의 NPO화에 대해 반실업연락회 내부에서 이견이 표출됐다. 예를 들어 '가마가사키 고령 일용직 노동자의 일과 생활을 쟁취하는 모임'은 행정기관과의 협력으로 인해 노숙인 지원운동이 NPO 활동으로 축소될 수 있다고 우려하며, NPO 설립을 추진하는 사람들이 지자체뿐만 아니라 국회의원과도 긴밀한 관계를 맺는 것에 의문을 제기했다. 이에 대해, 지원기구 설립에 찬성하는 측은 "NPO의 설립"은 노숙인 지원운동의 목표가 아니라 "반실업투쟁의 일환"이자 "다음 투쟁으로의 통과 지점"일 뿐이라고 반박했다(青木秀男 2010: 96-99). 노숙인에게 도움이 되는 사업을 적극 실시하기 위해서는 반실업운동가들이 직접 NPO를 설립·운영할 필요가 있다는 주장은 현실적으로 설득력이 있었다.

흥미로운 사실은 반실업연락회의 활동 중에 이미 NPO로의 전환 가능성이 내포되어 있었다는 점이다. 반실업연락회는 1996년 9월 오사카부와 오사카시에 제출한 합동 요구서에서 '고령자사업단'의 필요성을 제안했다.[21] "고령 노동자의 일자리 보장을 담당하는 조직"은 "관이나 민간이 독자적으로 설립하기 어렵다." 왜냐하면 "일할 수 있는 곳을 개척하는 영업, 취업한 곳의 업무 내용에 적합한 일자리 희망자를 분배하는 인사, 채산성이 없는 일을 보완하고 일정한 자금으로 뒷받침하는 일을 모두 만족시키는 것은 관 단독으로도, 민간 단독으로도 실현하기 곤란"하기 때문이다. 따라서 반실업연락회는 고령자사업단을 민간단체가 운영하되, 고령자사업단의 "초동 체제 확립과 지속적이고 일정

21 「96年 9月 行政への要求」, http://www.npokama.org/kamamat/3web/hann/969d.htm.

한 일거리 보장, 보조금에 의한 경영 지원"을 공공기관이 담당해야 한다고 주장했다.

구체적으로 1998년 9월에 오사카부와 오사카시에 제출한 요구서에는 가마가사키 내의 빈 땅에 쉼터를 설치할 것을 제안하며, 오사카부가 "그 쉼터 이용자에게 일자리 소개 및 알선"을 담당하고 "잉크 카트리지 회수 및 재판매를 노숙인 지원 단체에 위탁해 주면, 행정에 의존하지 않고도 쉼터를 운영할 수 있다"고 적었다.[22] 즉, 지원기구를 설립하기 이전에 반실업연락회는 일자리 제공 사업과 쉼터 운영 사업을 직접 담당할 수 있다는 뜻을 표명했다.

따라서 반실업연락회에서 지원기구로의 이행은 겉으로 보이는 것처럼 단절적이지 않다. 오히려 인적인 구성만이 아니라 노숙인 지원운동의 성격에서도 연속적이다. 애초부터 반실업연락회는 행정기관에 대항하는 동시에 노숙인 문제를 풀기 위해 다양한 해결책을 제시하는 운동을 전개한 조직이었기 때문이다.

그러나 이처럼 노숙인 지원운동이 운동조직과 복지 서비스 제공조직으로 이원화된 것은 행정기관과 대결하는 기존의 운동 방식에 일정 부분 제한을 초래할 수밖에 없었다. 왜냐하면 지원기구는 노숙인에게 일자리, 쉼터 그리고 각종 서비스를 제공하기 위해 지자체의 위탁사업에 의존했기 때문이다. 역설적이게도 사회운동이 일정한 성과를 거두고 그 성과를 유지하려는 시도가 사회운동 그 자체를 일정 부분 제약한 셈이다. 지원기구의 일부 구성원도 이런 역설적 상황을 명확하게 인식하고 있었다.

22 「写真で見る98年10月」, http://www.npokama.org/kamamat/3web/hann/9810/98101.htm.

현재에도 노동조합과 반실업연락회가 (지원기구와는) 별도로 있습니다. 사적인 견해를 전제로 한다면, 일용직 노동자들이 일거리가 없어 노숙할 때는 오히려 시간이 있으므로 집회에도 참여할 수 있었습니다. 그런데 생활보호를 받아 각자의 방에서 지내기 시작하면서 모두 고립되는 경향이 나타나고 있습니다. 이런 상황에서는 운동을 만들기 어렵지요. 결집해서 일자리를 만들어 달라고 하고 싶지만, 고립된 사람들을 연결해 인간관계를 만들지 않으면 운동은 어렵습니다. 지금과 같이 NPO로서 노동자를 지원하는 사업을 하면서 공부하는 모임을 만들어 언젠가는 운동도 함께 전개할 수 있었으면 좋겠습니다. 지원기구는 노동자를 대변하는 조직이라 행정기관에 강하게 이야기할 수 없습니다. 일용직 노동자 대신에 말하는 조직이지 당사자가 아니므로 운동을 적극적으로 펴 나갈 수 없지요(지원기구 직원, 2013. 2. 15).

물론 지원기구의 설립과 동시에 반실업연락회가 행정 투쟁 스타일의 운동 방식을 포기하지는 않았다(釜ヶ崎支援機構 2010: 11-12). 앞서 언급했듯이 2002년 7월 홈리스자립지원법이 성립될 때까지 반실업연락회는 2001년 6월, 10월, 11월 그리고 2002년 1월과 6월에 전국 각지의 노숙인 지원 단체와 연대해 국회에 요구서를 제출하거나, 홈리스자립지원법의 조기 성립을 요구하는 집회를 국회나 오사카부청 앞에서 열었다. 홈리스자립지원법이 성립된 이후에도 이 법이 실질적으로 시행되기 위해서는 관계부처와 지방자치단체가 실행 계획을 수립해야 했기 때문에, 반실업연락회는 2002년 9월부터 2003년 12월까지 오사카부청 앞의 오사카성공원과 오사카시청 앞의 나카노지마공원에서 집단으로 텐트를 설치하고 야영 투쟁을 전개했다. 그러나 반실업연락회도 2003년 야영 투쟁을 끝으로 대규모 행정 투쟁을 하지 않았다.

반면 지원기구는 조직 개편을 통해 행정기관을 상대로 한 대항적 자세를 취하기보다 노숙인의 안전을 보장하기 위한 활동을 강화해 나갔다. 지원기구는 특별일자리사업 및 각종 일자리 만들기 사업을 담당하는 일자리지원사업부, 쉼터를 운영·관리하는 이바쇼지원사업부, 특별일자리사업 참여자·쉼터 이용자·기타 생활곤궁자를 위한 각종 생활상담 등을 수행하는 상담지원사업부로 이뤄져 있다.

이중 상담지원사업부는 2000년 6월부터 특별일자리사업에 참여하는 노동자 중 65세 이상인 사람들을 상담하고 생활보호를 받을 수 있도록 도와주는 역할을 맡고 있다.[23] 쉼터를 이용하는 노숙인과 특별일자리사업에 등록된 고령의 일용직 노동자를 대상으로 정기적으로 건강·치아 관리·생활 및 일자리에 관한 상담회를 열었다. 그 결과 2000년 6월부터 2001년 3월 사이에 169명의 쉼터 이용자가 지원기구의 도움을 받아 생활보호 수급자 자격을 얻어 간이숙박소를 개조한 복지아파트나 고령의 입주자에게 필요한 각종 서비스를 제공하는 직원이 배치된 서포티브하우스에 들어갔다.[24]

지원기구는 2006년 이후 특별일자리사업과 쉼터 운영을 기반으로 하여 "노숙 상태에서 벗어나기 위한 길을 다양화·확대"하는 것과 노숙 상태에서 "벗어난 이후 노숙에 되돌아가거나 고독사하지 않도록 하기 위한" 지원 활동에 힘을 쏟았다(釜ヶ崎支援機構 2010: 12). 즉, "행정 투쟁을 토대로 쟁취한 성과를 운영하는 단체"에서 "기존 제도의 간극을 메우는 다양한 지원사업을 전개하는 단체"로 조직의 성격을 재규정했다.

23 『NPO釜ヶ崎会報』第3号(2000), http://www.npokama.org/kaihou_archive.html (검색일: 2013. 7. 1). 이하에서 인용하는 2008년까지의 회보는 모두 위 사이트에서 동일한 날짜에 검색한 것임을 미리 밝혀 둔다.

24 『NPO釜ヶ崎会報』第5号(2001).

지원기구의 노력과 후생노동성 사회·원호국 보호과의 생활보호 확대 적용 방침 덕분에, 2008년 이후 생활보호를 통해 노숙 상태에서 벗어나는 노동자 수가 극적으로 늘어나 2009년도 특별일자리사업 등록자 2,236명 중 약 3분의 1 이상이 생활보호 수급자로 선정됐다(釜ケ崎支援機構 2010: 16).

지원기구는 2010년대 이후에도 노숙하거나 노숙에 빠질 위험이 있는 사람이 생활보호를 받을 수 있도록 돕는 활동을 지속했다. 지원기구가 매년 발행하는 『NPO가마가사키회보』에서 2010년대 이후 생활보호를 받는 인원수를 확인해 본 결과는 다음과 같다. 2014년 회계연도(2014. 4-2015. 3)에는 47명이 생활보호 수급자가 됐고, 2016년부터 2019년도 사이에 지원기구의 도움을 받아 생활보호 수급자가 된 수는 각각 67명, 75명, 86명, 90명으로 해마다 꾸준히 증가했다. 즉, 지원기구의 노력으로 〈그림 10〉에서 보듯, 2008년 1,000명에 육박하던 노숙인 수가 2010년에는 600명까지 줄어들었다. 이후에도 노숙인은 계속 감소해 2013년에는 500명이 됐고, 2019년에는 400명 수준을 유지하고 있다(大阪市福祉局自立支援課 2019: 11).

이처럼 상담지원사업부를 중심으로 한 지원기구의 활동은 노숙인의 생활 여건을 크게 개선하는 효과를 가져왔다. 동시에 거주지가 불분명해 행정기관이 일일이 관리하기 어려운 노숙인을 생활보호 수급자로 등록시켜 지원기구가 유동적 인구를 관리할 수 있는 존재로 만드는 것이기도 하다. 상담지원사업부의 구체적인 활동 내용을 살펴보면 다음과 같다.

상담지원사업부는 연금·주소지 설정·채무 문제 등과 관련된 상담, 생활보호 신청 준비 지원 및 관공서에 함께 가기, 오사카시립갱생상담소나 병원에서 상담원·의사·노동자 간의 의사소통 돕기 등을 수행한다. 또한, 아파트나 병원에서 생활하는 생활보호 수급자를 정기적으로 방문하여 건강 및 생활 상태를 확인한다.[25] 심지어 오랜 일용직 생활로 돈을 적절히 관리하거나 약을 제때 챙겨 먹는 생활 습관이 몸에 배어 있지 않은 생활보호 수급자를 위해 생활보호 수급비를 대신 관리하거나 복약 시간 및 여부를 일일이 챙기는 일도 한다(지원기구 직원, 2013. 2. 13).

또한 특별일자리사업 참여자나 쉼터 이용자를 대상으로 행정기관이나 의료기관과 협조해 건강검진을 진행한다. 예를 들어 오사카시 니시나리구 보건복지과와 협동하여 쉼터와 특별일자리사업 등록자를 대상으로 1년에 한 번씩 결핵 검사를 실시하고, 필요할 경우 입원 절차 등을 도와준다. 오사카부 제생회(済生会)의 지원을 받아 1년에 한 차례씩 건강검진을 하고, 오사카사회의료센터의 전문가를 초청해 건강에 관한 세미나를 개최하기도 한다. 이로써 지원기구는 고령의 일용직 노동자라는 유동적 인구집단을 관리 가능한 대상으로 포섭하고, 이들뿐만 아니라 고령의 생활보호 수급자도 '잘' 늙어 갈 수 있도록 돕는 생명관리 장치의 역할을 한다고 할 수 있다(김희경 2018; Kim 2016; Marr 2021a; Traphagan 2006).

그러나 지원기구의 활동이 행정기관과 공모해 노숙인을 생활보호 수급자로 전환함으로써 관리의 합리성을 증대시키는 효과만 갖는 것은 아니다. 지원기구는 각종 활동을 통해 사회적으로 고립되기 쉬운 사람들이 사회적 유대를 형성하고 사회의 일원으로 존재감을 확보할 수 있는 계기를 제공했다. 예를 들어 상담지원사업부는 옛날 영화를 즐기는 모임(なつかしの映画を楽しむ会)[26]이나 그라운드 골프를 즐기는 모임(グラウ

25 『NPO釜ヶ崎 会報』第6号(2001).

26 『NPO釜ヶ崎 会報』第9号(2002).

ンドゴルフを楽しむ会)[27]을 주관해 간이숙박소를 개조한 좁은 주거공간에 고립되기 쉬운 고령의 생활보호 수급자들이 서로 교류할 수 있는 장을 마련했다.

또한 이바쇼지원사업부는 2015년 개축한 아이린쉼터에 생활보호 수급자나 노숙인이 낮에도 이용할 수 있는 휴게실을 마련해 이들이 일상적으로 교류할 수 있도록 했다.[28] 그리고 이 휴게실을 이용하는 고령자와, 단신 고령 생활보호 수급자의 사회적 관계 형성을 목적으로 만들어진 히토하나센터의 이용자가 함께 음악 및 연극공연, 노래자랑대회, 각종 표현 활동 프로그램에 참여하는 장도 마련했다.[29] 즉, 쉼터는 노숙인에게 단순히 임시 거처를 제공하는 시설이 아니라 이곳을 거점으로 삼아 일하면서 노숙인 지원 활동가나 생활보호 수급자들이 함께 사회관계를 형성하는 장이었다.

특별일자리사업도 노숙인에게 일자리를 제공하는 데 그치지 않고, 이들이 재차 사회에 참여하도록 하는 데 중요한 역할을 했다(沖野充彦 2009). 이 장의 3절에서 설명한 바와 같이, 이 사업은 1994년 시작 당시부터 윤번제 번호가 가까운 사람들끼리 조별로 활동하도록 했다. 이로 인해 같은 조에 속한 구성원 간에 유대감이 형성될 수 있었다. 그뿐만 아니라 각 조에는 '지도원'이라는 책임자가 한 명씩 배정되었는데, 사업이 진행되면서 노숙인 중에서도 지도원의 역할을 맡는 사람들이 나오기 시작했다.

이런 변화를 뒷받침하듯, 특별일자리사업 참여자들을 대상으로

---

27 『NPO釜ヶ崎 会報』第6号(2001).

28 『NPO釜ヶ崎 会報』第51号(2016), 11-12쪽.

29 『NPO釜ヶ崎 会報』第53号(2018), 19-20쪽. 히토하나센터의 활동에 관해서는 이 책의 제6장에서 다룬다.

표 8. 고령자특별일자리사업의 의의 (복수 응답)

항목	2007년도 조사		2009년도 조사	
	응답자 수	비율(%)	응답자 수	비율(%)
수입을 얻을 수 있다	1054	75.3	664	84.8
일할 의욕을 유지할 수 있다	402	28.7	310	39.6
사회에 공헌/참가하고 있다는 의식을 갖는다	244	17.4	229	29.2
동료와 함께 일할 수 있다	375	26.8	296	37.8
기능을 습득할 수 있다	92	6.6	33	4.2
건강을 유지할 수 있다	375	26.8	359	45.8
기타	20	1.4	12	1.5
특별히 없다/별로 도움되지 않는다	19	1.4	7	0.9
유효 응답 수	1399	100	783	100
불명/무응답	63	4.3	38	4.6
응답 총수	1462	95.7	821	95.4

출처: 釜ヶ崎支援機構(2010: 31)

2007년과 2009년에 실시한 조사에서 "특별일자리사업에서 일은 당신에게 어떤 도움이 됩니까? 해당하는 것에 모두 동그라미를 해주세요"라는 질문에 대해, 설문 응답자 중 상당수가 특별일자리사업의 사회적 의미를 높이 평가했다(釜ヶ崎支援機構 2010: 30-31). 〈표 8〉이 보여 주듯이 참가자들은 특별일자리사업이 일할 의욕을 유지하고, 사회에 참여하고 있다는 의식을 주고, 동료와의 관계를 형성하는 데 도움이 된다고 보았으며, 이런 응답자의 비율은 2007년과 2009년 사이에 늘어났다. 노숙인은 특별일자리사업을 통해 윤번제 번호가 가까운 동료들의 안부를 확인하고 지원기구에서 각종 지원 상담을 받음으로써 사회와의 관계를 형성하고 유지해 나가는 것이다.

반실업연락회가 지원기구로 전환된 이후에도 단순히 노숙인을 위한 복지 지원 차원보다 일을 통한 사회적 관계 형성과 유지를 강조했다는 점이 중요하다. 지원기구는 일을 단지 경제적 수입을 얻기 위한 수단이 아닌 사회에 참여하는 통로로 본다는 점에서, 2000년대 이후 취업 지원 분야에서 제시된 개념인 사회적 일자리(社会的就労)를 추구한다고 할 수 있다. 사회적 일자리는 여러 가지 이유로 당장 장시간 정규직으로 일하기 어려운 사람이 지자체, 지원 단체, 기업 등의 도움으로 직업 훈련을 받으면서 순차적으로 정규직 전환을 꾀하는 고용 방식이다(筒井美紀·櫻井純理·本田由紀 2014).[30] 사회적 일자리처럼 "복지를 포함한 여러 가지 지원을 수반하는 고용과 노동을 정당한 자립의 형태로 인정"하는 것은 일을 "경제적 자립뿐만 아니라 사회적 자립을 위한 수단"이라고 간주할 때 성립한다(박지환 2017b: 191). 특별일자리사업도 일을 통해 "스스로 사회와 연결되는 방법"을 실천한다는 점에서 "사회적 일자리"를 지향하는 것이라고 할 수 있다(釜ケ崎支援機構 2010: 50).

2013년에 지원기구는 "더불어 일하는 동네, 가마가사키를 만들자(働きあいのまち､釜ケ崎を作ろう)"라는 목표를 추구한다고 밝혔다.[31] "일(仕事)"은 "노숙 상태에 있든지, 노숙에서 벗어났든지 상관없이 먹고살기 위해서나 돈을 벌기 위해 일한다는 틀을 뛰어넘어 풍부한 가치"를 지니고 있으므로, 지원기구는 "누군가를 위해 일하고 그 일의 가치를 인정받음으로써 고립으로 인한 상처를 회복"하는 것을 지향했다. 따라서 "더불어 일하는 동네"를 만드는 것은 "자립과 공조"를 위한 장과 기회를 만드는 것, 즉 "일을 통해 한 사람 한 사람의 바람이 실현되는 것을

30 사회적 일자리는 이러한 과정적 성격 때문에 중간적 일자리라고도 한다.

31 『NPO釜ケ崎 会報』 第48号(2013), 1쪽.

뒷받침하는 활동"이자 "일을 통해 사람과 사람의 연계가 강화·심화되어 가는 활동"이라고 규정했다.

구체적으로 지원기구는 55세 이상의 노숙인이 특별일자리사업을 이용하여 청소, 원예, 도색 등의 기술을 배워 독자적으로 사업을 시작할 수 있도록 장려했다. 그리고 일자리 알선 워크숍(5회)을 기획해 특별일자리사업 등록자가 노인 돌봄이나 건물 청소 등의 분야에 정규직으로 취업하도록 지원했다. 또한 55세 미만의 노동자도 취업이나 단순노동을 체험할 수 있는 회사에서 자립을 준비하도록 2018년부터 오사카부와 함께 아이린 지역 불안정 노동자 일자리지원사업(あいりん地域不安定労働者就労支援事業)도 시작했다. 그러므로 지원기구의 활동을 단순히 행정기관 대신 복지 서비스를 제공하는 역할로 축소할 수 없으며, 더 나아가 노동을 통한 자립 및 사회 교류를 추구한다고 하겠다.

한편 지원기구의 노숙인 지원운동은 지역사회 내외의 다른 주체의 공조 덕분에 진행될 수 있었다는 점도 중요하다. 예를 들어 생활보호를 신청할 때 관공서에 따라가는 일, 생활보호 수급자의 일상을 살피는 일, 그라운드 골프를 즐기는 모임과 같이 생활보호 수급자 등을 대상으로 한 프로그램 운영, 매년 연말연시에 펼쳐지는 월동투쟁에서 축제를 열고 밤마다 노숙인의 상태를 살피는 활동, 그리고 여러 가지 삶의 어려움을 겪고 있는 사람이 일할 수 있는 사회적 일자리를 만드는 것은 학생, 일반 시민, 지자체, 기업 등 다양한 주체의 참여 없이는 불가능하다.[32]

가마가사키에서 전개된 노숙인 지원운동의 NPO화는 운동의 성

32 캐럴린 스티븐스(Stevens 1997)는 일본의 3대 요세바 중 하나인 요코하마 고토부키초에서의 자원봉사활동과 노숙인의 복지 문제를 민족지적 연구를 통해 분석한 바 있다.

격을 변형시키는 동시에 새로운 형태의 운동을 만들어 냈다. 다시 말해 행정기관과의 투쟁을 통해 쟁취한 노숙인 지원사업을 체계적으로 운영하기 위해 설립한 NPO는 행정기관과 협력 관계를 유지하며, 노숙인이라는 유동적인 인구를 적은 비용으로 관리해 주는 역할을 담당했다. 이로써 반실업운동이 행정기관을 대신해 노숙인을 관리하며, 행정기관에 노숙인의 입장을 대변하는 역할에 머무르게 됐다고도 할 수 있다. 즉, NPO의 운영자가 되는 순간, 반실업운동가들은 예전처럼 "당사자가 아니므로 운동을 적극적으로 펴 나갈 수 없는" 처지에 놓인 것이다.

그러나 이것을 운동의 쇠퇴 혹은 서비스 제공자로의 전락이라고 평가 절하할 수는 없다. 이런 식의 평가는 특정 형태의 운동만을 이상적인 것으로 상정하고, NPO의 역할을 이분법적으로 사고하는 데서 기인한다. 반실업연락회의 공동대표였고 현재는 지원기구의 이사장인 야마다 마코토(山田實 2009: 48)가 말하는 것처럼, 사회적 노동을 창출하기 위해서는 사회운동도 모든 것을 국가에 맡기는 "기존 형식의 조치와 의존형 관계"에서 벗어나, "어떤 시스템을 만들면 좋을지 제시"하고 이에 대한 합의를 도출하기 위해 "옳은지 나쁜지와는 별도로 지방자치단체나 국가와 어느 정도 밀고 당기기"를 할 필요가 있다. 그러므로 지원기구의 노숙인 지원 '활동'도 '운동'의 한 형태라고 평가할 수 있다.

특히, 지원기구의 '운동'은 새로운 사회적 관계와 주체를 형성하여 그에 의존한다는 점에서 그렇다. 복지 제도를 통해 단순히 노숙에서 탈피하는 것에 머물지 않고, 생활보호 수급자가 여가 활동을 통해 관계를 맺도록 하거나 노숙인 스스로가 일자리사업을 통해 자립의 기반을 만들고 사회관계를 유지하도록 지원했다. 단, 이 모든 활동은 일용직 노동자나 노숙인들만의 힘이 아니라 이들을 뒷받침하는 다양한 주체의 참여와 도움이 있었기에 가능했다. 따라서 지원기구는 노숙인이 자기 삶의 당사자가 될 수 있도록 도와주는 운동조직이라고 규정할 수 있다.

5. 공공성의 재구성과 주체성

1990년대 이후 가마가사키의 노숙인 지원운동은 경제성장의 종언이라는 사회경제적 조건과 고령의 일용직 노동자가 노숙인이 되어버린 인구학적 조건 때문에 이 인구집단에 대한 최적의 안전장치도 변화할 수밖에 없는 상황에서 시작됐다. 경제가 발전하는 동안에는 실업급여 지급과 임금인상 투쟁이 일용직 노동자를 위한 효과적인 안전장치일 수 있었지만, 경기가 침체하며 다수의 일용직 노동자가 한꺼번에 노숙인이 된 상황에서는 새로운 안전장치가 필요했다.

새로운 안전장치를 창출하는 과정에서 노숙인 지원운동의 역할이 컸음은 분명하다. 그러나 이 과정에서 운동의 존재 양태 및 운동과 행정의 관계가 변한 것도 사실이다. 이러한 변화는 NPO화에 따른 노숙인 지원운동의 탈정치화로 간단하게 정리할 수 없다. 오히려 가마가사키 노숙인 지원운동의 변형을 2000년대 이후 일본의 사회운동에서 나타난 새로운 흐름, 즉 지배적인 공공권에서 배제된 소수자를 위해 친밀권적(親密圈的) 성격을 갖는 대안적 공공권(alternative publics)을 만드는 실천 중 하나로 이해할 필요가 있다.

사이토 준이치(2009: 31)에 따르면, "공공적 공간은 열려 있음에도 불구하고 거기에는 언제나 배제와 주변화의 힘도 작용한다." 소득, 인종, 성별에 따른 법적 제한을 통한 공식적·제도적 배제뿐만 아니라 시간 여유의 차이, 적합한 주제에 대해 적절한 발화 방식으로 이야기할 수 있는 능력의 차이 등에 의한 비공식적 배제도 일어날 수 있다. 이처럼 지배적인 공공권에서 배제된 사람들에게는 "소수자로서 자신들을 이해하고 자신들의 공공권을 만들어 내기 위한 최소한의 자원, 즉 타자의 존재가 결여되어 있다."(39) 따라서 이들의 목소리가 사회에 들리기 위해서는 "자신이 이야기하는 의견에 다른 사람들이 귀를 기울여 준다는 경험, 적어도 자신의 존재가 무시되지 않는다는 경험"이 필요하며, 이런 경험을 가능하게 하는 "대항적 공공권의 대부분은 그것을 형성하는 사람들의 구체적인 삶/생명을 배려하는 친밀권적인 성격"(37)을 갖는다.

1990년대 이후 일본의 커뮤니티유니언운동은 바로 친밀권적 성격을 갖는 대안적 공공권 만들기의 한 예다(이진경·신지영 2012; 橋口昌治 2011). 고전적인 의미의 산업노동자가 아니라 니트나 프리터와 같이 불안정한 고용 상태에 있는 청년 비정규직 노동자나 따돌림을 경험한 사람, 자살 시도 경험자와 같이 여러 가지 이유로 노동시장에 쉽게 들어가지 못하는 각양각색의 사람들이 커뮤니티유니언에 도움을 청하러 온다. 따라서 1990년대 생겨난 커뮤니티유니언은 조합비를 받아 노동조합을 운영하는 동시에 조합비조차 낼 수 없거나 정신적인 어려움을 겪는 사람들이 일을 시작하기 전에 우선 자립할 수 있도록 돕는 NPO를 별도로 운영하고 있다.

가마가사키의 노숙인 지원운동도 마찬가지다. 지원기구와 그 주변에서 활동하는 주체들은 거리와 공원에서 사회와 절연된 채 살아가는 고령의 노숙인과 비좁은 방에서 온종일 혼자 지내는 생활보호 수급자와 같은 사람들이 사회와 연결될 수 있는 장을 만드는 작업을 하고 있다. 즉, 가마가사키 노숙인 지원운동에 참여하는 주체는 노숙인·생활보호 수급자의 말과 행동이 이해되고 들리고 가시화되는 공적인 공간을 만드는 작업, 나아가 이들이 사회 속에서 자립할 수 있는 조건을 창출하는 활동을 펼친다는 점에서 친밀권적 공공권을 만드는 정치적 실천을 전개하고 있는 셈이다.

이런 맥락에서 지원기구의 노숙인 지원운동이 여전히 일을 통해 "스스로 사회와 연결되는 방법"을 강조한다는 점은 중요하다. 나이 든 노숙인이 생활보호 제도를 이용해 노숙에서 탈피할 수 있게 도와주는 것이 2000년대 이후 지원기구의 기본 역할이었다. 그러나 지원기구는 생활보호 수급자가 복지 급여에 의존하면서 오히려 사회적으로 고립된다는 사실과 가마가사키의 노숙인 중 상당수는 일할 의지를 갖고 있다는 점을 고려해 "가벼운 일거리를 제공하고 공익성 있는 사회적 일자리의 장을 토대"로 삼아 노숙 상태로 생활하는 사람이 자립할 수 있는 길을 모색해 왔다.[33]

지원기구 운동의 이런 지향성이야말로 국가와 사회의 관계가 일방적이지 않도록 하며, 노숙인이 대안적 공공권의 지원 대상에서 나아가 주체로 일어설 수 있는 근거가 된다. 즉, 개인이 행정기관에게 단순히 생활보호를 받는 존재 혹은 특별일자리사업에 참여해 일당을 받는 존재에 머문다면 그들은 국가와 사회 간의 의존적 관계에서 벗어날 수 없고 NPO도 운동조직으로서 힘을 발휘할 수 없다. 각 개인은 사회와 연결되고자 특별일자리사업이든 각종 취미활동 모임이든 능동적으로 참여하려고 노력할 필요가 있다. 따라서 지원기구의 운동은 단지 국가와 사회 차원의 구조적 변화뿐만 아니라 개인의 주체화, 다시 말해 "권력관계에서 벗어날 수 없는" 각 개인이 "가능한 한 지배 상태에서 벗어나 권력의 게임을 할 수 있게 해 주는 윤리"를 획득할 것을 요구하는

33 「あいりん高齢者日雇労働者特別清掃事業登録者及びシェルター利用者 就労希望アンケート回答単純集計解説」, 5쪽, http://www.npokama.org/PDF/work_questionnaire2018.pdf (검색일: 2020. 7. 2).

셈이다(Foucault 2003: 40).

그러나 주의할 점은 노숙인이 “스스로 사회와 연결되는 방법”을 획득해야 한다는 것이 자기책임의 논리를 정당화하는 것은 아니라는 사실이다. 오히려 지원기구의 노숙인 지원운동이 시사하는 것은 그런 방법을 갖는 일이 혼자 힘으로는 불가능하다는 것을 보여 준다. 노숙인에게 최소한의 일자리와 거처를 제공해 주는 사회운동가, 특별일자리사업에서 함께 참가하며 유대의식을 갖게 된 동료 노동자, 쉼터에 머무는 노숙인을 상대로 생활보호를 권유하고 그것을 받을 수 있도록 도와주는 NPO 직원, 생활보호를 받은 이후에도 고립되지 않도록 각종 모임을 꾸리는 지역활동가가 없다면, 노숙인과 생활보호 수급자는 자립할 수 없다.

“자기 배려(the care of the self)”는 “자기 자신을 아는 것”일 뿐만 아니라 “다른 사람과의 관계를 맺는 데 요구되는 행동 규칙을 아는 것”이다(Foucault 2003: 29–30). 즉, 자기 배려는 그 자체로 “윤리적”이다. 자기 배려가 발달하는 과정에서 타인에 대한 배려를 포괄하게 되기 때문이다. 가마가사키에서 전개된 노숙인 지원운동은 개인의 주체화를 요구하지만, 이로써 자기책임의 논리를 강요하는 것이 아니라 다른 사람들과의 공동 노력을 통한 주체화를 지향한다. 그러므로 이것은 “일할 기회와 장”이라는 공적인 장을 만들어 사회적 관계를 생성함으로써 공조하면서 자립할 수 있는 삶의 방식을 창조하는 운동이라고 할 수 있다.

제4장

마을 만들기와 시민공간의 형성

「일본 도시 하층 지역 마을 만들기의 성립과 그 의의: 참여민주적 시민공간의 형성」, 『국제·지역 연구』 23(3), 2014, 131-159쪽을 개고하여 수록했다.

1. 마을 만들기 '사업' 혹은 '운동'

2000년대 들어 한국에서도 마을 만들기에 관한 관심이 부쩍 높아졌다. 2000년을 전후한 시기부터 마을 만들기에 관한 책이 본격적으로 출판되기 시작했다는 점에서도 이를 알 수 있다(도시연대 마을만들기센터 2000; 서울시정개발연구원 1999). 현재는 서울시를 위시한 여러 지방자치단체가 마을 만들기에 관심 있는 조직과 개인을 지원하는 각종 '사업'을 실시하고 있다. 즉, 한국 사회에서 마을 만들기는 관심 단계를 넘어 실행 단계로 이행되고 있다.

그러나 행정기관이 마을 만들기 '사업'을 장려하는 것은 주민참여라는 이름으로 주민이 기업가적 주체가 되어 지역사회의 문제를 스스로 해결하도록 요구하는 신자유주의적 통치 전략의 일환이라는 비판이 제기된다. "마을공동체 만들기 과정에서 주민은 창의적이고 독립적이며 자기 주도적인 대상으로 그려지지만, 그것은 어디까지나 정부가 미리 정해 놓은 가이드라인과 교과 과정의 울타리 안에서만 가능한 것"이고, "마을공동체 만들기 사업"은 국가가 시민사회에 축적된 지식을 전유해 "더욱더 치밀하고 촘촘하게 엮어지는 통치 기술을 구성할 수 있는 밑거름을 제공하는" 역할을 하는 데 불과하다는 것이다(박주형 2013: 27, 37). 따라서 마을 만들기를 수행하는 공동체 활동가는 "포트폴리오 가치의 관리자로서 인적 자본의 논리를 공동체 수준까지 확장"하는 "마을 기업가"가 된다(이승철 2020: 138).

그러나 한국이 주로 참조한 일본의 마을 만들기 경험에 주목하면, 마을 만들기의 성격을 다른 관점에서 이해할 수 있다. 일본에서는 마을 만들기를 지역주민의 참여를 강조하는 동시에 행정기관과 시민단체를 포함한 여러 주체 간의 협력 관계를 통해 진행되는 지역사회 개선 활동으로 간주한다.[1] 일본건축학회(日本建築学会 2004: 3)가 마을 만들기 교과서 제1권으로 출판한 『마을 만들기의 방법』에서 마을 만들기는 "지역사회에 존재하는 자원을 기초로 하여 다양한 주체가 제휴·협력해 근린 주거환경을 점진적으로 개선하고, 마을의 활력과 매력을 높이며, 생활 수준의 향상을 실현하기 위해 전개하는 일련의 지속적인 활동"이라고 정의된다. 즉, 지역사회로부터의 상향식 참여("지역사회에 존재하는 자원을 기초로")와 여러 주체 간의 협동("다양한 주체가 제휴·협력해")이라는 두 가지 원칙이 동시에 강조되고 있다.

하지만 일본에서 마을 만들기가 "지역자치조직도 시야에 넣는 공치(共治) 사회 시스템"으로 자리 잡게 된 것은 마을 만들기 과정에서 이루어진 "다양한 실천과 시행착오를 통해 산출된" 결과다(日本建築学会 2004: 7). 일본의 마을 만들기는 고도 경제성장기에 발생한 각종 환경문제와 행정기관에 의한 개발 중심 도시계획에 대항하는 상향식 주민운동으로 시작됐다(김찬호 2000). 예를 들어 주민 참여적 마을 만들기의 원형이라고 할 수 있는 고베시 마노지구(真野地区)의 마을 만들기는 지구 내 공장에서 발생하는 매연, 악취, 폐수 등 환경문제를 해결하도록 행정기관에 요구하는 공해반대운동에서 시작됐다(김진범 2008). 1980년대 초에 고베시와 도쿄 세타가야구(世田谷区) 등에서 마을 만들기 조례

1 국내 연구에서 일본의 마을 만들기를 물리적 주거환경 개선 활동으로 이해하는 경우가 많고, 일본 마을 만들기의 사회운동적 성격을 규명하는 연구는 드물다(김중섭 2013; 김찬호 2000). 마을 만들기에 주민참여가 이루어지는 과정을 상세하게 분석한 연구는 거의 없다(김영주·박남희 2012). 다만 일본의 마을 만들기 사례를 소개한 번역서에서 주민참여 과정을 상세히 다룬 경우가 있다(나가사와 세이지 2009; 니시무라 이치로 2013). 이 때문에 일본의 마을 만들기가 가진 주민운동으로서의 성격을 충분히 이해하지 못한 것이 사실이다. 그 결과 일본 마을 만들기의 경험을 한국에 적용하는 과정에서 마을 만들기를 '사업'으로만 간주하는 문제가 나타나고 있다.

가 일찌감치 제정된 것도 1960년대 말부터 축적되어 온 경험으로 시민사회와 지방자치단체 사이에 상호협력적인 마을 만들기에 대한 일정한 공감대가 형성됐기에 가능했다(Watanabe 2007).

특히 1990년대 이후 마을 만들기가 활성화된 데에는 중앙정부 관료들의 비리와 한신·아와지대지진에 대한 정부의 부적절한 대처 등으로 중앙정부가 공익의 합법적 담지자라는 믿음이 무너진 탓이 크다(Sorensen 2007). 이에 반해 시민사회가 도시 거버넌스의 핵심 행위자가 되어야 한다는 믿음이 커지면서 시민과 지자체가 협력하는 마을 만들기의 방식이 자리 잡게 됐다.

이 장에서는 가마가사키 마을 만들기에서 중추적 역할을 담당한 가마가사키 마을 재생포럼(釜ケ崎のまち再生フォーラム, 이하 재생포럼)과 가칭 하기노차야 마을 만들기 확대회의(仮称 萩之茶屋まちづくり拡大会議, 이하 하기노차야확대회의)의 활동을 상세하게 기술할 것이다.[2] 그리고 오사카시가 제안한 재개발사업인 니시나리특구구상 사업의 진행 과정에서 가마가사키의 마을 만들기를 주도해 온 주체들이 어떤 역할을 했는지를 구체적으로 검토할 것이다. 이 사례는 1990년대 이후 변화된 정치경제적 조건에서 대두된 마을 만들기의 특징인 지역사회와 행정기관 사이의 협력 관계를 잘 보여 주고, 지역사회가 여러 주체로 분열되어 집합적 활동이 어려웠던 도시 하층 지역에서 마을 만들기를 통해 사회적 연대가 형성되는 과정도 보여 준다. 따라서 이 장에서는 가마가사키 마을 만들기의 전개 과정을 통해 일본 사회에서 마을 만들기가 참여민주적 시민공간을 형성하는 데 이바지하는 주민운동임을 밝힐 것이다.

2 전홍규(2004), 고다마 도루(2004)도 가마가사키의 시민단체들이 전개한 활동을 노숙인 지원이라는 맥락에서 다루고 있으나, 이 장에서 시도하는 것처럼 마을 만들기의 정치적 의미를 본격적으로 고찰하고 있지는 않다.

2. 마을 만들기 주체의 형성

2000년을 전후로 가마가사키에서 마을 만들기 운동이 시작된 배경을 이해하기 위해서는 제2장에서 다룬 1960년대 중반부터 가마가사키에 적용된 인구·도시 거버넌스 정책이 이 지역에 초래한 영향과 제3장에서 다룬 1990년대 이후 일용직 인력시장에서 일어난 사회경제적 변화를 동시에 고려해야 한다.

첫째, 가마가사키를 슬럼에서 남성 중심의 일용직 인력시장으로 재편한 결과, 유동 인구가 지역사회 구성원의 다수를 차지하게 됐다. 건설업 일용직 노동의 특성상 가마가사키의 노동자들은 항상 전국의 공사 현장을 돌아다니며 일했다. 가마가사키에 일용직 노동자를 고객으로 하는 간이숙박업자나 상점주 그리고 일반주택 소유자와 같은 정주 인구가 존재했지만, 이들은 소수에 불과했다. 단적인 예로 2011년 오사카시자치회의 평균 가입률이 71%인 데 비해, 가마가사키의 일부인 하기노차야연합진흥자치회(萩之茶屋連合振興町会)의 가입률은 6.4%에 불과했다(寺川政司 2012). 일본의 지역사회에서 자치회가 갖는 위상을 고려하면(Bestor 1989) 가마가사키의 상황은 매우 이례적이다.

둘째, 지역사회를 구성하는 주체들이 분열되어 있었다. 특히, 노동자·노동조합·노동자 지원 단체와 간이숙박소업주·상점주·주택 보유자(=좁은 의미의 '지역주민')가 서로 대립했다(原口剛 2011a: 28-29). 일용직 노동자는 건설 노동으로 번 돈을 이 지역의 음식점이나 숙박업소에서 소비하는 최대 고객이었지만, 돈이 없으면 언제든지 쫓겨나는 외부인 취급을 받았다(丹羽弘一 1993). 1960년대 '폭동'이 일어났을 때 음식점이나 간이숙박소가 종종 방화 대상이 된 것도 이 때문이었다.

그러나 '폭동'은 가마가사키에 대한 부정적 이미지를 양산했고, '지역주민'은 외부의 차별적 시선을 경험해야 했다. '지역주민'은 주소지가 가마가사키라는 이유만으로 결혼이나 취직할 때 거절당하는 일도 겪었다고 한다(하기노차야 제6자치회장 니시구치 무네히로, 2013. 2. 16). 게다가 자치회도 제대로 조직되지 않은 정치적 소수자에 불과했다. 따라서 일본의 여느 지역사회와는 달리, '지역주민'으로 구성된 자치회보다 노동조합과 노동자 지원 단체가 지역사회 내·외부에서 더 큰 영향력을 행사했다. '지역주민'의 입장에서 노동자와 노동자 지원 단체는 지역에 대한 부정적 이미지를 생산할 뿐만 아니라 자신들을 지역사회에서 소외시키는 존재였다.

주의할 점은 일용직 노동자를 지원하는 조직들도 결코 통일되지 않았다는 사실이다. 일용직 노동자의 고용 조건을 개선하는 데 초점을 맞춘 단체(노동조합)와, 언제든지 노숙인으로 전락할 수 있는 일용직 노동자의 생존 문제를 해결하는 데 매진하는 조직(가톨릭 계열의 노숙인 지원 단체)으로 나뉘었다. 즉, 일용직 노동자에게 우호적인 세력조차도 분열된 상태였다. 이처럼 지역사회를 구성하는 주체의 유동화와 분열로 인해 가마가사키는 지역사회 구성원의 협력이 필수인 마을 만들기를 실현하기 어려운 지역이었다.

그러나 제3장에서 설명한 것처럼 1990년대 초부터 고령의 일용직 노동자가 대거 노숙 상태에 빠지면서 행정기관과 협력 관계를 통해 진행되는 노숙인 지원운동이 탄생했다. 1960년대 반공해운동에서 비롯된 마을 만들기가 온갖 시행착오 끝에 행정기관과 공동으로 지역사회의 문제를 해결하려는 여건을 만들었다면, 가마가사키에서는 마을 만들기가 본격적으로 시작되기 이전에 이미 사회운동단체와 지방자치단체 간 "공치의 사회 시스템"이 어느 정도 작동하기 시작한 셈이다.

다만 이러한 변화는 가마가사키에서 마을 만들기가 등장할 수 있

었던 필요조건일 뿐, 실제로 마을 만들기는 이를 실천할 주체가 나와야 가능하다. 가마가사키에서 이런 역할은 가마가사키 거주문제 간담회(釜ケ崎居住問題懇談会, 이하 거주문제간담회)라는 모임이 맡았다(ありむら潜 2000: 93). 거주문제간담회는 인간다운 생활을 영위할 수 있도록 노숙인에게 최소한의 주거를 보장해야 한다는 취지에서 국제연합의 인간 거주회의 HABITAT 2에서 제기된 내용을 공부하는 모임으로, 1997년 10월에 결성됐다. 거주문제간담회의 사무국장을 맡은 아리무라 센은 "1998년 오사카시의 노숙인 수가 8,660명이라고 처음 밝혀졌다. 정말 완전히 깜깜한 가운데 어떻게든 이 상황을 타개해 보자는 뜻에서 지금까지와는 다른 좌표를 제시하지 않으면 안 되기에 마을 만들기로 타개해 가자"라고 가마가사키의 노숙인 문제에 관심 있는 사람들이 뜻을 모아 거주문제간담회를 조직했다고 밝혔다(西成区役所 2012: 18).

니시나리노동복지센터의 직원이자 가마가사키 노동자를 캐릭터로 삼아 만화를 그리는 작가이기도 한 아리무라 센 외에, 니시나리노동복지센터의 다른 직원, 주택문제 및 마을 만들기 전문가, 오사카시 공무원 등 10명이 거주문제간담회에 참여했다. 그리고 1999년 초에는 간이숙박소조합의 젊은 경영자들이 노숙인 문제 해결에 간이숙박소를 이용하자는 거주문제간담회의 제안에 관심을 가지고 이 모임에 연락을 취했다. 이를 계기로 일부 간이숙박소 경영자도 거주문제간담회에 합류하면서 그동안 대립 관계에 있던 운동·지원 단체 관계자와 간이숙박소 업주 사이에 역사적 화해가 이루어졌다(水内俊雄 2007: 22).

간이숙박소의 빈방을 노숙인 주거 지원에 활용하자는 제안은 1998년 거주문제간담회가 노숙인 문제의 긴급 대책으로 제시한 "거주의 사다리론(居住のはしご論)"의 일부분이다. "거주의 사다리론"이란 "노숙인 문제의 해결 원칙은 주거정책의 근본적인 전환이지만, 지금은 긴급 사태이므로 시설이나 재택형 등 여러 가지 주거 자원을 활용해 노숙 생활에서 다음 단계로 나아가도록 하자"는 제안이었다(小椋旭·ありむら潜·西口宗広·加美嘉史 2008: 32). 나아가 거주문제간담회는 노숙인에게 주거공간을 보장하는 활동이 "단지 노숙인 문제[에 대한 대책으로]만이 아니라 나이가 들어서도 계속 살아갈 수 있는 마을 만들기와 일체되어야 한다"고 주장했다. 왜냐하면 노숙인이 "집에서 생활하는 것으로 끝나는 것이 아니라 사실은 그 이후의 생활 과제, 지역복지의 과제가 많이 있기" 때문이다. 즉, 가마가사키의 마을 만들기는 고령의 노숙인이 주거를 확보하도록 돕는데 머물지 않고 이들과 지역사회의 다른 구성원이 공생할 수 있는 사회적 시스템을 지역사회의 차원에서 구축하는 것이어야 한다고 본 것이다.

1999년 5월 거주문제간담회와 간이숙박소조합은 "거주의 사다리론"을 구체적으로 실현할 긴급 대책으로 '간이숙박소 빈방 2,000실 활용계획(簡易宿泊所空き室2000室活用プラン)'을 오사카시에 제안했다. 이것은 오사카시가 간이숙박소의 빈방 2,000실을 임대해 노숙인이 자립하기 전까지 중간적 거주 시설로 그들에게 제공하자는 방안이었다. 그러나 오사카시는 간이숙박소 업주에게만 혜택이 돌아갈 수 있는 제도를 시행하는 것은 논란의 소지가 있으며, 이 제도를 도입하면 실업자가 오사카시에 몰려들거나 같은 숙박시설에 유·무료 이용자가 동시에 거주하는 등의 문제가 발생할 수 있다는 이유로 이를 받아들이지 않았다(小椋旭·ありむら潜·西口宗広·加美嘉史 2008: 33).

이후에도 거주문제간담회는 노숙인·간이숙박소 업주뿐만 아니라 지역공동체의 다른 주체들도 공감할 수 있는 마을 만들기의 방법을 찾기 위해 노력했다. 이를 위해 1999년 10월에 마을 만들기 광장(まちづくりひろば, 이하 광장)이라는 모임을 조직했다. 1999년 12월에는 광장을 지

역 내 다양한 주체가 마을 만들기의 새로운 비전을 수립하는 데 참여할 수 있는 공론장으로 정립하기 위해 거주문제간담회를 발전적으로 해체하고 재생포럼을 출범시켰다.

이후 재생포럼은 매월 두 번째 화요일에 광장을 개최해 가마가사키를 사회적 약자를 포용하는 지역공동체로 만드는 방안을 모색해 나갔다.[3] 광장을 운영하는 데 특기할 만한 점은 지역사회 내 각 조직에 존재하는 장벽을 극복하고 다양한 주체의 의견을 수렴하기 위해 누구나 개인 자격으로 광장에 참여할 수 있도록 한 것이다. 이로써 재생포럼은 지역사회가 분열된 가운데 "중립적 입장에서 여러 단체나 개인을 연결하는 지역 코디네이터"로서의 역할을 맡았다(ありむら潜 2000: 93-94). 재생포럼이 지역사회 내외의 다양한 주체('지역주민', 노동자, 자원봉사 활동가, 연구자, 행정기관, 기업)와 연대하면서 가마가사키 전체의 재생을 통해 노숙인의 주거 문제도 해결하고자 한 점은 재생포럼의 운영 규칙(2004년 9월 14일 개정) 제3조에도 잘 드러난다.

> 가마가사키 지역(아이린지구)에서 지역주민을 중심으로 한 커뮤니티 재생의 마을 만들기를 지원한다. 한 사람 한 사람의 생활 및 주거에 대한 지원과 지역 전체의 거주환경을 향상·지원하는 두 가지를 모두 추구한다. 특히 실현 과정에서 이 지역에 살거나 일하고 경영 활동을 하는 사람들, 자원봉사 활동을 하거나 조사연구를 하는 사람들처럼 다양한 사람이나 단

---

3 광장은 2021년 7월 현재 모두 219회 개최됐다. 이 수치는 논의해야 할 중요한 사안이 있을 때마다 임시로 개최된 것까지 포함한 것이다. 예를 들어 재생포럼은 2015년 3월에 광장 제200회 개최 기념행사를 열었다. 이후에는 니시나리노동복지센터를 퇴직한 아리무라 사무국장에게 더는 부담을 주지 않기 위해 광장을 부정기적으로 개최하게 됐다.

체들 사이의 광범위한 협동을 만들어 내는 것을 중시한다. 또한 행정이나 기업과의 파트너십을 추구함으로써 주민의 생활과 마을의 재생에 충분한 지원 체제를 만드는 데 공헌한다.[4]

2000년부터 재생포럼은 "나이 들어서도 혼자서도 계속 살 수 있는 마을 만들기(老いても一人でも住み続けられるまちづくり)"를 위한 중기 대책을 제안하고 이를 실천에 옮겼다. 그중에는 거주의 안정화를 위해 서포티브하우스를 늘려 가는 것도 포함됐다(藤田忍 2004). 2000년대 이후 간이숙박소 업주는 투숙객이 감소하자 이곳을 생활보호 수급자 대상의 복지아파트로 많이 전환했다. 서포티브하우스는 기존의 간이숙박소를 아파트로 용도 변경하고 고령의 생활보호 수급자가 입주토록 한다는 점에서 복지아파트와 같지만, 입주자를 위한 돌봄 서비스 시스템을 갖춘 주거시설이라는 점에서 복지아파트와 구분된다. 현재 가마가사키에는 이런 식의 서포티브하우스 8곳이 운영되고 있다.

서포티브하우스는 일정 수의 직원이 24시간 근무하며 입주자의 안부 확인, 생활 상담, 금전 관리, 투약 관리, 통원·입원 시 동반, 장기요양보험 가입 설명 및 지원 등의 서비스를 제공한다. 서포티브하우스 오하나(おはな)[5]를 운영하며 하기노차야 제6자치회 회장도 맡은 니시구치 무네히로는 운영하던 간이숙박소 중 한 곳을 서포티브하우스로 전환한 과정을 연구자에게 다음과 같이 설명했다.

---

4 「釜ケ崎のまち再生フォーラム 運営ルール」, http://www.kamagasaki-forum.com/ja/index.html (검색일: 2014. 9. 21).

5 "하와이 말로 가족을 의미"하며 "지역에서 고립되지 않고 함께 생활할 수 있는 집이 되었으면" 하는 경영자의 의지를 담고 있다. 「地域と、おっちゃんたちのために。変わりゆく街の変わりない心 新今宮の簡易宿所〈福祉アパート編〉」, https://shin-imamiya-osaka.com/feature/004/ (검색일: 2022. 7. 8).

오하나는 간이숙박소였던 호텔·선(ホテル·サン)을 2000년 11월에 바꿔 개장한 곳입니다. 2000년 6월경에 아리무라 씨가 호텔로 찾아와서 "객실이 텅 비어 있죠. 그러니까 간이숙박소를 복지아파트[6]로 바꾸지 않겠어요?"라고 말했어요. 처음 보는 사이에 무슨 실례냐 싶어서 화를 내며 돌려보냈습니다. 그런데 아버지가 아리무라 씨는 가마가사키를 위해 여러 가지로 생각하는 사람이라며 재생포럼 이야기를 해 주었습니다. 재생포럼에 나가서 이야기를 들어 보고 바로 [간이숙박소를 서포티브하우스로] 전환하기로 결심했습니다. 간이숙박소를 복지아파트로 개조하기 위해 2000년 8월까지 투숙객을 전부 내보냈어요. 나중에 복지아파트로 문을 연 후에도 기존 투숙객이 들어온 경우가 많았습니다만, 오하나를 열어야겠다고 생각했던 것은 당시만 해도 노숙인이 [주소지를 확보하지 않으면] 생활보호를 받는 것이 어려웠기 때문입니다. 보증금과 사례금이 있었던 시절이었는데 오하나를 열면서 그걸 받지 않는 걸로 했습니다. 보증인도 마찬가지고요. 노숙인에게 보증인이 있을 리가 만무하잖아요. 또 생활보호를 받는 사람 중에는 금전 관리를 잘 못하는 사람도 있고, 정신적인 문제를 겪고 있는 사람도 있으니까 이런 사람들을 지원하기 위한 직원도 필요하겠다 싶었죠. 게다가 일용직 노동자들은 원래부터 관공서를 싫어해요. 생활보호를 신청하려면 관공서에 가야 하는데, 관공서에서 하는 말을 잘 못 알아들으니까 신청할 때 통역관인 양 그들을 따라가기도 했죠. 이런저런 상황이라서 생활보호를 신청한다고 그들 대신 시청 직원에게 설명해 주는

6 이 인용문에서 사용된 복지아파트는 서포티브하우스를 의미한다. 서포티브하우스가 생기기 시작했던 2000년대 초에는 아직 숙박업소에서 주거용 아파트로 전환한 간이숙박소가 많지 않았기 때문에 복지아파트라고 말하는 것만으로도 간이숙박소와 구분할 수 있었다. 니시구치가 인터뷰 시점에도 복지아파트라는 표현을 사용하는 것은 이런 이유 때문이라고 생각한다.

거죠(니시구치 무네히로, 2013. 2. 16).

또한 재생포럼은 마을 만들기에 참여하는 사람들의 외연을 확대하기 위해 노력했다. 무엇보다도 일용직 노동자·노숙인과 '지역주민' 사이의 관계를 재정립하기 위해서는 자치회와의 관계를 개선할 필요가 있다고 판단했다. 이를 위해 2002년 재생포럼에 이미 참여하고 있었던 니시구치는 서포티브하우스 오하나가 위치한 지역의 자치회를 재건하고 자치회 회장으로 취임했다. 니시구치의 적극적인 노력으로 지역 내 어린이집과 가톨릭 계열 보육시설의 운영자 및 아이들, 그리고 서포티브하우스에 거주하는 고령자 사이에 우호적인 관계가 형성됐다. 서포티브하우스 거주자들이 어린이집의 행사 준비를 도와준 것을 계기로 노숙을 경험한 생활보호 수급자가 '지역주민'인 아이들의 보호자와도 관계를 맺게 됐다.

나아가 재생포럼은 니시구치가 속한 자치회와 그 주변 자치회까지 포함해 홈리스자립지원법을 공부하는 모임을 조직했다. 이 모임의 활동 결과로 재생포럼은 2003년 7월에 노숙인 자립 지원에 관한 의견서를 발표했다. 니시구치는 이 활동의 결과를 다음과 같이 평가했다. "이렇게 공부하기 전에는 노숙인이 우리 동네에만 없으면 괜찮다고 생각하는 사람들이 많았죠. 하지만 [노숙인이] 이곳에서 사라지더라도 결국 다른 곳으로 옮겨 노숙하는 것뿐이잖아요. 연구회를 통해 공부하면서 주변 자치회의 회장들도 의식을 지니게 되었어요. 저는 노동자 대표 자치회장이라고 불릴 정도였죠.(2013. 2. 16)" 즉, 재생포럼은 광장에서 개인적으로 형성된 인간관계를 통해 기존 조직 간의 장벽을 극복하고 지역사회의 여러 주체로 관계를 확대해 나갈 수 있었다.

그러나 아리무라에 따르면 "광장 모임을 통해서는 여전히 행정과 관계가 이어지지 않아서, 시민 활동으로 마음대로 할 뿐인 것 같은 면이 있었다(西成区役所 2012: 20).” 그래서 재생포럼은 하기노차야초등학교·이마미야중학교 주변 마을 만들기 연구회(萩之茶屋小学校·今宮中学校周辺街づくり研究会, 이하 하기노차야연구회)와 공동으로 지역공동체의 방재 계획을 수립하는 일에 참여하기로 했다. 하기노차야연구회는 하기노차야 연합진흥자치회와 하기노차야 사회복지협의회가 2005년부터 2009년까지 오사카시 계획조정국의 마을 만들기 활동 지원을 받아 운영한 마을 만들기 모임이므로(西成区役所 2012: 4) 이를 계기로 재생포럼도 행정기관과 접점을 만들 수 있겠다고 기대했기 때문이다. 자치회와 사회복지협의회가 공공기관은 아니지만, 일본 지역사회에서 관공서와 밀접한 관계를 유지하며 활동하는 단체라는 점에서(박승현 2018) 재생포럼이 하기노차야연구회와 결합한 것은 중요한 의미를 지녔다.

하기노차야연구회도 재생포럼을 통해 일용직 노동자·노숙인과 접점을 만들 필요가 있었다. 하기노차야연구회는 “하기노차야초등학교 주변 환경 개선, 지역 여러 단체와의 연대, 마을 만들기 구상안 책정”을 목표로 활동을 전개했다(白波瀬達也 2017b: 7). 하기노차야연구회가 이러한 목표를 실현하고자 할 때 직면한 가장 현실적인 과제는 하기노차야 초등학교 외벽을 따라 영업 중인 노점을 정리하고, 길거리에 주인 없이 다니는 개를 철저히 관리하는 등 학교 주변 환경을 개선하는 것이었다. 노점으로 인한 통행상 불편과 위생 문제뿐만 아니라 일부 노점이 각성제를 판매하여 노점 정리가 환경 개선의 일차 과제가 됐다. 또한 아이들이 등하교 중에 개에게 물리는 사고가 빈발했기 때문에 학생의 안전을 확보하기 위해서는 거리를 돌아다니는 개에 대한 대책을 세우는 것도 필요했다.

그러나 하기노차야연구회는 자치회 구성원의 힘만으로는 이 문제

들을 해결할 수 없다는 것을 깨달았다. 오사카시에 주인 없는 개를 관리할 것을 요구했으나, 그중에는 일용직 노동자나 노숙인이 기르는 개도 있어서 이 문제를 잘못 다루면 노동자들이 '폭동'을 일으킬 수 있다며 오사카시는 이 문제에 개입하기를 꺼렸다(니시구치 무네히로, 2013. 2. 16). 그러므로 하기노차야연구회도 지금까지 반목하거나 소원한 관계에 있던 노동자 및 노동자 지원 단체와 제휴하지 않고서는 마을 만들기를 제대로 진행할 수 없다고 생각했다. 따라서 하기노차야연구회는 재생포럼과 방재 계획 수립에 협력한 경험을 토대로 지역연대의 장을 만들기 위해 2008년 7월에 하기노차야확대회의를 결성했다(仮称萩之茶屋まちづくり拡大会議 2010: 2).

2012년에 하기노차야확대회의에는 재생포럼과 하기노차야연구회는 물론이고 오사카시립 이마미야중학교, 가마가사키의료연락회의, 가마가사키지원기구, 아이의 마을, 하기노차야사회복지협의회, 하기노차야상점가 진흥조합, 와카쿠사보육원, 오사카부 간이숙소생활위생동업조합, 가마가사키 그리스도교협우회, 가마가사키자료센터, 가마가사키 고향의 집, 사회복지법인 오사카자강관, 오사카시립 하기노차야초등학교, 하기노차야 연합진흥자치회 등이 참여했다(寺川政司 2012). 즉, 학교, 자치회, 사회복지협의회와 같이 행정기관과 가까운 조직부터 지역의 상인조직, 노동자·노숙인·빈곤가정의 아이들을 지원하는 종교단체, NPO, 운동조직까지 하기노차야확대회의에 동참한 것이다. 따라서 하기노차야확대회의는 일부 노동조합을 제외한 지역사회의 주요 조직을 포괄하는 네트워크라고 할 수 있다.

하기노차야확대회의는 지역 단체끼리 느슨하게 연결된 네트워크형 조직이다. 사실상 재생포럼의 주요 구성원들이 운영에서 중심 역할을 했다. 하기노차야확대회의는 특별한 사안이 있는 경우가 아니라면

매월 둘째 주 금요일에 모여 지역 과제를 논의했다. 재생포럼이 광장을 통해 개인 차원에서 신뢰 관계를 형성하고 마을 만들기에 필요한 아이디어를 개발하는 역할을 했다면, 하기노차야확대회의는 지역사회의 여러 조직 관계자가 모여 광장에서 제시된 아이디어를 검토하고 실행하는 역할을 맡았다.

2008년 11월 하기노차야초등학교 옆의 노점에서 발생한 화재로 학교까지 피해를 입자 오사카시는 가마가사키에서 30년째 도로를 점거한 노점을 철거하기로 했다.[7] 오사카시의 단호한 철거 요구에 학교 주변 도로를 점거하던 47곳의 노점은 2009년 12월까지 차례로 영업을 중단할 수밖에 없었다.[8] 하기노차야확대회의는 오사카시, 인접 자치회와 함께 환경 정비 계획을 논의하고, 노점이 있던 자리에 통학로를 설치하기로 했다(仮称萩之茶屋まちづくり拡大会議 2010). 또한 2010년 8월부터 10월까지, 1977년부터 폐쇄되어 이용하지 못한 하기노차야북측공원을 되살려 놓았다.[9] 지역주민과 아이들도 참여하는 '이상적인 공원 워크숍'과 '제초 워크숍'을 열어 하기노차야북측공원을 〈그림 17〉과 같이

7 「あいりん地区 屋台撤去へ」,『朝日新聞』2009년 4월 23일 조간, 34면.

8 「西成の市道占拠, 屋台撤去が完了」,『朝日新聞』2009년 12월 25일 조간, 26면.

9 가마가사키에 있는 일부 공원은 1970년대 이후 30여 년간 폐쇄된 채 방치되어 있었다(原口剛 2011b: 253-254). 월동투쟁실행위원회가 1976-1977년 제7회 월동투쟁을 개시하기 직전인 1976년 11월 15일, 오사카시는 하나조노공원에 있는 무료급식(炊き出し) 시설을 강제로 철거하고 공원을 3m 높이의 펜스로 봉쇄해 버렸다. 따라서 이 해에는 월동투쟁을 하기노차야북측공원(萩之茶屋北公園)으로 옮겨 실시했다. 하지만 오사카시는 1977년 4월 6일 하기노차야북측공원의 무료급식 시설도 강제로 철거하고 이곳에도 펜스를 설치했다. 월동투쟁실행위원회는 1977-1978년 제8회 월동투쟁을 하기노차야중앙공원(萩之茶屋中公園)에서 열려고 사용허가 신청을 했으나, 오사카시는 불허를 통보한 것뿐만이 아니라 이곳마저 펜스로 에워싸 버렸다. 하지만 월동투쟁실행위원회는 나중에 열쇠가 풀린 틈을 타 다시 무료급식 활동을 하기노차야중앙공원에서 시작했다.

그림 17. 하기노차야북측공원(2012년)

아이들이 뛰어놀 수 있는 '아이들 스포츠 광장'으로 바꾸었다.

물론 하기노차야확대회의가 이런 일을 진행하면서 아무 어려움이 없었던 것은 아니었다. 하기노차야확대회의는 오사카시와 함께 하기노차야북측공원 이외의 다른 공원도 지역주민들이 활용할 수 있도록 정비할 계획이었다. 단, 하나조노공원, 하기노차야중앙공원, 하기노차야남측공원에서 생활하는 노숙인을 배제하지 않기 위해 2009년 12월부터 2010년 1월부터 2월까지 이 공원에 거주하는 노숙인을 대상으로 인터뷰 조사를 시행했다.

그러나 이런 활동으로 인해 2010년 1월 아사히신문에 「아이린공원 텐트 철거 요청에 시, 생활 지원과 병행」이라는 기사가 나왔을 때,[10] 하기노차야확대회의는 해산될 위기에 직면했다. 이 보도가 나가자 가마가사키의 여러 지원 단체가 반발해 가마가사키의 공원을 지키는 모

10 「あいりん 公園テント撤去要請へ 市, 生活支援と並行」, 『朝日新聞』 2010년 1월 23일 석간, 15면.

임(釜ケ崎の公園を守る会)을 결성했다. 이 모임에 참여하는 운동 단체들로부터 "하기노차야확대회의가 문제의 발화점이 아니냐?"라는 의심을 받았다.[11]

지역공동체의 여러 주체 사이에 간신히 신뢰 관계가 형성되려는 순간에 터진 이 위기가 하기노차야확대회의의 해산으로 이어지지 않았던 데는 재생포럼의 역할이 컸다. 재생포럼은 즉각 광장을 열어 이 문제를 두고 격론을 벌였다. 이 자리에서 니시구치는 누구도 배제하지 않는 마을 만들기에 노력하고 있는 자신들이 오사카시에 이용당했다고 개탄했다. 다양한 의견이 제시됐지만 아리무라의 말에 따르면 "만약 아이린종합계획 같은 것이 만들어진다면, 그것만 있다면 이런 작은 문제라든가 공원 문제로는 더 이상 싸울 필요가 없다"라는 공통 인식이 생겼다(西成区役所 2012: 21). 그 결과 가마가사키의 여러 주체가 모여 「과제 집적 지역에서의 포기하지 않는 "공상공몽"형 마을 만들기(課題集積地におけるあきらめない"共床共夢"型まちづくり連携事業)」라는 종합 계획을 작성했다(仮称萩の茶屋まちづくり拡大会議 2010).

이처럼 재생포럼과 하기노차야확대회의는 분열된 지역사회에서 마을 만들기에 공감하는 주체를 형성하는 역할을 했다. 1990년대 초까지 가마가사키에서 이루어진 사회운동은 노동자와 노숙인을 위한 노동운동이 주축이었고, 노동운동 내에서도 조직 간에 연계하지 못한 한계를 안고 있었다. 이에 비해 마을 만들기 추진 세력은 지역사회의 여러 주체가 더불어 살아가는 것을 운동의 목표로 설정하고, 특정 조직이나 단체에 속한 사람을 소외시키지 않는 방향으로 운동을 전개했다.

---

11 「大阪市との交渉！萩之茶屋まちづくり研究会'利用された'と激怒！3月なめ憲報告」, http://hatarakibito.at.webry.info/201003/article_10.html (검색일: 2014. 5. 1).

특히 개인 자격으로 참여하는 광장과 조직 단위로 구성되는 하기노차야확대회의가 상보적인 역할을 함으로써 마을 만들기의 효과를 배가할 수 있었다. 광장은 지역사회의 과제를 해결하기 위한 다양한 방안을 자유롭게 논의하는 공론장이 됐고, 하기노차야확대회의는 지역사회의 다양한 조직 간에 차이가 존재한다는 전제 위에 공동으로 실현 가능한 일을 실천해 나가는 공적 네트워크로 작동했다. 말하자면, 가마가사키의 마을 만들기는 개인 참여의 운동과 조직 단위의 운동을 연계시키는 이중 구조를 갖춤으로써 지역의 여러 주체가 참여할 수 있는 공론장을 만든 셈이다.

3. 니시나리특구구상의 전개

2012년 1월 오사카시가 니시나리특구구상을 발표한 것을 계기로 가마가사키 마을 만들기는 새로운 국면을 맞았다. 니시나리특구구상은 오사카시 시장으로 막 취임한 하시모토 도루(橋本徹)가 "니시나리를 편애하겠다"라며 내세운 지역 개발 계획이다(鈴木亘 2016). 하시모토 시장은 2013년부터 2017년까지 5년간 니시나리구를 특별구로 지정해 이곳에 집적된 각종 사회문제(높은 생활보호율, 저출산·고령화, 노숙인 및 결핵환자의 밀집, 각성제의 공공연한 노상 판매, 지역경제 침체, 부정적인 지역 이미지)를 해결하겠다고 공언했다. 구체적으로 자녀양육 세대의 유입을 촉진하기 위해 니시나리구로 전입하는 인구에 대해 고정자산세와 주민세를 면제해 주고, 시 직원을 추가로 배치해 치안에 만전을 기하며, 니시나리구에 거주하며 사립중고등학교에 다니는 학생에게는 별도의 지원금을 지급하는 등의 방안을 검토하겠다고 했다.

하시모토 시장이 니시나리특구구상을 내놓은 것은 그가 추진했던 행정구역 개편 계획인 오사카도구상(大阪都構想)과 관련 있었다(아리무라 센, 2013. 2. 12).[12] 이 계획은 오사카부, 오사카시, 사카이시를 하나의 행정구역으로 통합해 도쿄도(東京都)와 같이 오사카도(大阪都)를 만들려는 것으로, 하시모토 시장은 이를 위해 오사카시 24개 행정구를 5개 혹은 7개 단위로 통합할 것을 제안했다. 하지만 가마가사키의 문제를 먼저 해결하지 않으면 오사카시의 어느 지역도 가마가사키가 있는 니시나리구가 자기 구역에 포함되는 것을 원치 않을 것이 분명했다. 따라서 하시모토 시장은 니시나리특구구상을 통해 가마가사키 문제를 먼저 해결하고자 한 것이다. 하시모토 시장이 열거한 니시나리구의 문제도 가마가사키에서 집중적으로 드러나므로, 니시나리특구구상은 사실상 가마가사키를 대상으로 한 도시 거버넌스 정책인 셈이었다.

니시나리특구구상이 처음 발표됐을 때, 가마가사키의 활동가 사이에서는 하향식 도심 재개발이 진행되는 것이 아니냐는 우려도 있었다. 그러나 이러한 우려와는 달리, 니시나리특구구상은 현재까지 "지역의 목소리와 희망을 들어가면서 구체적인 안을 정리해 제시하는 상향식

12 하시모토가 설립한 오사카유신회가 중심이 되어 오사카도구상을 추진했지만, 이 안건은 2015년 5월 17일 열린 첫 번째 주민투표(찬성 49.62%, 반대 50.38%)와 2020년 11월 1일에 열린 두 번째 주민투표(찬성 49.37%, 반대 50.63%)에서 모두 근소한 차이로 부결됐다. 오사카도구상에 찬성하는 측은 오사카시와 오사카부를 통합함으로써 이중행정의 폐해를 줄일 수 있다고 주장했지만, 오사카시가 없어진다는 것에 대한 거부감 때문에 반대한 사람이 적지 않았다. 또한 행정구역별로 찬반 비율을 살펴보면, 니시나리구를 포함하는 오사카시 남서부 지역주민이 주로 반대표를 던진 것으로 나타난다. 즉, 오사카 시내의 지역 간 격차도 주민투표 결과에 영향을 미친 것으로 보인다. 두 차례의 주민투표에 결과에 대한 정보는 위키피디아(일본어판)의 '大阪市における特別区の設置についての投票'와 '大阪市を廃止し特別区を設置することについての投票' 항목을 참고했다(검색일: 2021. 2. 5).

지역 참가형 특구를 추진"하는 방향으로 진행되고 있다(鈴木亘 2013). 이것은 니시나리특구구상 유식자좌담회(西成特区構想有識者座談会, 이하 유식자좌담회)에 가마가사키 마을 만들기를 실천해 온 사람들(연구자, 자치회 임원, 사회복지사, 지역 활동가)이 위원으로 참여했기에 가능했다.

2012년 6월부터 9월까지 3개월간 열두 차례나 열린 유식자좌담회에서는 매번 두세 명의 지역위원이 이 지역을 재활성화할 방안을 발표하고 이에 대해 논의했다. 이를 토대로 유식자좌담회는 2012년 10월 8개 분야 56개 항목에 걸친 단기 집중 대책 및 중장기대책을 담은 「니시나리특구구상 유식자좌담회 보고서」를 오사카 시장에게 제출했다. 이 보고서에서 유식자좌담회는 단기 집중 대책으로 노숙인, 지역 내 복지 과제, 결핵 대책, 치안 대책 등 4분야 22항목, 중장기대책으로 양육 대책, 교육 시책, 국내 관광, 예술 진흥 등 3분야 31항목, 장래를 위한 투자프로젝트와 대규모 사업으로 아이린종합센터의 향후 대책, 신이마미야역 재개발 등 1분야 3항목을 제안했다. 이러한 제안을 바탕으로 2013년부터 2017년까지 제1기 니시나리특구구상 사업이 진행됐다.[13]

이런 제안 중 상당 부분은 하기노차야확대회의가 정리한 「과제 집적 지역에서의 포기하지 않는 "공상공몽"형 마을 만들기」 계획에 이미 포함된 것이었다. 니시나리특구구상 사업은 2012년 1월 오사카 시장의 돌발적인 제안으로 시작됐지만, 가마가사키 지역 구성원들이 짧은 시간 내에 대응할 수 있었던 것은 1990년대 말부터 마을 만들기의 성과가 이 지역에 축적되어 있었기 때문이라는 것은 두말할 나위도 없다(ありむら潜 2013).

13 「西成特区構想」, http://www.city.osaka.lg.jp/nishinari/cmsfiles/contents/0000331/331273/souron2.pdf (검색일: 2017. 7. 1).

표 9. 니시나리특구구상 사업의 진행 상황

대책	2017년	2021년
단기 집중 대책	아이린 일용 노동자 등 자립 지원 사업 (쉼터 운영)	좌동
	단신 고령 생활보호 수급자의 사회적 관계 만들기 사업 (히토하나센터 운영)	좌동
	아이린 지역을 중심으로 한 결핵 대책 사업	좌동
	아이린 지역 환경 정비 사업 (불법 투기 쓰레기 대책 등)	아이린 지역 환경 정비 사업 (쓰레기 투기, 자전거 방치 순회 단속)
	아이린 지역 환경 정비 사업 (자전거정류장 대책 등)	
	아이린 지역 환경 정비 사업 (방범카메라·안전 대책 거점 정비)	아이린 지역 환경 정비 사업 (통학로 안전 대책, 방범카메라 운영)
	환경 정비 업무 (쓰레기 수거 및 투기 카메라 감시)	좌동
	방범 대책 사업 (안심·안전 대책 사업으로 통합)	약물의존증자 등 지원 사업 (2017 환경 정비 대책 5개년 계획 사업)
장래를 대비한 중장기 대책	플레이 파크 사업 (놀이, 학습 기능, 프리스페이스 지원)	좌동
	이마미야초중통합학교의 개교에 관련된 스쿨버스 운행 사업	니시나리구 아이 생활·배움 지원 사업 (2017 신규 사업)
	니시나리구 기초학력UP 사업 (니시나리 마나비주쿠)	좌동
	니시나리 정보아카이브넷트 기획 운영 사업	좌동
	현대예술 진흥 사업	좌동
	니시나리구 이미지UP 추진 사업	니시나리구 매력 발신 사업
	기초학력 향상 지원 사업	좌동
	니시나리구 간이숙박소 설비 개선 조성 사업	완료

<table>
<tr><th>대책</th><th colspan="2">2017년</th><th colspan="2">2021년</th></tr>
<tr><td rowspan="3">장래를 위한 투자 프로젝트와 대규모 사업</td><td colspan="2">니시나리특구구상 에리어매니지먼트협의회 운영 사업</td><td colspan="2">좌동</td></tr>
<tr><td colspan="2" rowspan="2">오사카사회의료센터 기본 운영 계획 등 책정 사업</td><td colspan="2">오사카사회의료센터 재건축 정비(완료)</td></tr>
<tr><td colspan="2">아이린종합센터 부지 활용 사업</td></tr>
<tr><td rowspan="6">신규 사업 및 기타</td><td rowspan="4">오사카부·오사카부경찰본부·오사카시 아이린 지역을 중심으로 한 환경 정비 대책 5개년 계획 사업</td><td rowspan="2">약물의존증자 등 케어 강화 사업</td><td rowspan="6">니시나리특구구상마을 만들기 비전 2018~2022 유식자 제언을 고려한 사업</td><td>지역밀착형 에리어 리노베이션 촉진 사업</td></tr>
<tr><td rowspan="2">공공공간 이용 모델 구축 사업</td></tr>
<tr><td rowspan="2">약물의존증자 등 서포트 사업</td></tr>
<tr><td rowspan="2">니시나리판 서비스 허브 구축운영 사업</td></tr>
<tr><td rowspan="2">신규 사업</td><td rowspan="2">니시나리구 아이 생활·배움 지원 사업</td></tr>
<tr><td>신이마미야 에리어 브랜드 향상 사업</td></tr>
</table>

출처: 「平成29年度西成特区構想事業の進歩状況について」, http://www.city.osaka.lg.jp/nishinari/cmsfiles/contents/0000468/468991/2904.pdf. 「令和3年度西成特区構想事業の進歩状況について」, https://www.city.osaka.lg.jp/nishinari/cmsfiles/contents/0000468/468991/tokkushinnchokuR304.pdf (검색일: 2023. 8. 19)

이후 니시나리특구구상이 진행되는 과정에서도 지역사회의 의견을 반영하는 관민협동 체계가 갖춰졌다. 먼저 2013년에는 오사카시 공무원이나 도시계획 전문가뿐만 아니라 가마가사키의 다양한 구성원이 참여해 구체적인 사업을 결정하고 실행해 나가는 에리어매니지먼트협의회(エリアマネジメント協議会)가 설치됐다. 이 협의회는 산하에 "테마별로 전문적인 견지에서 의견을 구하는 장"인 4개의 전문분과(専門部会, 지역자원 활용, 관광진흥, 환경복지, 육아교육)를 두고 "지역 구성원(주민, 관계기관, 단체 등)과 외부 유식자로 구성해 실천적이고 구체적인 사항에 대해 검

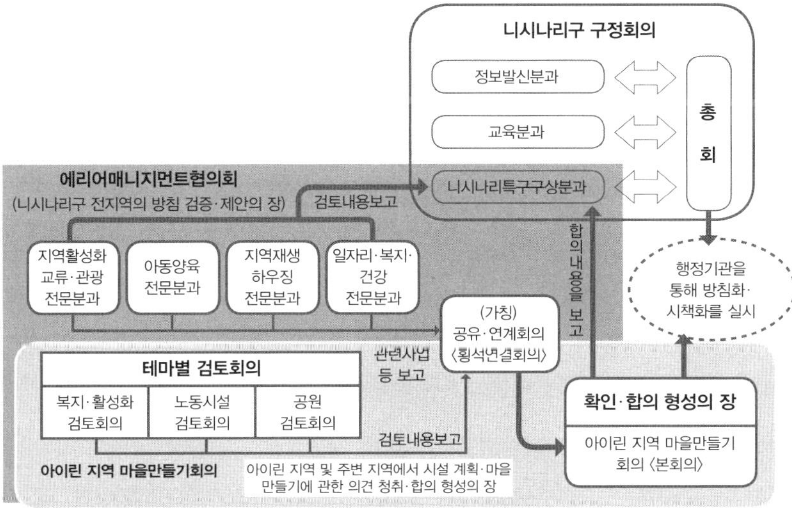

그림 18. 2021년도 니시나리특구구상 에리어매니지먼트협의회 체계도

출처: https://www.city.osaka.lg.jp/nishinari/cmsfiles/contents/0000456/456416/R3taiseizu.pdf (검색일: 2023. 8. 19)

토"하는 역할을 맡았다(西成区役所 2014). 그리고 〈그림 18〉처럼 니시나리특구구상 제2기(2018-2023)에는 전문분과를 지역활성화 교류·관광, 아동양육, 지역재생 하우징, 일자리·복지·건강으로 재편했다.

한편 공무원과 지역사회 유식자뿐만 아니라 가마가사키에 살거나 관심 있는 일반인의 의견을 폭넓게 수렴하기 위해, 아이린 지역 마을만들기 검토회의(あいりん地域のまちづくり検討会議, 이하 검토회의)를 2014년 9월부터 12월까지 하기노차야초등학교 강당에서 총 여섯 차례 매회 2시간 이상 진행했다.[14] 검토회의에는 36명의 검토위원(자치회장, 노동자

14 「あいりん地域まちづくり検討会議における提案」, https://www.city.osaka.lg.jp/nishinari/cmsfiles/contents/0000296/296230/teian.pdf (검색일: 2021. 2. 4).

지원 단체 관계자, 그리고 가마가사키 마을 만들기를 연구해 온 교수) 이외에도 매회 80명에서 160명에 이르는 주민과 이 지역 문제에 관심 있는 사람들이 참여해 아이린종합센터나 하기노차야 시영주택의 재건축 문제에서부터 신이마미야역 주변 활성화 방안과 자녀양육 세대를 가마가사키로 유인할 방안까지 폭넓게 논의했다. 검토회의는 공원, 시영주택, 의료시설, 역 주변 활성화, 노동시설이라는 5개 소그룹별로, 각 그룹 소속 검토위원과 이 자리에 참석한 주민이 함께 가마가사키의 문제를 논의하는 워크숍 방식으로 진행됐다. 또한 이 자리에 직접 참석하지 못한 사람들의 의견을 청취하기 위해 하기노차야 시영주택 주민과 쉼터 이용자 등과는 개별 인터뷰도 진행했다.

2015년 6월에는 지역사회의 의견을 행정기관과 계속 공유하고 구체적으로 실현하기 위한 아이린 지역 마을만들기회의(あいりん地域まちづくり会議, 이하 마을만들기회의)가 출범했다.[15] 마을만들기회의는 검토위원 36명으로 구성됐다. 그리고 2021년 8월에는 에리어매니지먼트협의회의 전문분과와 마을만들기회의의 테마별 검토회의 사이에 의견 및 정보를 원활히 공유하기 위해 가칭 공유·연계회의(仮称 共有·連携会議)가 신설됐다. 광장과 하기노차야확대회의를 통해 가마가사키의 내부 의견을 수렴하는 체계가 갖춰졌다면, 니시나리특구구상 사업을 계기로 마을 만들기 조직과 니시나리구·오사카시라는 행정기관 간의 상설 협의·실행 체제가 구축됐다.

'니시나리특구구상에 관여하는 유식자' 그룹은 2018년 4월에 오사카시에 제출한 「니시나리특구구상, 5년간의 성과와 차기 특구구상에

15 「あいりん地域まちづくりかいぎについて」, https://www.city.osaka.lg.jp/nishinari/page/0000313493.html (검색일: 2021. 2. 4).

관한 유식자 제언」에서도 바로 이점을 제1기 니시나리특구구상 사업의 가장 큰 성과로 강조했다.[16] 유식자 그룹은 제1기 니시나리특구구상 사업을 통해 "불법 노점, 쓰레기 불법 투기, 자전거 방치 등 치안 면이나 환경 면에서 개선"되었으며, "노숙생활자나 고령의 일용직 노동자의 일할 기회 확보, 생활보호 수급자의 사회 참가를 촉진하는 복지 지원 프로그램이 진행되어 지역 커뮤니티의 형성에도 기여했다"고 평가했다. 그러나 무엇보다도 "가장 큰 성과"는 이런 단기적 과제를 실현할 수 있게 "행정과 지역주민, 여러 단체가 오랜 기간 쌓인 대립구조와 상호 이해관계를 뛰어넘어 의견을 나누는 장이 생긴 것"이라고 보았다.

이러한 관민 협동의 노력은 노후화된 아이린종합센터의 재건축 문제에 대한 해결책을 도출할 때 빛을 발했다. 아이린종합센터에 입주했던 아이린 노동공공직업안정소, 니시나리노동복지센터, 하기노차야시영주택, 오사카사회의료센터를 가마가사키 지역 내에 이전하고 아이린종합센터를 원래 위치에 재건축하는 쪽으로 큰 방향을 정한 것은 검토회의와 마을만들기회의를 통해 지역사회의 의견을 광범위하게 수렴하고 이를 행정기관과 협의한 덕분이었다(白波瀬達也 2020b). 아이린종합센터 부지의 남측에는 노동시설을 설치하되, 일용직 노동만이 아니라 여러 가지 고용 형태나 직종에 폭넓게 대응하는 시설을 만들 계획이다. 반면 신이마미야역과 접하는 아이린종합센터 부지의 북측에는 주민의 복리와 상업적 활성화 등을 실현하는 공간을 조성할 예정이다. 사실 니시나리특구구상 사업이 발표되었을 때 일용직 노동자와 노숙인은 이와 같은 시설이 가마가사키에서 사라질 수도 있다는 점을 가장 우려

16 「西成特区構想、5年間の成果と次期特区構想についての有識者提言」, https://www.city.osaka.lg.jp/nishinari/cmsfiles/contents/0000433/433172/teigen.pdf (검색일: 2021. 2. 4).

했다.[17] 따라서 아이린종합센터가 원래 자리에 재건축되는 것은 물론 이상의 모든 시설이 가마가사키에 존속되는 일은 일용직 노동자와 노숙인의 의사를 반영한 것이었다.

나아가 일용직 노동자와 노숙인만을 위한 시설이었던 아이린종합센터는 "재도전이 가능한 마을 만들기"라는 이념 아래 노숙인뿐만 아니라 여성, 청년, 외국인, 자녀를 양육하는 세대와 같이 다양한 주체를 지원하는 시설로 재편될 예정이다.[18] 그리고 지역주민이나 신이마미야역을 이용하는 승객, 어린이, 청년, 예술가도 활용할 수 있는 시설을 갖출 계획이다. 이로써 지금까지 일용직 노동자와 노숙인과 같은 사회적 약자를 지원했던 가마가사키의 사회적 포용력을 더 다양한 주체에까지 확대함으로써 지역을 활성화하려는 것이다.[19]

현재까지도 니시나리특구구상 사업이 공공기관 관계자와 지역사회 구성원들이 문제 해결 방안을 함께 논의해 결정하는 상향식 지역개

---

17 매튜 마(マー 2018)는 2014년 가을 노숙인, 쉼터 이용자, 생활보호 수급자와의 인터뷰를 통해 이들이 니시나리특구구상 사업에 대해 느낀 존재론적 불안감을 파악했다. 특히 노숙인과 쉼터 이용자는 젊은 가족 세대와 관광객을 불러들이려는 이 사업은 젠트리피케이션을 유발할 가능성이 있고, 이로 인해 쉼터, 무료급식, 오사카사회의료센터, 아이린종합센터가 없어질 수도 있다고 불안해했다. 그러나 니시나리특구구상 사업은 상향식으로 진행된 덕분에 이들이 우려했던 일은 일어나지 않았다. 아이린종합센터는 내진상의 문제로 일단 철거되지만, 같은 자리에 재건축될 예정이다. 그리고 관광객을 대상으로 한 비즈니스호텔이 늘어난 것은 2000년대 이후부터 이 지역에서 지속된 일이다.

18 「西成特区構想 まちづくりビジョン2018~2022 有識者提言 概要版」, https://www.city.osaka.lg.jp/nishinari/cmsfiles/contents/0000450/450779/gaiyou1.pdf (검색일: 2021. 2. 4).

19 가마가사키의 일부 활동가는 이러한 기능 확대가 가마가사키의 젠트리피케이션을 초래할 수 있다고 우려하면서 아이린종합센터를 노동자, 노숙인, 생활 곤궁자의 거점으로 재건축해 가마가사키가 간사이 지역을 뒷받침하는 사회보장의 거리로 되는 편이 더 의미가 있다고 주장한다(生田武志 2021).

발로 추진되고 있다는 사실은 높이 평가할 만하다. 지역사회 구성원이 지방자치단체 관계자와 더불어 마을 만들기의 방향을 설정하고 구체적인 활동을 전개하는 데 실질적으로 참여하고 있다. 그러므로 니시나리 특구구상 사업 이후의 가마가사키 마을 만들기 상황은 마을 만들기가 행정기관과 협력적인 관계 속에서 진행된다고 하여 모든 일이 반드시 행정기관의 의도에 따라 결정되는 것도, 마을 만들기에 참가한 사람들이 신자유주의적 주체로 동원되는 것도 아니라는 점을 보여 준다. 오히려 가마가사키 마을 만들기는 행정기관과 본격적으로 관계를 맺으면서 지역사회의 지속가능성을 담보하기 위한 다양한 방법을 실현하는 단계로 이행되고 있다고 하겠다.

4. 현대 일본 사회에서 마을 만들기

결론적으로 가마가사키 마을 만들기 사례는 현대 일본 사회에서 마을 만들기가 시민공간(civic space)을 창출하는 주민 운동임을 보여 준다. 마이크 더글러스(Mike Douglass)에 따르면, 시민공간이란 "출신이 다른 각계각층의 사람들이 정부, 상업적 혹은 다른 사적 이익집단에 의해 명시적으로 통제되지 않은 채, 다시 말해 한 집단이 다른 집단을 실질적으로 지배하는 일 없이 함께 어우러질 수 있는 공간"을 뜻한다(Sorensen, Koizumi and Miyamoto 2008: 33에서 재인용). 여기에는 공원이나 집회소와 같은 물리적인 장소뿐만 아니라 이러한 공공공간을 어떻게 활용할지를 논의하기 위한 회합이나 결사체 그리고 이런 공간을 생산, 유지하기 위한 시스템도 포함된다.

가마가사키에서 마을 만들기의 이념과 실천은 시민공간의 정의에

부합한다. 아리무라 센(ありむら潜 2013: 122-123)은 유식자좌담회의 성과를 검토하는 글에서 "마을 만들기"는 단순히 쾌적한 생활환경을 조성하는 활동이 아니라 "생활공간을 함께하며 여러 입장과 이해관계를 가진 사람들이 철저하게 의논하여 타협하고, 합의를 넓혀 가며 공통의 비전을 만들어 가는 민주주의적 프로세스 그 자체"라고 말했다. 광장이나 하기노차야확대회의, 그리고 니시나리특구구상 사업 중에 만들어진 검토회의, 에리어매니지먼트협의회, 마을만들기회의 등에 이러한 특성이 잘 드러난다.

또한 1960년대 이후 일본의 시민운동이 그랬던 것처럼(한영혜 2004) 가마가사키 마을 만들기 운동도 위계적인 조직을 거부하고 네트워크 형태를 취하면서 정치적 주체로서 개인의 의지와 자유를 담보하는 방향으로 발전해 왔다. 즉, 하나의 시민단체가 여러 가지 과제를 다루며 규모를 확장하는 방식이 아니라 여러 소규모 조직이 행정기관까지 포함해 서로 "중층적 관계"를 맺으며 과제에 따라 새로운 네트워크형 조직을 만드는 방식으로 운동을 전개함으로써, 가마가사키 마을 만들기는 "조직이 아닌 운동" 그 자체를 추구해 온 셈이다(韓榮惠 2014). 따라서 2000년 이후 가마가사키에서 진행된 마을 만들기는 현대 일본 사회에서 "근래 이루어진 마을 만들기 운동의 성장"이 "시민사회의 성장과 강화에 중요한 역할"을 하고 있다는 점을 여실히 보여 준다(Sorensen and Funck 2007: 276).

그러나 가마가사키의 마을 만들기에도 여전히 극복해야 할 과제가 있다. 하기노차야연구회의 고문으로 가마가사키 마을 만들기에 관여해 온 데라카와 세지(寺川政司) 교수는 "지역의 주체 전부가 방향성을 공유하고 있다고는 말하기 어렵다. 여전히 주체 간에 미묘한 관계가 있어서, 서로의 차이를 전제한 상태에서 하나씩 하나씩 연대할 수 있는 것부터 시작해 나가려는 의식으로 모이고 있는 것이 현재 상태다"라고 말했다(西成区役所 2012: 4). 이렇게 평가할 수밖에 없는 이유 중 하나는 가마가사키의 일부 노동운동 조직이 여전히 마을 만들기에 회의적인 시각을 견지하고 있으며, 자치회와 노동자·노숙인 지원운동 단체 간의 관계도 충분히 성숙하지 못했기 때문이다.

나아가 가마가사키 마을 만들기가 안고 있는 보다 근본적인 문제는 지역사회 구성원의 대다수를 차지하는 일용직 노동자와 노숙인의 의견이 마을 만들기에 충분히 반영되지 않고 있다는 점이다(マー 2018). 광장이 누구에게나 열려 있는 공론의 장이기는 하지만, 참여자의 대다수는 지역 단체의 관계자거나 가마가사키에 관심 있는 학생이나 연구자고, 생활보호 수급자나 노숙인은 소수에 불과하다. 또한 2014년 가을에 열린 니시나리특구구상 사업에 관한 검토회의는 가마가사키에 관심 있는 누구에게나 개방되어 있었고, 이 자리에서 나온 다양한 의견은 꼼꼼하게 정리된 후 니시나리특구구상 사업에 반영되었지만, 이 또한 행정을 불신하는 경향이 있는 일용직 노동자와 노숙인의 의견을 전부 반영하기에는 충분하지 않았다. 더구나 오사카부는 2019년 아이린종합센터의 폐쇄에 반대하는 노동자, 노숙인, 활동가를 센터에서 강제퇴거시키고, 여전히 센터 주변을 점거하는 사람들을 상대로 소송을 벌이고 있어 니시나리특구구상 사업이 누구도 배제하지 않는 주민참여형 마을 만들기라고 말하기 곤란하다는 비판도 있다(中村葉子 2021).

따라서 고령의 노숙인이 지역사회에서 배제되지 않고, 생활보호 수급자가 단지 복지 서비스를 받는 객체로 머물지 않고 양자 모두 지역사회의 일원이자 당사자로서 살아갈 수 있는 환경을 만드는 것은 여전히 가마가사키 마을 만들기의 과제로 남아 있다고 하겠다. 특히, 아이린종합센터 부지의 북측에 상업적 활성화 기능을 추가한다는 계획은 빈곤층의 이바쇼를 빼앗을 수 있다는 우려가 지역사회 내에 존재하므로, 센터의 재건축이 경제적 약자를 배제하지 않으면서 이 지역에 경제적 활력을 창출할 방법을 지역 내 여러 주체와 더 협의하고 신중하게 추진할 필요가 있다(白波瀨達也 2020b).

제5장

예술 활동을 통한 이바쇼 만들기

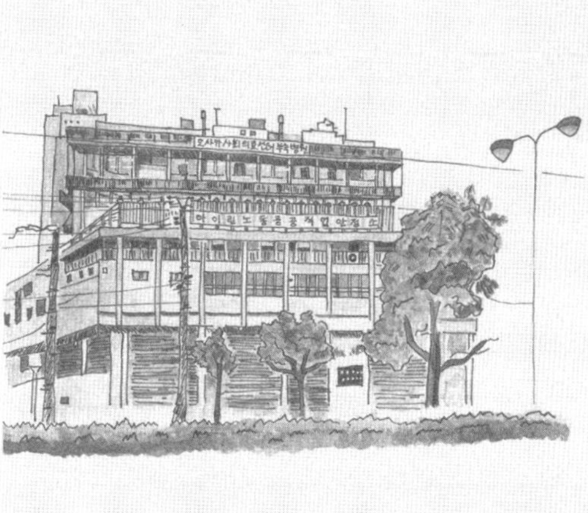

「현대 일본사회에서 이바쇼와 자립의 사회문화적 의미: 오사카시 예술-비영리조직에 관한 사례연구」, 『민주주의와 인권』 17(1), 2017, 111-149쪽을 개고하여 수록했다.

1. 예술과 젠트리피케이션

한국에서도 어느새 외래어인 젠트리피케이션(gentrification)이 일상어가 됐다. 이것은 그만큼 저소득층 주민이 임대료를 부담할 수 없어 도심 외곽으로 쫓겨나거나 집을 개발업자에 팔고 떠나는 일이 빈번하다는 것을 의미한다(야퍼·더코닝 2020: 80). 젠트리피케이션은 이처럼 고소득층의 유입이나 개발업자의 부동산 투자로 인해 일어나기도 하지만, 지자체가 도시 재생이나 도심 활성화를 추진하는 과정에서 나타나기도 한다. 특히 '창조도시(creative city)'나 '아트워싱(art-washing)'이라는 개념이 시사하듯, 지자체는 종종 예술을 이용해 젠트리피케이션을 꾀한다. 예술가는 이런 프로젝트에 참여함으로써 순수예술에서 벗어나 예술을 통한 사회참여를 실현한다고 하지만, 의도치 않게 예술 활동이라는 이름으로 기존 거주자를 쫓아내는 데 일조할 수도 있다.

고령의 일용직 노동자, 노숙인, 생활보호 수급자가 주민의 다수를 차지하는 가마가사키도 예술을 매개로 한 지역 활성화 활동이 심심치 않게 벌어진다. 2014년 이후 니시나리 출신 래퍼, 가마가사키 마을 만들기에 관여해 온 대학교수와 대학생, 국내외 예술가, 그리고 이 지역의 청소년이 협력해 거리 곳곳에 벽화를 그리는 〈니시나리 월아트 일본(西成ウォールアートニッポン)〉이라는 프로젝트를 진행하고 있다.[1] 한편, 2007년부터 니시나리 재즈(西成ジャズ)라는 이름으로 난바야(難波屋)라는

1 이 프로젝트는 니시나리구청 홈페이지에 '니시나리구 이미지UP 프로모션(西成区イメージアッププロモーション)'의 일부라고 소개되어 있지만, 니시나리구로부터 재정적 지원은 받은 바 없으며, 참여자의 기부금과 크라우드 펀딩으로 모은 자금을 재원으로 이뤄지고 있다. 「祭りが､ウォールアートが街にパワーを。新今宮のアート」, 『新今宮ワンダーランド』, https://shin-imamiya-osaka.com/feature/007/ (검색일: 2022. 7. 15).

허름한 가게의 구석에서 재즈 라이브 공연이 열렸다.[2] 이를 계기로 마을 만들기에 우호적인 지역 유지는 2010년대 중반에 자신이 소유한 점포 중 한 곳을 재즈 공연이 가능한 라이브하우스로 개조했고, 이곳에서도 니시나리 재즈 공연이 정기적으로 열리고 있다. 이러한 일련의 움직임은 예술을 이용해 가마가사키에 대한 부정적 이미지를 불식하고 관광객을 끌어들여 이곳을 "평범한 거리(普通の街)"로 바꾸려는 의도가 내포되어 있다고 비판받기도 한다(中村葉子 2014).

그러나 가마가사키에서 예술 활동이 펼쳐진다고 해서 반드시 젠트리피케이션이 발생하는 것은 아니다. 2003년부터 예술 활동을 매개로 가마가사키에 뿌리내린 NPO인 코코룸은 이 지역에서 살아가는 생활보호 수급자가 다양한 표현 활동으로 자신의 목소리를 내는 장을 만들고 있다. 물론 코코룸의 활동이 사회적 약자에 힘을 부여(empowerment)하면서도 사실상 이들이 직면한 사회경제적 불안정을 초래하거나 방치하고 있다는 비판도 있다(Novak 2019). 즉, 코코룸의 운영자가 의도한 바는 아니겠지만 도시 하층 지역에서 예술에 초점을 맞춘 활동은 더 긴급한 문제를 은폐하고 이 지역의 젠트리피케이션을 초래한다는 것이다.

그러나 이러한 비판은 두 지점에서 문제가 있다(上田假奈代 2020; 中川真 2020; 水内俊雄 2020).[3] 우선 가마가사키는 코코룸 이외에도 다양한

---

2 「西成ジャズ 西成の立ち飲み屋で始まった投げ銭ジャズ」, 『新今宮ワンダーランド』. https://shin-imamiya-osaka.com/spot/nishinarijazz/ (검색일: 2022. 7. 9).

3 데이비드 노박(Novak 2019)의 논문에 대해, 오랫동안 가마가사키에 관해 연구해 온 일본 측 연구자들과 코코룸 측이 『空間·社会·地理思想』 제23호에 「특집 신자유주의/젠트리피케이션에 맞서서(特集 新自由主義／ジェントリフィケーションに向き合って)」를 통해 반론을 제기했다. 이 논문들은 https://www.lit.osaka-cu.ac.jp/geo/ssgt.html (검색일: 2022. 7. 14)에서 내려받아 볼 수 있다.

단체가 서로 다른 방식으로 고령의 일용직 노동자, 노숙인, 생활보호 수급자를 지원하는 활동이 집적된 서비스 허브(service hub)라는 점을 간과했다(DeVerteuil, Kiener and Mizuuchi 2022; Marr 2021b). 주거나 일자리가 불안정한 사람에게 실질적인 해결책을 제시하는 것은 제3장에서 다룬 가마가사키지원기구나 제4장에서 설명한 마을 만들기 운동 네트워크의 역할이다. 코코룸도 니시나리특구구상 사업에 참여해 협력하고 있지만, 코코룸은 이들과 다른 방식으로 다른 영역에서 사회적 약자가 자립할 수 있도록 돕는다는 사실을 이해할 필요가 있다.

또한 코코룸이 전개하는 표현 활동이 가마가사키의 사회적 약자에게 실질적 도움이 안 된다는 비판은 노숙에서 벗어난 생활보호 수급자가 직면한 문제를 충분히 이해하지 못한 탓이기도 하다. 노숙인 지원 운동과 마을 만들기 운동으로 상당수의 노숙인이 주거 문제와 경제적 어려움을 해결했다. 그러나 이들은 캔이나 폐지를 주우면서 동료 노숙인과 생활하던 때와 달리 간이숙박소를 개조한 복지아파트에서 할 일 없이 고립되어 버리는 경향이 있다. 즉, 이들이 직면한 문제는 이제 주거나 생계 차원이 아니라 사회적 고립과 깊이 관련되어 있다. 따라서 사회적으로 고립된 사람의 목소리를 다양한 표현 활동으로 드러내고, 그 과정에서 이들이 서로 연결되도록 하는 코코룸의 활동은 지역사회가 직면한 과제를 해결하는 데 중요한 의미가 있다(中川真 2007; 大瀧千輝 2015; 萩原雅也 2010).

이 장에서는 코코룸이 2000년대 초부터 가마가사키에서 전개해 온 활동을 검토함으로써 무연사회 일본에서 새롭게 정의되고 있는 자립과 이바쇼의 의미를 탐구하고자 한다. 사람들이 “가장 싫어하는 질문은 무슨 일을 했는지, 어떤 일을 해 왔는지”이며, “자신의 이야기를 하기 싫어하”는 가마가사키에서(上田假奈代·岡本マサヒロ 2011: 26) 사회적

으로 배제된 사람들이 주체가 되어 예술 및 표현 활동을 실천하는 코코룸은 이 주제를 탐색하기에 가장 적절한 사례다.

구체적으로는 코코룸의 성립 과정과 활동이 집약된 가마가사키예술대학(釜ケ崎芸術大学) 프로그램을 상세히 기술하여, 코코룸이라는 장소의 이바쇼적 성격을 규명하고, 나아가 이 활동이 지향하는 자립의 성격을 탐색하고자 한다.[4] 이로써 혈연, 지연과 같은 일차적 관계나 학교, 회사처럼 소속감을 주는 이차적 관계의 중요성을 강조하거나, 자기관리와 자기책임이라는 신자유주의적 의미의 자립을 강요하는 것과 구별되는 새로운 형태의 자립을 위한 이바쇼 만들기가 무연사회 일본에서 대안으로 전개되고 있음을 제시하고자 한다.

2. 코코룸의 설립

코코룸은 주로 가마가사키에 거주하는 생활보호 수급자가 예술 프로그램을 통해 사회와 접점을 만들어 가는 활동을 전개하는 NPO다

4 2022년 4월 코코룸은 NPO의 명칭은 그대로 유지하되 NPO가 운영하는 카페와 게스트하우스의 이름을 가마가사키예술대학으로 변경했다. 코코룸의 대표적인 프로그램 명칭인 가마가사키예술대학이 사회적으로 널리 알려졌고, 법인명보다 코코룸의 활동 내용을 더 잘 나타내기 때문이다. 예를 들어 NHK는 〈간이숙박소 거리와 시인과 할아버지들: 가마가사키예술대학의 하루하루(ドヤ街と詩人とおっちゃんたち～釜ケ崎芸術大学の日々～)〉(2018. 10)라는 다큐멘터리를 제작해 방송했다. 또한, 우에다 대표와 코코룸은 가마사카시예술대학의 활동으로 인정받아, 아사히신문의 간사이스퀘어상(2013), 예술장려 문부과학대신상(芸術選奨文部科学大臣賞, 2014), 국제교류기금 지구시민상(2020) 등을 수상했다. 다만, 이 장에서는 코코룸이 2010년대에 가마가사키에서 전개한 활동을 주로 다루므로 코코룸이라는 명칭을 그대로 사용하고자 한다.

(上田假奈代 2016: 190). 이 NPO가 지향하는 바는 '목소리와 말과 마음의 방(こえとことばとこころの部屋)'이라는 단체명에 잘 나타난다.[5] 전문가에 의한 미술, 음악, 무용만을 예술로 간주하지 않고, 언어와 그 이외의 매체에 의한 모든 종류의 표현 활동을 통해 자신의 목소리를 내는 것을 중시한다. 이로써 코코룸은 "삶의 힘겨움(生きづらさ)"을 돌파하기 위한 장(場)을 창조하고자 한다(아마미야 가린 2011).

코코룸은 가마가사키의 동편 가장자리에 해당하는 동물원 앞 상점가에서 카페, 게스트하우스, 서점을 운영하고 있다(〈그림 19〉, 〈그림 20〉). 예술 NPO이면서도 상업활동을 하는 이유는 NPO 활동의 경제적 기반을 튼튼히 하기 위해서다. 실제로 NPO의 운영비 중 50%가량은 카페를 통해 얻는 수익으로 감당하고 있으며, 나머지는 각종 공모사업에 신청해 받은 조성금(40%)과 기부금(10%)으로 충당하고 있다(우에다 카나요 2011: 23).[6] 다만 2016년에 시작한 게스트하우스는 여전히 재정에 큰 도움을 주지 못하고 있다. 2020년 시작된 코로나19 대유행으로 재정적 어려움을 겪은 것은 두말할 나위 없고 코로나19 사태가 발생하기 전에도 상황은 별반 다르지 않아서, 필자가 2016년 10월 코코룸에서 숙박했을 때도 주말을 제외하면 예약률이 저조한 편이었다.

하는 일의 종류나 범위에 비해 코코룸 직원은 매우 적은 편이다. 2007년경에는 직원이 10명 이상 있었지만, 2011년과 2014년 사이에는 5명까지 줄어들었다. 필자가 코코룸을 가장 최근에 방문한 2016년 10월에는 대표를 포함해 상근 직원 2명과 네다섯 명의 자원봉사자가

5 코코룸의 명칭에 대해서는 제1장 각주 4 참고.

6 코코룸은 원칙적으로 모든 프로그램을 무료로 제공한다. 다만 프로그램에 참여하는 사람에게 자발적인 후원을 요청한다. 또한 코코룸의 활동을 수록한 책, 보고서, 자료집 등을 판매한 수익금도 후원금에 포함하고 있다.

운영하고 있었다. 2022년 현재도 대표 이외에 상근 직원은 2명이 전부여서 각종 프로그램을 운영할 때 자원봉사자의 도움이 필수다. 코코룸에서 일하고 있거나 일했던 직원들은 시인, 음악가, 연극인, 문화인류학자, 파견 노동자, 현대철학 박사 수료자, 성소수자 등으로 성향이 매우 다양하다. 따라서 코코룸의 구성원이 누구냐에 따라 활동 내용이 다채롭게 변화하기도 한다. 그러나 2003년 설립 당시부터 현재까지 코코룸에 참여하는 사람은 대표인 우에다 카나요뿐으로, 이 절에서는 불가피하게 우에다 대표의 관점에서 코코룸의 설립 경위와 활동을 정리하고자 한다.[7]

그림 19. 코코룸(2008-2016년)

그림 20. 코코룸(2016년 이후, 우에다 카나요 제공)

우에다 카나요는 자신을 시 쓰기를 직업으로 삼은 시업가(詩業家)라고 소개한다. 2000년 무렵 자신의 시 낭독회에 참석한 한 젊은이가 시 쓰는 일을 직업으로 삼고 싶다고 했을 때 그녀는 긍정적인 답변을

7 코코룸의 성립 경위와 활동의 큰 흐름은 연구자가 우에다와 직접 실시한 세 차례의 인터뷰(2013. 2. 15, 2015. 1. 28, 2015. 2. 1)를 토대로 정리하되, 개별적인 사실(예를 들어 코코룸이 실시한 프로그램 이름과 일시)에 대해서는 우에다가 직접 출판한 책과 글, 인터뷰 기사(上田假奈代 2006, 2013, 2014, 2016) 및 코코룸에 관련된 기존 연구(萩原雅也 2010; 中川真 2007; 大瀧千輝 2015)를 참고해 재구성했다. 연구자가 인터뷰한 내용을 따올 때는 출처 표시를 하지 않았다.

해 주지 못했다. 우에다도 당시 오사카에서 카피라이터로 일하면서 시 낭독회를 기획한 것이어서, 정작 자신도 시인으로 생계를 유지할 수 있다는 확신이 없었기 때문이다. 그런데 우에다는 이 젊은이가 그로부터 얼마 지나지 않아 자살했다는 소식을 들었다. 마침 본인도 카피라이터 일에서 해고당한 터라 적지 않게 충격을 받았다. 이 일을 계기로 "포기할 것 같은 상태라도 자신의 생명을 믿는 일, 빛을 전하는 일 자체가 시인이 할 일이 아닐까"라는 문제의식을 느끼고, 2001년 스스로 "시업가"임을 선언했다(こたね制作委員会 2008: 22).

나라현(奈良県) 출신으로 교토에서 단기대학을 졸업한 우에다가 오사카, 그것도 가마가사키에 오게 된 것은 "노동운동을 해서도 아니고 노숙인에 대해 알기 때문도 아니었다." 우에다는 시인이었던 어머니의 영향을 받고 대학에서 디자인을 전공한 덕분에, 대학 시절 여러 분야의 예술가들과 각종 이벤트를 열거나 스스로 시 낭독회를 기획했다. 1999년 카피라이터를 그만두고 잠시 조리사 학교에 다니기도 했지만, 2000년 오사카에서 프리랜서 작가로 생활하며 시 창작 활동을 재개했다. 그리고 시업가 선언을 한 지 얼마 되지 않았을 때, 우연히 "오사카시가 [가마가사키의 길 건너편에 있는] 페스티벌 게이트의 빈 점포를 현대예술의 중심으로 만들려는 멋진 계획을 세웠다"라는 소식을 듣고 가마가사키와 인연을 맺은 것이다.

페스티벌 게이트는 신세카이에 지어진 도심형 유락 시설로, 1997년 개장 당시 건물 한가운데로 롤러코스터가 다녀 인기를 끌었다. 그러나 영업이 잘되지 않자, 2002년 오사카시는 예술문화액션플랜(芸術文化アクションプラン)을 근거로 페스티벌 게이트의 빈 점포를 현대예술의 거점으로 만드는 신세카이 아트파크사업(新世界アーツパーク事業)을 향후 10년간 추진하기로 했다(吉沢弥生 2011). 댄스, 음악, 영상미디어와 관

련된 활동을 하는 다른 세 곳의 NPO보다 다소 늦은 2003년 4월에 우에다도 페스티벌 게이트에 코코룸을 설립하고, 2004년 10월에 NPO로 등록을 마쳤다.

우에다는 신세카이 아트파크사업 덕분에 "오사카시가 임대료와 전기요금을 대신 내주니까 이를 다른 사람들에게 어떻게 돌려줄 수 있을까"를 생각하게 되었고, "공공성을 확보하기 위해서는 여러 사람이 모일 수 있는 카페를 열면 되지 않을까"라고 생각했다. 페스티벌 게이트 시절 코코룸은 "공간이 지금보다 조금 더 넓고, 카페에 공연할 수 있는 장소도 있어서" 우에다는 시 낭독회, 연주 토크쇼, 연극, 댄스, 밴드 공연 등 다양한 장르의 이벤트(2003년 〈낭독 이벤트 당신의 위에도 같은 하늘이〉, 2005년 〈즉흥시와 피아노 나와 당신 사이에〉)를 열 수 있었다. "카페를 하면 직원도 다 같이 식사를 할 수 있어서 얼마 안 되지만 인건비를 보완할 수도 있"으므로, "공연도 하고, 밥도 먹고, 또 사람들이 모여서 자기 이야기를 하"는 "1석 3조"의 효과를 거뒀다.

당시 코코룸에는 공연 예술가와 함께 "일이 잘되지 않는 것은 결국 자기책임이라며 고민하는 젊은이들"이 많이 찾았다. 우에다는 이 젊은이들의 이야기를 듣는 자리도 마련하고 취업 준비를 돕는 활동(2004-2007년 〈여러 가지 일에 관한 이야기를 듣는다, 살아가는 일〉, 2005-2007년 〈오사카시 취업지원 모델 사업 취로지원카페 코코룸〉)도 전개했다. 또한 장애인과 아이들의 이야기를 듣는 행사(2006년 〈장애가 있는 사람과의 낭독 무대〉, 2007년 〈아이와 장애가 있는 사람과 모두의 워크숍〉)도 열었다. "어디에서든 마찬가지지만 오사카에서 예술 활동을 하기는 쉽지 않다"라며, 우에다는 "표현 활동을 하면서 아티스트 매니지먼트를 동시에 추구"했다.

"2003년만 해도 노숙인이 많았"지만 "가마가사키는 페스티벌 게이트에서 길 하나 건너편에 있었는데도 가마가사키나 노숙인에 관해 아무도 이야기해 주지 않았다.” 그러던 중에 가마가사키에서 활동하는 사람들이 코코룸에서 모임을 하면서 우에다도 가마가사키의 일용직 노동자 및 노숙인에 대한 사회적 편견을 알게 됐다. 또한 가마가사키에는 복지와 의료와 관련된 단체는 많지만 마침 예술을 매개로 하는 곳은 없어서 “노숙인 중에도 표현 활동에 관심 있는 사람이 있지 않을까”라는 생각을 하게 됐다.

우에다는 “하지만 표현이라는 일을 그만두고 홈리스 지원을 하고 싶은가 하면 그것도 아니다. 표현이라는 일을 통해 카마가사키의 문제에 관여해 나가고 싶다”라고 생각했다(우에다 카나요 2011: 21). 노숙인의 자립을 뒷받침하는 잡지인 『빅이슈』의 발매 이벤트(2004년 〈reading the big issue〉)를 주최하고, 생활보호 수급자로 구성된 그림연극단 무스비[8](紙芝居劇団むすび)의 활동(2005년 〈무스비 프로젝트〉)을 지원하며, 가마가사키에서 생활하는 다양한 행위자들의 기억과 말을 기록하는 활동(2007년 〈기억과 사회를 잇는 프로젝트 마음의 씨앗으로서〉) 등을 활발하게 전개한 것도 이 때문이었다.

이 중에서 〈마음의 씨앗으로서(こころのたねとして)〉는 이후 코코룸의 활동에도 지속적인 영향을 미친 핵심적인 프로젝트였다(こたね制作委員会 2008). 이것은 두 사람이 짝을 이뤄 상대방의 이야기를 듣고 그것을 시로 써 보는 활동이다. 우에다는 표현 활동이 “여러 사람과 관계를 맺는 일”이라며 자기 생각을 일방적으로 드러내는 것이 아니라 타자와의 대화를 통해 자기 속의 타자를 도출해 내기 위해 이 방법을 고안했다고 말했다. 이후 시 쓰기 프로그램에 매번 이 방법을 적용해 표현 활동에 참여하는 사람이 상대방의 이야기를 충실하게 듣는 동시에 자기 목

8 이 단체의 활동에 대해서는 能川泰治(2013) 참고.

소리를 낼 수 있는 관계를 형성할 수 있도록 했다.

그러나 2005년 오사카시가 재정 부담을 이유로 갑자기 신세카이 아트파크사업을 중단하자, 코코룸은 페스티벌 게이트를 떠날 수밖에 없었다. 2008년 3월 페스티벌 게이트 매각이 기정사실화되었을 때, 우에다는 가마가사키에서 계속 활동하기로 했다. "코코룸의 활동은 이 장소의 힘으로 할 수 있었다"라고 믿었기 때문이다(こたね制作委員会 2008: 36). 하지만 이때 코코룸의 상근 직원은 모두 그만뒀다. 코코룸이 새로 입주할 동물원 앞 상점가에 있는 점포는 주점으로 사용된 곳으로(〈그림 19〉), 당시 직원이었던 예술가들이 연극이나 음악을 하기엔 너무 협소해 코코룸에서 계속 일할 이점이 없어졌기 때문이다(萩原雅也 2010: 88). 2008년 1월 결국 우에다 혼자 가마가사키에 코코룸을 다시 열었다.

3. 가마가사키예술대학의 추진 경과

우에다는 2008년이 코코룸 활동에서 중요한 전환기였다고 말했다. 2008년 6월 가마가사키에서 1992년 이후 처음 일용직 노동자 등에 의한 '폭동'이 발생했다.[9] 오키나와 음식점에서 직원과 노동자 사이에 발생한 문제로 니시나리경찰서에서 조사를 받던 중에 노동자가 폭행을 당했다고 노동조합에 하소연한 것이 직접적인 계기였다. 하지만 한 노동자의 말처럼 "소동은 일이 없어 쌓인 울분을 떨쳐 버리려는" 행위이기도 했다. 200–300명의 노동자 등이 1주일간 경찰기동대에 빈 병이

9 「不満と便乗, 西成過熱 労働者らによる騒動 '仕事ない' '祭りや'」, 『朝日新聞』 2008년 6월 19일 석간, 15면.

나 돌을 던지며 항의했다. 같은 해 가을에는 미국발 세계 경제위기로 일본 전역에서 파견노동자가 대거 해고됐다. 일본 사회 전체가 가마가사키처럼 변했다는 담론이 힘을 얻었다.

한편 제3장에서 살펴본 것처럼 2008년을 전후로 가마가사키에서 노숙인 수가 대폭 줄어들고 생활보호 수급자 수가 늘어났다. 가마가사키지원기구를 비롯한 여러 노숙인 지원 단체의 노력과 행정기관이 주소지가 불확실하다는 이유로 생활보호 신청을 거부하지 않기로 하면서, 노숙인이 간이숙박소를 주소지로 생활보호를 받을 수 있게 되었기 때문이다. 젊었을 때는 전국을 떠돌아다니며 일하던 일용직 노동자였고, 노후에는 오사카 시내를 배회하며 노숙하던 사람들이 생활보호를 받으면서 가마가사키에 지역주민으로서 정착하게 된 셈이다.

이처럼 변화된 지역적 맥락을 고려해, 코코룸은 가마가사키의 고령자가 참여할 수 있는 활동을 보다 본격적으로 전개해 나갔다. 예를 들어 코코룸에서 매달 공부 모임(2010년 〈가마가사키의 사상을 둘러싸는 모임〉)을 갖거나, 시나 편지를 쓰는 모임 혹은 그림을 그리는 자리를 마련해 고령자들이 자신의 생각과 감정을 표현할 수 있는 장을 만들었다. 또한 가마가사키에서 오랜 세월을 보낸 고령의 노동자를 인터뷰해, 이들의 삶을 책이나 영상으로 기록하는 작업(2010-2011년 〈주거와 커뮤니티 만들기 활동조성사업〉)도 진행했다. 2008년에는 가마가사키 여름 축제와 월동투쟁에서 습자 교실을 연 것이 계기가 되어, 한 서예가에게 지속적으로 화선지를 지원받게 됐다. 2009년부터는 우연히 알게 된 천문학자와 함께 지역 내에 있는 공원에서 해마다 두 차례씩 천문관측행사(〈가마가사키에서 별/달을 보는 모임〉)를 열었다.

또한 코코룸은 가마가사키에 지난 몇십 년간 축적된 사회경제적 격차를 축소하기 위한 지혜를 가마가사키처럼 변하고 있는 일본 사회

로 확산시키기 위해 2009년에 가만!미디어센터(かマン!メディアセンター, 이하 미디어센터)를 열었다(上田假奈代 2014: 4). 그러나 이 센터를 여는 과정에서 가마가사키 내부(생활보호 수급자로서 정착한 전직 일용직 노동자와 원주민인 상점주 사이)에 단절이 존재한다는 점을 인식하게 됐다. 원래 가마가사키미디어센터라는 명칭을 사용하려고 했으나, 동물원 앞 상점가의 상인회에서 부정적인 뉘앙스의 '가마가사키'라는 단어를 삭제해 달라고 요청한 것이다. 따라서 코코룸은 가마가사키의 "가마(釜)"와 누구나 찾아와서 이용할 수 있는 공공공간["컴온과 커몬즈(come onとcommons)"]이라는 복합적인 의미를 담아 미디어센터의 이름을 붙였다.

코코룸은 미디어센터를 일본과 가마가사키뿐만 아니라 가마가사키 내부를 연결하는 통로로 삼고자 다양한 활동을 펼쳤다. 예를 들어 미디어센터 앞에 TV를 설치하고 옛날 영화를 상영해 여러 사람이 영화를 감상하고 과거에 대한 자신의 경험을 나눌 수 있도록 했다. 또한 페스티벌 게이트에서 했던 것처럼 미디어센터 2층 공간을 활용해 다른 사람의 경험을 듣고 시를 짓는 표현 활동도 이어 갔다. 이 센터는 사람들이 별 계획 없이 모여 교류할 수 있는 "툇마루(縁側)와 같은 기능"을 했던 셈이다(우에다 카나요 2011: 22).

이처럼 왕성한 활동을 펼치면서도 우에다는 2010년경부터 고령자들이 스스로 코코룸에 찾아오기를 기다리는 것만으로는 부족하다고 느꼈다(上田假奈代 2016). 이 지역의 주민들이 고령화되면서 가마가사키의 제일 구석에 있는 코코룸까지 오기가 어려워졌기 때문이다. 따라서 지역에 있는 여러 시설을 빌려 표현 워크숍을 여는 〈가마가사키대학〉(2010-2011)이라는 활동을 기획했다. 그리고 이 지역을 연구하러 온 대학생, 대학원생과 고령자가 함께 공부하는 장을 마련해 표현 워크숍을 월 1회 개최했다. 2010년 이후 이 활동은 〈동네에서 관계 맺기, 조

그림 21. 가만!미디어센터(2013년)

금 살기 쉬워질 거야(まちでつながる, ちょっと生きやすくなるだろう)〉라는 프로젝트로 발전했다(上田假奈代·植田裕子·小手川望 2012; 上田假奈代·植田裕子 2013).

예를 들어 2011-2012년 〈동네에서 관계 맺기〉 프로젝트는 툇마루 잡담상담회(9회), 건강상담회(12회), 표현 워크숍(9회)을 각각 월 1회 정도 개최하는 방식으로 진행됐다(上田假奈代·植田裕子·小手川望 2012: 32). 잡담상담회에서는 어떤 문제에 대한 해결책을 구하는 것보다 "자신이 말하고 싶은 것은 가능한 한 마음에서 멀어지지 않게 이야기하고 서로 들어 주는 것을 중요하게 여"겼다. 나아가 "이 장은 흔히 지원하는/지원받는 관계를 통해 해결책을 구하는 것이 아니라, 목소리가 엮이면서 여러 입장이나 기억이 배열을 바꾸고 스스로 회복해 나가는 가능성"을 지향했다. 표현 워크숍과 건강상담회도 마찬가지였다. 표현 활동에서는 "위안이 된다(癒される)는 것보다 있기 편하다(居やすい)는 것에 주목"했다. "수동적 회복이 아니라 그곳에 한 사람 한 사람으로 존재하는 것을 스스로 인식함으로써 있기 편하다. (…) 일상이 다르다고 느끼고, 조

금 다르다. 그렇다. 일상이 조금 멋져지는 것을 바라며 이 일을 하고 있다"라는 느낌을 주고자 했다.

그러나 코코룸 운영진은 갑자기 건강 상태가 나빠질 수 있는 고령자들이 매달 1회 모임에 참여하는 것으로는 충분하지 않다는 것을 깨닫고, 이들이 코코룸 프로그램에 정기적으로 참여하여 생활 리듬을 유지할 수 있도록 수업을 집중적으로 편성할 계획을 세웠다. 이런 구상이 바로 〈가마가사키예술대학(釜ヶ崎芸術大学, 이하 예술대학)〉이라는 형태로 구체화됐다(植田裕子·茂木秀之·上田假奈代 2013: 1, 31).

코코룸은 2012년 11월부터 이듬해 2월까지 예술대학을 열고, 표현, 시, 철학, 서예, 천문학, 종교학, 감정, 예술, 지도 등 총 11과목의 강좌를 주 2-3회씩 총 42회 실시했다(植田裕子·茂木秀之·上田假奈代 2013: 36-37). 강의는 우에다와 그의 기획 취지에 공감하는 지리학자, 천문학자, 음악가, 간호사, 서예가, 미술가 등이 담당했다.[10] 누가 어느 정도 참여할지 예상할 수 없는 상황에서 예술대학 1기에 총 184명이 등록했고, 누적 인원 576명이 참여했다. 이들 "대다수는 생활보호 수급자인 고령의 단신 남성"이었지만, 그 밖에 "주변 지역에서 삶의 힘겨움을 안고 사는 사람들, 가마가사키에 흥미가 있는 사람들, 기획이나 조력자(facilitator) 역할을 배우고 싶은 사람들"도 있었다.

예술대학 수업은 참여자가 다양한 방법으로 자신을 드러내고 상대방과 소통할 수 있는 장이 되었다. 예를 들어 우에다의 시 수업에서는 〈마음의 씨앗으로서〉 프로젝트에서 개발한 방법에 따라 수업 참여

10 이들은 지난 10년간 코코룸의 활동에 참여했던 사람들이 주를 이뤘다. 예를 들어 음악 수업을 담당한 강사는 2005년에 코코룸에서 〈즉흥시와 피아노 당신과 나 사이에〉라는 공연을 연 음악가였고, 천문학 수업과 서예 수업을 담당한 강사는 가마가사키에서 열리는 축제에서 천문관측회와 습자교실을 도와주었던 이들이었다.

자들이 2명씩 짝을 짓고 그날의 주제에 대해 상대방에게 들은 이야기를 바탕으로 시를 지었다. 표현 수업은 언제나 자기소개로 시작해 언어와 신체의 움직임을 통해 자신을 최대한 드러내는 것을 지향했다. 지도 수업은 오사카시립대학에서 지리학을 가르치는 대학교수가 가마가사키의 역사를 설명하면 수업참가자들이 가마가사키의 과거, 현재, 미래를 지도로 표현해 보는 식이었다.

이러한 활동 속에서 참여자들은 점차 변화하는 모습을 보였다. "수업 전이나 휴식 시간에 대화가 이루어졌고", "대학 수업 이외에서도 교류하는 경우"가 생겨났으며, 누군가가 결석하면 걱정하면서 "동급생이니까" 하고 동료 의식을 드러내는 경우도 있었다(植田裕子·茂木秀之·上田假奈代 2013: 36). "처음에는 10분도 자리에 앉아 있지 못했던 사람이 점점 오랜 시간을 함께할 수 있게 됐고", 무엇보다도 "자기 이야기만 했던 사람이 다른 사람의 이야기를 들으려고 하는" 변화를 보였다.

코코룸은 이후에도 해마다 예술대학을 열고 있다. 2013년 9월부터 2014년 3월까지 진행된 제2기에는 11개 강좌가 총 60회 실시됐고, 누적 참여 인원은 1,114명에 이르렀다(植田裕子·上田假奈代 2014: 63). 2014년 8월에는 요코하마 트리엔날레에 정식으로 참가해 예술대학 참여자들의 시, 서예, 그림 등을 전시했다. 2015년부터는 예술대학을 전기와 후기로 나눠 1년 내내 운영하고, 예술대학 대학원 과정도 개설했다. 또한 2015년 2월과 2016년 1월·10월에는 오사카시립대학과 협력해 예술대학의 활동을 발표하는 〈가마가사키 오!페라〉를 열었다. 코로나19가 유행한 2020년 이후에도 가마가사키대학·대학원 프로그램을 온라인 등 여러 가지 형식을 동원해 운영하고 있다.

코코룸에 관여하는 사람들은 예술대학이 "코코룸이 지금까지 해온 이름 붙이기 어려운 활동 중 일부에 굳이 이름을 붙인 것뿐"이라고

말한다(植田裕子·上田假奈代 2014: 1). 이 모든 활동은 일용직 노동이나 노숙을 겪은 고령자의 "목소리로 표현되지 못한 목소리(声にならない声)"를 "우리가 대변하는 것이 아니라 그들 스스로 드러내는 편이 좋다"라는 생각에 바탕을 둔다는 점에서 일관된다(植田裕子·茂木秀之·上田假奈代 2013: 30). 나아가 예술대학도 코코룸의 다른 예술 프로그램과 마찬가지로 "지원하다/지원받다, 가르치다/배운다는 고정된 관계가 아니라" 같은 "장(場)에 있는 사람들을 신뢰하고 서로 안심된다고 생각할 수 있는" 관계를 형성함으로써, "솔직한 표현이 가능한" 공간을 만드는 활동이라고 할 수 있다(上田假奈代 2013: 26).

정리하면, 코코룸은 "전문 예술가에 의한 발표·표현의 장에서 가마가사키에 사는 사람들이 예술과 만나고 여러 사람과 교류할 기회를 얻는 장소 및 활동으로 변화"됐다(萩原雅也 2010: 87). 2008년 가마가사키로 이전하기 전에도 예술을 통해 사람들을 매개하는 활동을 펼쳤으나 2008년 이후에는 이 지역과의 관계가 더욱 두터워졌고, "예술에서 소외된 사람들이 주체적으로 활동하는 장, 즉 예술문화를 통해 사람과 사람을 연결하는 창조의 장이 됐다"(88)라고 평가할 수 있다.

4. "친밀하면서도 공공적인 장소"

코코룸의 한 직원은 가마가사키에서 활동하면서 여전히 "정말 곤란한 사람에게는 예술보다 먼저 해 줄 일이 있죠"라는 말을 종종 듣지만, "10년 가까이 가마가사키와 관계 맺고 여러 가지 활동을 하면서 표현이 갖는 가능성을 느꼈다"라며 코코룸이 전개하는 활동의 의의를 설명했다(上田假奈代·植田裕子 2013: 23). 이 절에서는 "예술문화를 통해 사람과 사람을 연결하는 창조의 장"으로서 코코룸이 갖는 특징을 이바쇼라는 개념을 통해 고찰해 보고자 한다.

2015년 1월 예술대학 서예 수업에서 만난 A씨(60대)는 자신은 시가현(滋賀県) 출신으로, 베트남전쟁에 참전한 적이 있고 현재는 생활보호를 받기 때문에 일하지 않는다고 소개했다.[11] 그는 가마가사키 인근에 있는 니시나리고등학교 학생과 함께한 예술대학 서예 수업에서,[12] 도장이 빼곡히 찍힌 출석증을 필자에게 보여 주며 예술대학 수업에 거의 빠지지 않았다고 자랑했다.

그러나 우에다에 따르면, 2013년 A씨가 코코룸을 처음 찾은 이유는 표현 활동에 관심이 있어서라기보다는 코코룸을 지원 단체로 착각해 자신의 불행을 하소연하기 위해서였다. A씨는 베트남에서 일본으로 돌아온 후 사업에 성공한 적도 있었으나, 그 후 경제적 어려움을 겪다가 반려동물을 키우는 문제로 집주인과 갈등을 빚다 결국 노숙을 택했다. 노숙 생활 중에는 지역주민과의 갈등으로 경찰에 체포되는 일도 있었다. A씨는 카페에 찾아올 때마다 다른 사람의 말은 듣지 않고 자신의 불행한 사정만 늘어놓거나 자살하고 싶다며 주위 사람들을 불안하게 만들었고, 때로는 코코룸 직원과 다투기도 했다.

그러던 중에 그는 문득 "고통스러우니까. 아무것도 하지 않고 좀

11 이하 A씨에 대한 논의는 연구자가 A씨와 나눈 대화, 우에다와의 인터뷰에서 A씨에 관한 내용, A씨를 다룬 신문 기사(「釜ヶ崎狂言 人生を舞う」, 『朝日新聞』 2014년 9월 18일 석간, 13면), 그리고 A씨를 인터뷰한 다른 연구자의 석사학위논문(大瀧千輝 2015)을 바탕으로 재구성한 것이다.

12 니시나리고등학교는 오사카 지역의 동화지구 중 가장 큰 니시나리부락에 있는 공립고등학교로, 가정환경이 어려운 학생들이 사회에서 당당하게 살아갈 힘을 갖도록 하는 반빈곤학습(半貧困学習)을 실시하는 곳으로 잘 알려져 있다. 이 학교의 교육 프로그램에 대해서는 박지환(2016)을 참고.

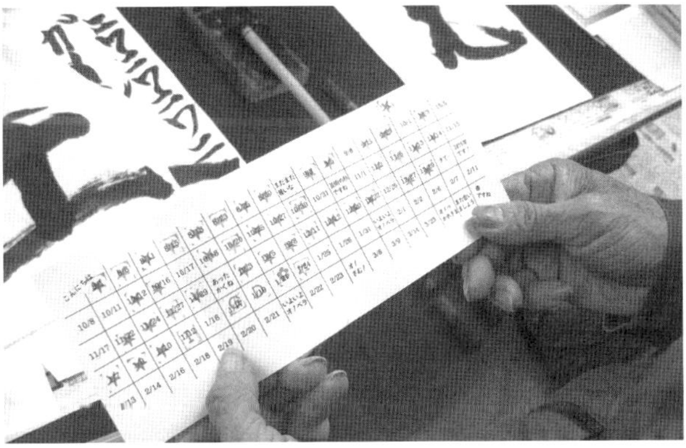

그림 22. 예술대학 출석증(2015년)

은 방에 혼자 있으면 고립되어 버리니까"라는 생각이 들어 예술대학 2기(2013-2014)에 참여했다고 말했다. 이런 사실은 예술대학 보고서에 게재된 그의 글에서도 확인할 수 있었다(植田裕子·上田假奈代 2014: 51). "혼자 있으면 생명에 대해 지나치게 생각해 죽음을 맞이하자는 마음을 갖기 때문에, 가마가사키예술대학에 참여하게 됐다." 처음에는 상대방의 이야기를 듣고 시를 짓는 수업에서도 일방적으로 자기 이야기만 하느라 상대방에게는 질문조차 할 수 없었다. 또한 그는 성과발표회에서 배역을 맡고도 연습 도중에 한참 나타나지 않기도 했다.

2014년 2월 그는 예술대학 2기 성과발표회에서 막간극(狂言)의 완고한 남편 역할을 맡아 관객들에게 큰 감동을 주면서 변화의 계기를 맞았다. "어디에 가더라도 누구에게도 사랑받는 일이 없는 나. 가족에게도 사랑받지 못해. 어디에 가더라도 소외감이 나를 따라다닌다"라고 생각해 왔던 A씨는 성과발표회 이후 코코룸에서 자신이 인정받았다고 생각했다. 따라서 "가마가사키예술대학"을 "내 삶의 근원으로 삼고 싶다"라고 회고했다(植田裕子·上田假奈代 2014: 51). 그는 이제 시 수업에서 다른 사람의 이야기에 귀 기울일 줄 안다.

제1장에서 코코룸에 관심 갖게 된 계기를 설명하며 인용했듯이, 필자는 예술대학 1기 성과발표회에서 만난 B씨의 발언에서도 사회적으로 배제되는 경향이 있는 사람들에게 예술대학이 자립 의지를 북돋는 장임을 확인할 수 있었다. 2013년 2월에 열린 1기 성과발표회는 예술대학의 졸업식을 겸한 자리였다. 이 자리에서 예술대학 1기 참가자 중 15회 이상 출석한 3명(이 가운데 1명은 총 42회 중 37회 참석)은 감투상과 최고상을 받았다. 다소 초라한 차림새였던 B씨는 "3일간 일을 하지 않으면 금전적으로 곤란해진다"면서도 "예술대학에 오면 마음이 풍부해"지기 때문에 감투상을 받을 정도로 수업에 열심히 참석했다. 그리고 다음과 같은 수상 소감을 통해 예술대학은 자신에게 힘이 되는 장소라고 정의했다.

> 오늘 사실은 일해야 하는 날이었습니다. 그런데 일을 쉬고 여기에 왔습니다. 왜냐하면 가마가사키예술대학의 마지막 날이기 때문입니다. 마지막이라고 하니 안타깝고 외롭네요. 우연히 예술대학에 들어와, 우연히도 여기에 있게 되었습니다. 내가 대학에 들어갈 수 있을 거라고는 생각도 못했습니다만, 예술대학에 참여해 대학생이 되었습니다. 또 친구도 많이 생겼습니다. 저는 가마가사키예술대학 1기생이라는 사실을 자랑스럽게 생각합니다. 저는 따돌림을 당하기도 했는데, 이곳은 그런 저에게 힘을 주는 곳(パワースポット)입니다. (…) 가마가사키를 활성화하는 일을 하고 싶어요. 노숙인을 줄이는 일을 하는 회사를 만들고 싶습니다. 관련된 블로그를 만들 생각이에요. 노숙인은 모두 살려고 합니다. 배고프니까 무료 급식하는 곳에 줄을 섭니다. 살려고 하는 겁니다. 종이도 줍고 알루미늄 캔도 모으고. 가마가사키가 [도쿄에 있는 요세바] 산야(山谷)처럼 죽게 내버

려 두지는 않을 겁니다. 내가 아는, 예전 가마가사키의 활력을 되찾고 싶어요. 현재 가마가사키는 생활보호 수급자의 동네입니다. 그것만이 아니라 다다미 세 장짜리 방에 살더라도 노숙에서 벗어나 일하며 생활할 수 있는 곳으로 만들고 싶습니다(2013. 2. 16).

A씨와 B씨의 사례에서 예술의 사회적 가능성이란 표현 활동을 통해 사회적으로 소외되기 쉬운 사람들이 다른 사람을 신뢰하고 자기에 대한 믿음을 회복할 수 있는 공간, 즉 이바쇼를 창출하는 것이라고 해석할 수 있다. 코코룸이 창출한 공공공간을 통해 B씨는 단지 자존감을 회복하는 데 그치지 않고, 자신이 사는 지역사회에 적극 참여하려는 의지까지 얻게 되었다. 우에다도 지난 15년간의 활동을 정리한 글에서 "표현 활동을 지탱하는 것은 서로의 존재를 인정하고 중요하게 여기는 장을 만들고 있는가"라는 사실을 인식하게 되었으며, "표현 자체보다 표현할 수 있는 장을 만들었는가, 그 장의 일원으로서 그리고 타자로서 살아가고 있는가"라는 문제가 중요하다고 지적했다(上田假奈代 2016: 55).

나아가 코코룸이 표현 활동을 통해 창출하는 이바쇼에서는 생활보호 수급자가 코코룸 직원에게 의존하는, 즉 대상자와 지원자 사이의 일방적 관계가 성립되지 않는다는 점이 중요하다. 코코룸의 예술 프로그램은 "할아버지들을 지원하는 프로젝트가 아니다(植田裕子·上田假奈代 2014: 3)." 참여자 중 상당수인 할아버지들의 말에서 "지역 외부의 참가자들이 힘을 받기도 하"고 동시에 이런 말은 "새로운 사람과의 만남에 의해 뒷받침되는 것"이라고, 코코룸의 직원뿐만 아니라 코코룸의 예술 프로그램에 참여하는 사람들도 생각하고 있다.

코코룸이 만든 공간에서는 복지 제도에 의존해 살아가는 고령자만이 자존감을 회복하는 것이 아니다. 수업하는 강사도, 가마가사키 이

외의 지역에서 찾아온 수강생도 힘을 얻는다. 예를 들어 예술대학에서 천문학 수업을 담당한 대학교수는 수강생 중 누구도 천문학자가 될 리 없고 천문학 연구비를 댈 사람은 더더구나 없지만, 예술대학 수업을 하면서 "예술처럼 [경제적으로] 도움이 안 되는 일"인 천문학을 공부하는 즐거움을 새삼 체험했다고 회고했다(植田裕子·上田假奈代 2014: 55). 졸업 논문을 쓰기 위해 코코룸을 찾은 대학생은 "전혀 공통점이 없는 사람끼리 진지하게 대화를 나누는 것은 불가능하다"라고 생각했지만, 자기 이야기를 "참여자 모두가 진지한 표정으로 들어 주는" 것을 경험하면서, "이해할 수 없는 것이 있더라도 인정하는 것이 살기 쉬운 환경을 만드는 일이라는 점"을 깨달았다고 밝혔다(上田假奈代·岡本マサヒロ 2011: 33).

코코룸에서 각종 예술 프로그램을 준비하고 카페와 게스트하우스를 운영하는 직원도 마찬가지로 힘을 얻는다. 2016년 2월에 만난 직원 C씨는 홋카이도 출신의 20대 남성으로 "나 자신도 이바쇼가 없는 사람"이라고 자신을 소개했다(2016. 6. 28). 그는 오사카에 오기 전 1년간 아이치현(愛知県) 오와리(尾張) 지역의 자동차 공장에서 일했다. 그곳에서 파견 노동자로 일하는 데 쉽게 적응할 수 없었는데, 그 이유는 "다들 돈 벌어서 [다른 곳으로] 나가려는 생각밖에 없어서" 젊은 동료들과 섞이는 것이 힘들었기 때문이었다. 근본적으로 "회사에서 가족 같은 유대감을 가지는 것은 정사원에게나 해당하는 것"일 뿐 "파견[노동자]은 거기[정사원]에 붙어 있는 사람들"로 "기껏해야 반려동물" 취급을 받을 뿐 "필요 없으면, 성과를 내지 못하면 언제든지 버려 버리는" 분위기가 강했다. 이에 비해 코코룸은 자신처럼 "이바쇼가 없는 사람을 쉽게 받아 주는 곳"이라고 설명했다.

이처럼 이바쇼로서 코코룸은 지원자–수혜자 관계로 환원할 수 없는, 다양한 개개인이 표현 활동을 통해 연결되면서 서로에게 힘을 불어 넣어 주는 공공공간이다. 코코룸에서 2012년부터 직원으로 일하고 있는 D씨에 따르면(2016. 6. 28), "돌봄을 받는 사람들은 보통 미안하다고 생각하지만, 여기에 오시는 할아버지들은 자신이 코코룸을 지탱하고 있다 혹은 응원하고 있다고 생각한다." 여기 할아버지들은 코코룸에서 "돌봄 받고 있다고 생각하지 않으시니까 부담 없이 드나드실 수 있"고 "실제로도 모두 공평하게 대한다." 그는 코코룸이 "할아버지들이 40년간 표현하지 못한 것을 끌어낸다기보다는 삭힌 것을 녹이는 역할"을 할 뿐이며 "그 과정에서 재미있는 작품이 나오길 기대한다"라고 덧붙였다.

이바쇼로서 코코룸은 일본 사회의 "멤버십주의"가 의미하는 것처럼, 소속집단에 대한 조건 없는 동조와 그 대가로 생활 안정을 보장하는 조직과는 다르다. 오히려 코코룸을 드나드는 사람들 사이에는 긴밀함보다 D씨의 표현대로라면 "어떤 종류의 차가움"이 존재한다. D씨는 "지금 코코룸은 배려(気づかい)와 보살핌을 줄 사람이 필요하다"라고 하면서도 그것이 "간호나 노인 돌봄(介護) 같은 것은 아니"라고 했다. 오히려 "말기 암 환자에게도 스쳐 지나가며 '건강하세요(元気に)'라고 말했던, 여자[직원]들이 보여 준 일정한 차가움이 필요하다"라고 덧붙였다.

실제로 필자도 코코룸을 방문할 때마다 언어화하기 힘든 "어떤 종류의 차가움"을 느낀 적이 많았다. 일본 가게에서는 종업원들이 큰 소리로 "어서 오세요"라고 인사하는 것이 일반적인 데 비해, 코코룸에는 차를 마시러 오는 손님뿐만 아니라 예술의 사회적 가능성에 관심 있는 학자나 예술가가 연구를 위해 워낙 많이 방문하는 탓에 누가 카페에 들어오는지 혹은 들어와서 무엇을 하는지 별로 신경 쓰지 않는 분위기였다.

2015년 2월 필자가 예술대학 수업에 참여하기 위해 코코룸을 방문했을 때도 코코룸이 공공공간으로서 지닌 "어떤 종류의 차가움"을 관찰할 수 있었다. 이날 우에다는 30대 초중반으로 보이는 남자와 이야기를 나누고 있었다. 그는 장애가 있다고 했다. 줄곧 공장의 생산 라인에서 일했는데, 자신의 장애를 직장 동료들이 제대로 이해해 주지 않아 일을 그만두었다며 대기업에 취업하고 싶다고 호소했다. 이야기를 듣던 우에다는 오늘은 일요일이니 월요일에 다시 찾아오면 장애인 수첩을 재발급받고 취업하는 방법을 알려 주는 곳을 소개해 주겠다고 했다. 그러고는 잠시 후에 있을 예술대학 수업에 그를 초대했고, 그는 2시간 동안 그곳에 앉아 있다가 돌아갔다.

이 사례는 가마가사키처럼 공적인 지원 조직이 많은 지역에서도 주말에는 운영하지 않는 곳이 꽤 있어서, 일요일에도 카페를 여는 코코룸이 이런 경우에 사회적 약자의 목소리를 수용하는 공공공간으로 기능할 수 있음을 보여 준다. 또한 복지 문제나 노동 문제는 코코룸의 영역이 아니므로 아무리 장애가 있는 사람의 사정이 어렵다고 해도 코코룸 직원이 깊이 관여하지 않는 모습도 관찰할 수 있다.

정리하면, 코코룸이라는 이바쇼는 집단과의 "강한 연대"를 중시하는 전후 일본 사회의 가족, 학교, 회사와 같은 공동체와는 달리 "느슨한 연결 관계나 유연한 참가"가 주가 되는 자율적인 공간이라고 할 수 있다(上田假奈代·岡本マサヒロ 2011: 34). 이런 사실은 40대 중반의 대학 비상근 강사로 예술대학 수업에 참여한 남성이 "이바쇼"로서 코코룸이 갖는 특징을 "타자에게 필요한 존재라고 인정받는 것을 실감할 수 있는 친밀하면서도 공공적인 장소(親密かつ公共的な場所)"라고 정의한 것에서 함축적으로 드러난다(植田裕子·上田假奈代 2014: 57).

이 비상근 강사에게 코코룸은 "안도감과 마음 편안함, 거기서 유래하는 자유와 즐거움, 웃음이 넘치는 곳"이지만, 동시에 "불안정한 수

입밖에 얻지 못하는 일"뿐만 아니라 "인간관계로 얽힌 심신의 피로"에서 벗어날 수 있는 곳이었다. "친밀하면서도 공공적인 장소"라는 표현은 코코룸이 이바쇼로서 수행하고 있는 이중적 기능, 즉 사람들 사이의 관계를 연결하면서도 개개인이 상대방에게 일방적으로 의존하지 않고 자율성을 지킬 수 있도록 한다는 점을 적절히 포착한 개념이라고 할 수 있다.

5. "의존하지 않으면서 의존하는" 자립

오늘날과 같이 신자유주의적 통치성이 지배하고 있는 시대에 자립을 이야기하는 것은 자기책임론으로 귀결될 위험성이 크다. 가마가사키의 생활보호 수급자가 술, 마약, 도박에 공적부조로 받은 돈을 쓴다는 기사가 보도될 때마다 사회적 비난이 쇄도하는 것도 자기책임론의 연장선에 있다고 할 수 있다. 하지만 자립 의지는 무(無)에서 생겨날 수 없다. 또한 주거나 금전 면에서 생활 기반이 안정된다고 해서 자연스레 생겨나는 것도 아니다. 가마가사키에서 오랜 세월 일용직 노동을 하며 살아온 사람들, 그중에서도 노숙하다가 생활보호를 받게 된 사람들은 자존감을 되찾기 위해 "친밀하면서도 공공적인 장소"를 필요로 한다. 무연사회의 문제에 대처하는 한 방법으로 코코룸이 시도한 것과 같이 자기 목소리를 표현하고 이를 타자에게 이해받을 수 있는 공적인 장을 만들어 가는 것이 있다.

그러나 코코룸의 모든 직원이 이 공간을 "친밀하면서도 공공적인 장소"로 규정하는 데에 동의하는 것은 아니었다. 우에다는 미디어센터를 열어 코코룸을 더욱 다양한 사람과 만나는 장으로 만들고자 했을

때, 다시 한번 전 직원이 퇴직하는 일을 겪었다(上田假奈代 2014: 4). 왜냐하면 코코룸도 어디까지나 카페이기 때문에 맛있는 요리를 제공하는 것이 중요하다고 생각한 직원들도 있었기 때문이다. 이처럼 코코룸에 찾아오는 사람들의 인생 역정처럼 코코룸이라는 공간의 성격도 늘 유동적이다. 그럼에도 "이곳이 의지할 수 있는 곳(溜めの場)이 되길 바라는 사람도 있다"라는 점은 분명하다(6).

문제는 "의지할 수 있는 곳"을 통해 창출하는 자립의 방식이 무엇인가라는 것이다. 이바쇼로서 코코룸은 "의존하지 않으면서 의존하는(恃まずに恃む)" 자립의 방식을 지향한다. "의존하지 않으면서 의존하는"이라는 모순된 표현은 가마가사키의 전직 일용직 노동자의 삶에 관한 이야기를 듣고 시인 다니카와 슌타로(谷川俊太郎)가 지은 시에 나온다. 이 표현은 2016년 10월 코코룸에서 열린 〈제3회 가마가사키 오!페라(釜ヶ崎オ!ペラ3)〉에서 상영한 다큐멘터리 〈의존하지 않으면서 의존하는 가마가사키(恃まず恃む釜ヶ崎)〉의 제목에도 사용됐다.[13] 우에다는 이 표현이 일용직 노동자가 지금껏 육체노동을 통해 자립적으로 살아왔으나, 나이가 들면서 다른 사람에게 의존할 수밖에 없는 상황에 놓이자 이에 대해 힘들어하는 심정을 잘 담고 있다고 설명했다. 가마가사키의 생활보호 수급자 중에는 비슷한 감정을 지닌 사람이 많이 있을 것이다. "의존하지 않으면서 의존한다"라는 말을 조금 더 명료하게 설명한다면 타자에게 의존하면서도 자율성을 유지하는 형태의 자립이라고 할 수 있다. 코코룸이 지향하는 자립(自立)의 의미를 설명해 달라고 하자, 우에다는 다음과 같이 대답했다.

13 「自主制作映画 釜ヶ崎オ!ペラ: 恃まず, 恃む釜ヶ崎 2016」, https://www.youtube.com/watch?v=tudnTcz1jCA (검색일: 2022. 7. 28).

지리쓰(じりつ)[14]에는 자립(自立)과 자율(自律) 두 가지가 있는데, 코코룸에서 지향하는 것은 후자가 강해요. 사람은 혼자서 살아갈 수 없어요. 서로 관계를 맺으면서 살아가는 존재지요. 서로 도와주면서 말이죠. 한때는 서로 도와주는 끈적끈적한 관계가 싫어서 그런 관계에서 도망치려고 한 적도 있었어요. 중요한 것은 다른 사람과 어울리면서도 어떻게 하면 자율성을 지키는가, 그 균형을 잡는가 하는 것이죠. 어려운 상황에 처했을 때 다른 사람에게 "도와줘"라고 말할 수 있는 것도 자립·자율이라고 생각해요. 누가 다른 사람에게 신세 지지 않으면서 살아갈 수 있겠어요(2015. 2. 1).

"의존하지 않으면서도 의존하는" 자립, 혹은 의존과 자율 사이의 균형을 유지하는 자립은 현재와 같이 신자유주의적 통치성이 지배적인 시대에 강제되는 자립의 방식, 즉 자기책임과는 다르다. 제1장에서 검토한 바와 같이, 자기책임론은 마치 기업의 주주가 투자의 결과를 받아들여야 하는 것과 마찬가지로 개인이 스스로 선택한 결과에 대해 전적으로 책임져야 한다는 논리다. 이러한 논리에는 개인이 처한 사회경제적 상황에 대한 배려나 한 사람이 다른 사람과 맺는 사회적 관계에 대한 고려가 들어설 여지가 없다. 즉, 자기책임론은 무인도에서 살아남기 위해 모든 일을 스스로 해결해야 하는 로빈슨 크루소와 같이, 근대사회의 개인은 자신이 직면하고 있는 조건과 관계없이 다른 사람에게 의존하지 않고 자신의 인생에 대해 전적으로 책임져야 한다는 사고방식을 극단적으로 강제한 것이라고 할 수 있다(최정운 1999).

이에 비해 의존-자율형 자립에서는 개인이 사회적 존재라는 전제 아래 타자 혹은 집단에 의존하며 살아간다는 것을 인정하면서도, 동시

14 '자립'과 '자율'은 일본어 발음이 모두 '지리쓰'로 동일하다.

에 자신의 의지대로 살아갈 수 있는 자율적인 영역을 중시한다.[15] 코코룸에서 2012년부터 1년간 일했던 한 직원의 말처럼 가마가사키, 그리고 코코룸에서는 "실패하는 사람이 있는 것도 당연"하며, "모두가 도와주려고 힘을 합치는 것은 아니더라도 누군가가 손을 뻗음"으로써 실패한 사람도 스스로 일어날 수 있다고 생각한다(植田裕子·上田假奈代 2014: 42). 다시 말해, 코코룸과 같이 "친밀하면서도 공공적인 장소"가 누구에게나 열려 있을 때, 실패를 겪은 개인도 타자/집단에 의존하는 데서 비롯되는 수치심이나 부담감에서 어느 정도 벗어나 자기 의지대로 삶을 영위하면서도 모든 사회적 관계로부터 고립되는 것을 피할 수 있다.

신자유주의적 통치성이 초래한 삶의 불안정을 해소하기 위해 타자/공동체에 종속되는 것을 받아들일 수는 없다. 전후 일본 사회의 맥락에서 보자면 경쟁이 치열해져 살기 힘들어졌다고 해서 가족, 학교, 회사와 같은 집단에 대한 동조, 심지어 그런 집단에 충성을 요구하는 방식으로 되돌아갈 수는 없다. 왜냐하면 이런 집단의 일원이 되면 생활의 안전을 보장받을 수 있을지는 모르지만, 그러한 안전은 개인의 자율성을 희생하지 않은 채 담보할 수는 없기 때문이다.

예를 들어 일본형 학교경유취직 시스템은 일본 청년들이 사회에서 안정적인 일자리를 확보하는 데 크게 기여한 제도로 평가받지만, 동시에 고등학생에게 졸업 후 바로 들어갈 직장을 제공한다는 이유로 각자가 희망하는 직장에 지원할 응시 기회조차 박탈하는 억압적인 측면

15 中山博晶(2019)는 노숙을 경험한 사람들이 가마가사키에서 표현 활동을 접하며 다른 사람과 관계를 맺고 동시에 주체적인 생활을 영위하는 양상을 기술하고, 이러한 생활 실천에서 나타나는 존재 방식을 "산다는 것의 '주체성'을 근저에 간직한 '포섭' 형태(生きることへの「主体性」を根底に据えた「包摂」像)"라고 명명했다. 이것은 "의존-자율형 자립"과 일맥상통한다.

을 갖고 있다(박지환 2016). 따라서 학교경유취직 시스템을 확대 적용하는 것이 고등학교 졸업자의 취업 문제를 해결하는 데 유일한 해답이 될 수는 없다. 오히려 이 학생들이 학교를 졸업한 후에도 의지할 수 있는 다양한 사회 네트워크를 학교에서 알려주고, 행정과 민간단체가 협력해 이런 네트워크를 공적 시스템 속에 구축하는 것이 더 중요하다. 그래야만 이들이 설령 학교에서 사회로의 이행 과정에서 여러 가지 어려움(단지 직장을 구하지 못하는 것에 한정되지 않는 삶의 힘겨움)을 겪더라도 한 순간에 고립과 빈곤의 상태로 미끄러지지 않고, 자율성을 지닌 사회적 주체로서 다시금 일어날 수 있을 것이다.

요약하면, 코코룸이 보여 준 실천은 일본의 시민사회가 "사회적 안전과 자유의 새로운 형식"을 만들어 가고 있는 과정의 한 예다(이은경·박지환 2017: 16). 무연사회의 과제는 가마가사키와 같은 특수한 지역의 문제가 아니라 일본 사회 전체의 문제다. "신자유주의적 자립"도 "회사주의"도 이 문제에 대한 해답이 될 수 없다. 대신 코코룸의 사례는 일본의 시민사회가 무연사회의 문제를 해결하기 위해 의존과 자율이 양립할 수 있는 "친밀하면서도 공공적인 장소"를 생산하는 길을 모색하고 있음을 보여 준다.

제6장

고령자를 위한 고령자에 의한 장소 만들기

「고령자를 위한 고령자에 의한 장소 만들기: 오사카시 히토하나센터의 사례」, 『비교일본학』 40, 2017, 1-29쪽을 개고하여 수록했다.

1. 사는 데 익숙한 곳에서 노년 보내기?

일본어에서 3K는 영어의 3D(difficult, dangerous, dirty)에 상응하는 표현으로, '힘들고(きつい, kitsui) 위험하며(きけん, kiken) 더러운(きたない, kitanai)'을 뜻하는 각 단어의 일본 발음을 로마자로 표기했을 때 머리글자인 K만을 따온 것이다. 그러나 최근에는 3K가 열악한 노동환경을 묘사하는 데 국한되지 않고 초고령사회(超高齢社会) 일본의 현실을 상징하는 표현으로도 사용되고 있다.[1] 이 경우 3K는 고령자가 노후에 느끼는 세 가지 불안 요인, 즉 '경제(経済, keizai)[2], 건강(健康, kenkō), 고독(孤独, kodoku)'을 뜻한다. 여기에는 나이가 들어서도 개인으로서 존엄을 유지하며 자립적인 생활을 영위하기 위해서는 건강해야 할 뿐만 아니라 경제력이 있어야 한다는 지극히 현실적인 상황이 반영되어 있다(NHK 스페셜 제작팀 2016). 또한 고령자 개인이나 고령의 부부로만 구성된 가구가 늘어나는 한편[3] 지연과 혈연의 약화로 고령자가 고립되는 사회 현실도 투영되어 있다(NHK 무연사회 프로젝트팀 2012).

일본 정부는 고령화에 따른 사회 변화에 돌봄의 사회화를 추진함

1 유엔이 제시한 기준에 따라 65세 이상 인구의 비율이 20%를 초과한 경우를 초고령사회라고 분류하면, 일본은 2005년에 고령화율이 20.2%에 도달해 이미 초고령사회에 진입했다(厚生労働省 2016b: 6). 이후 고령화율은 계속 높아져 2020년 현재 28.8%를 기록했으며, 2065년에는 2.6명 중 1명이 65세 이상일 것으로 예상된다(内閣府 2021: 2-3).

2 경제를 대신해 '돈(金, kane)'을 제시하는 경우도 있다.

3 2015년 현재, 65세 이상 고령자가 포함된 가구 구조별 비율을 살펴보면, 3세대 가구의 비율은 12.2%, 고령자가 미혼인 자녀와 동거하는 가구의 비율은 19.8%인데 비해, 고령자 단독가구의 비율은 26.3%, 고령자 부부만으로 이루어진 가구의 비율은 31.5%에 달한다(厚生労働省 2016a: 17-18). 1986년의 해당 비율은 각각 44.8%, 11.1%, 13.1%, 18.2%였으므로 지난 30년 사이에 3세대 가구가 30% 이상 줄어들고, 고령자로만 구성된 가구가 20% 이상 늘어난 셈이다.

으로써 대응하고자 2000년 장기요양보험제도[4]를 도입했다(윤혜영 2014: 99-107). 고령자가 병원에서 장기 요양하는 비용을 의료보험제도로 감당하는 데 재정적 한계에 부딪혔기 때문이다. 동시에 가족(특히 며느리)이 부모의 노후를 책임져야 한다는 사회적 규범이 약화되고(지은숙 2017: 194-196), 1999년 남녀공동참획사회기본법(男女共同参画社会基本法)이 제정된 것이 상징하듯 남녀 누구나 사회에 평등하게 참여할 수 있어야 한다는 사회 인식의 변화도 일본 정부가 장기요양보험제도를 도입한 배경이었다(오사와 마리 2009: 100).

일본의 장기요양보험제도는 기초자치단체와 지역사회의 역할을 강조하는 것이 특징이다(윤혜영 2014: 100-102). 2005년 개정에서 기초자치단체가 지역포괄지원센터를 설치하고 지역 밀착형 서비스를 제공함으로써, 고령자가 굳이 요양시설에 들어가지 않더라도 일상 생활권 내에서 돌봄 서비스를 받을 수 있도록 했다. 2011년 개정에서는 각 기초자치단체가 지역포괄돌봄계획을 수립하고 자치회, 사회복지협의회에서부터 NPO나 자원봉사단체까지 포함하는 지역돌봄회의를 구성·운영할 것을 규정했다.

이러한 정책 기조가 응축된 개념이 바로 지역포괄돌봄시스템(地域包括ケアシステム)이다. 이것은 "지역의 실정에 맞게 고령자가 가능한 한 사는 데 익숙한 지역에서 자기 능력에 맞춰 자립적인 생활을 영위할 수 있도록, 의료·노인돌봄·노인돌봄예방·주거 및 자립적인 일상생활

4 일본에서 장기요양보험 제도는 65세 이상의 고령자뿐만 아니라, 40-64세의 의료보험 가입자 중 말기 암이나 관절의 노화로 인해 돌봄을 받을 필요가 있는 경우에도 적용된다(厚生労働省老健局 2021: 5). 그러나 일본에서도 2021년 현재 장기요양 서비스를 받은 사람의 대다수는 고령자(645만 명)이고, 40-64세 서비스 수혜자는 13만 명에 불과하다.

등에 대한 지원을 포괄적으로 확보하는 체제"다(厚生労働省 2016b: 13-15.). 그래서 "기초자치단체를 중심으로 한 지원 체제의 충실 및 강화"를 도모하지만, 동시에 "민간기업, 협동조합, 자원봉사단체, NPO, 사회복지법인" 등과 같은 "민간과도 협동해 지원 체제를 구축"하는 것을 중시한다.

이처럼 기초자치단체와 지역의 민간단체가 고령자 돌봄에서 중요한 역할을 해야 한다는 생각에는 고령자가 오랫동안 생활해 온 곳에서 노후를 보내는 것이 이상적이라고 간주하는 AIP 이념이 반영되어 있다. AIP는 직역하면 '현재의 거주지에서 늙어 간다(aging in place)'는 뜻이지만 세계보건기구는 AIP를 "나이, 소득, 능력 수준과 상관없이 자신의 집과 지역사회에서 안전하게, 독립적으로 그리고 편하게 사는 능력"이라고 정의하고 있다.[5] 2011년 개정한 장기요양보험법 5조 3항에서 "가능한 한 사는 데 익숙한 지역에서 자기 능력에 맞춰 자립적인 생활을 영위할 수 있도록 하는 것"을 국가와 지방공공단체의 책무로 규정하고 있어서, 일본 정부도 AIP를 지향한다고 할 수 있다.[6]

그러나 AIP라는 이름으로 현재 일본 정부가 추진하고 있는 고령자 돌봄 정책은 여러 가지 문제와 한계를 안고 있다. 무엇보다도 고령자가 익숙한 주거환경 속에서 노인돌봄서비스를 받을 수 있도록 한다는 이유로 장기요양시설을 늘리는 데 소극적이고, 대신 AIP를 공적 지출을 절감하기 위한 논리로 동원하고 있다(조아라 2013). 또한, 기초자치단체와 NPO가 고령자가 거주하는 일상생활권 내에서 네트워크를 구

5 "Healthy Places Terminology," https://www.cdc.gov/healthyplaces/terminology.htm#a (검색일: 2017. 7. 1).

6 「介護保険法」, http://law.e-gov.go.jp/htmldata/H09/H09HO123.html. (검색일: 2017. 7. 7)

축해 노인돌봄서비스를 제공하는 것을 지향하고 있지만, 실질적으로는 양자의 연계가 긴밀하게 이루어지지 않는 것도 문제다(진필수 2016).

나아가 일본 정부는 “병들고 나이가 들더라도 사는 데 익숙한 지역에서 자기다운 생활을 계속할 수 있는 시책”(厚生労働省 2016b: 13)을 지향한다고 하면서도, 사실상 고령자에 대한 의료적 통치를 시행하고 있다. AIP 우수 실천 사례를 소개한 연구에서는 고령자가 지역사회에서 사회적 관계를 만들어 가는 것이 AIP의 중요한 요소라는 점을 인정하면서도 고령자끼리 서로 건강 상태를 점검하고, 기초자치단체가 민간기관에 의뢰해 재택의료를 중심으로 돌봄 시스템을 구축하는 데 방점이 찍혀 있다(飯島勝矢 2012; 大渕修一 2014). 고령자에 대한 의료적 접근은 장기요양보험 수급 대상자가 늘어나는 것을 막기 위해 이들을 복지체계 내로 포섭함으로써, 오히려 이들이 형성해 온 사회적 관계마저 단절시키는 결과를 초래하기도 한다(박승현 2015).

일본 정부가 AIP 개념을 적용할 때 고령자의 주체성과 장소의 의미를 정태적으로 파악하는 데서 근본적인 문제가 나타난다. 기존의 장기요양보험제도에서는 고령자가 돌봄 시설로 옮겨지지 않고 자기 집에서 계속 생활하도록 하는 방식을 지향하고 있으므로, 고령자가 가진 장소에 대한 감각(의 변화)과 기초자치단체 및 NPO가 염두에 둔 장소의 의미 사이에 괴리가 발생한다(김희경 2016). 이 때문에 일본 정부의 AIP 정책은 고령자가 이미 사는 곳에서 돌봄서비스를 받도록 하는 소극적인 방책에 불과하다.

AIP 개념을 보다 적극적으로 적용한다면, 고령자가 더는 임금노동을 하지 않더라도 사회의 일원으로서 일정한 자리를 확보하고 적절한 역할을 할 수 있는 생활환경을 만들어야 할 것이다. 이와 같은 생활환경이 구축되면 고령자가 겪는 신체적·정신적·사회경제적 과제를 지역사회의 구성원들이 조기에 파악하여 적절한 시점에, 필요한 돌봄서비스를 제공할 수 있을 것이다. 즉, AIP는 궁극적으로 일본 정부도 이해하고 있는 것처럼 “병이 들거나 나이가 들더라도 사는 데 익숙한 지역에서 자신답게 늙어 갈 수 있는 사회를 만드는 것”을 의미하기 때문이다(厚生労働省 2016b: 13-16).

이 장에서는 이러한 문제의식을 바탕으로 가마가사키에서 고령의 생활보호 수급자가 지역사회의 일원으로 적절히 늙어 가는 장소를 만드는 과정을 기술하고자 한다. 구체적으로는 니시나리특구구상 사업의 일환으로 만들어진 히토하나센터(ひと花センター)가 진행하는 단신 고령 생활보호 수급자의 사회적 관계 만들기 사업(単身高齢生活保護受給者の社会的つながりづくり事業, 이하 히토하나프로젝트)의 전개 과정과 의의를 검토한다. 이 프로젝트를 살펴봄으로써 AIP에 덧씌워진 의료적 시선에서 벗어나 장소 만들기(place making)로서 AIP의 적극적인 의미를 파악하고자 한다.

2. 히토하나프로젝트의 배경과 전개

히토하나프로젝트는 2013년 7월 니시나리구에서 생활보호를 받으면서 가마가사키에 혼자 사는 고령자를 상대로 시작된 사업이다(ひと花プロジェクト連合体 2015: 11). 이 프로젝트는 “사회적 관계와 일상적인 이바쇼를 제공하여 [고령의 생활보호 수급자가] 사회에서 고립되는 것을 막고, 일상생활의 자립과 사회생활의 자립을 이뤄 건강하고 안정된 생활을 하며, 장래에는 기존의 지역 커뮤니티에 속하도록 하는 것”을 목적으로 한다. 생활보호 수급자에 대한 이중 지원이라는 논란에도 불구하

고, 사회적 관계 만들기 사업이 필요한 이유는 고령자가 겪는 큰 불안 요인 중 하나가 고독이기 때문이다. 그러나 보다 근본적으로는 생활보호 수급자에 대한 일본 사회의 부정적인 시선, 이러한 시선을 생활보호 수급자 스스로 내면화하여 느끼는 열등감, 나아가 이 지역 생활보호 수급자가 불가피하게 겪는 사회적 관계의 단절이라는 문제가 존재하기 때문이다.

현대사회에서 일반적으로 자율적인 개인이란 노동을 통해 경제적으로 자립적인 생활을 영위할 수 있는 존재라고 보고, 국가에 경제적으로 의존하는 것은 부끄러운 일이라고 간주한다(Fraser and Gordon 1994). 일본 사회에서 일할 능력이 있는 생활보호 수급자에 대한 부정적 견해가 존재하는 것도 바로 이 때문이다. 더구나 노동 능력이 떨어지는 고령자라고 하더라도 가마가사키의 생활보호 수급자 중 일부가 생활보호로 받은 돈을 음주와 도박, 심지어 약물에 사용한다는 내용이 언론에 보도되면(今西憲之·村岡正浩 2012), 일반 시민들은 이들을 공적으로 지원하는 데 부정적인 생각을 가지기 마련이다.

더구나 가마가사키의 생활보호 수급자 중에도 어쩔 수 없이 공적 지원을 받지만 국가에 의존하는 것에 거부감을 느끼는 경우가 많다. 고도 경제성장기에 자신의 육체적 힘과 기술만으로 청·장년 시절을 살아온 남성 일용직 노동자에게 자유(이동의 자유와 사회적 관계로부터의 자유)는 자기 정체성을 구성하는 핵심적 요소다(Gill 2001: 153). 따라서 이 세대의 일본 남성에게 경제적으로 국가에 의존한다는 것은 다른 사람에게 폐를 끼치면 안 된다는 일본 사회의 문화적 규범을 어기는 것뿐만이 아니라, 생계를 스스로 책임진다는 성인 남성으로서의 정체성, 즉 어른다움(adulthood)과 남성성(masculinity)마저 잃어버리는 것을 뜻한다(Gill 2012). 결과적으로 일용직 노동자였던 생활보호 수급자 중 일부는 자신

의 의존 상태에 대해 열등감을 느끼고 사회적 관계를 단절한 채 술과 도박에 빠지기도 한다(ひと花プロジェクト連合体 2014: 54).

한편 가마가사키 생활보호 수급자 중에는 일용직 노동을 경험한 사람이 많은데, 일용직 노동시장에 존재하는 인간관계의 특성 때문에 "생활보호의 역설"이 발생한다(石川翠 2013). 가마가사키에 일용직 노동을 하러 온 사람 중에는 사별, 이혼, 파산, 채무 등 다양한 이유로 기존의 사회적 관계를 끊고 온 경우가 많다고 알려져 있다. 모르는 사람이나 얼굴만 아는 사람에게 술 한 잔은 쉽게 살 수 있지만, 그 사람의 과거사에 대해서는 묻지 않는 "불관여 규범(不關與規範)"이 상식으로 자리 잡고 있다. 이러한 인간관계 맺기 방식을 체화한 사람일수록 생활보호를 받으며 같은 아파트에 사는 이웃과 자주 부딪히는 것을 부담스러워한다. 그래서 온종일 좁은 방구석에서 텔레비전만 보면서 사회적으로 고립되는 경향을 보인다.

물론 생활보호를 받게 된 이후에도 함께 노숙했던 사람들과 교류하는 예도 있다. 다만 생활보호를 받는 사람과 생활보호를 받을 수 있는 조건을 충족하지 못하거나 스스로 신청하지 않고 여전히 노숙 상태에 남아 있는 사람 사이에는 경제적 격차가 발생한다. 이 경우에 생활보호 수급자는 여전히 노숙 상태인 지인에게 매번 밥과 술을 사주거나 돈을 빌려줘야 하는 상황에 직면하게 되고, 이를 거절할 수 없어서 결국 사회적 관계를 끊기 위해 다른 동네로 이사하기도 한다. 따라서 생활보호를 받아 주거와 경제적 기반은 마련했지만, 오히려 공적 지원을 받는 탓에 사회적으로 더욱 고립되는 "생활보호의 역설"이 발생하는 것이다.

가마가사키 인구의 38.2%를 차지하는 생활보호 수급자에 대한 일본 사회의 부정적인 시선, 생활보호 수급자 스스로가 느끼는 열등감,

가마가사키의 인간관계가 갖는 특수성으로 인해 생활보호를 받은 이후 오히려 사회적으로 고립될 가능성이 커진다. 이러한 이유 등이 복합적으로 작용해 히토하나프로젝트가 니시나리특구구상 사업에 포함됐다.

히토하나프로젝트는 가마가사키의 각각 다른 분야에서 활동하는 NPO 연합체에 의해 운영되고 있다. 제3장에서 다룬 가마가사키지원기구가 히토하나프로젝트의 대표를 맡고 있으며, 코코룸(제5장 참조), 생활서포트가마가사키(生活サポート釜ケ崎), 헬스서포트히나타(ヘルスサポートHINATA), 마을만들기이마미야(まちづくり今宮) 등의 NPO가 각자의 장점을 살려 이 프로젝트에 참여하고 있다.

2017년 4월 현재 직원 4명(비상근 1명 포함)이 연간(2017년 4월 1일–2018년 3월 31일) 12,918,960엔의 예산을 사용해 137명의 회원에게 각종 프로그램을 제공하고 있다.[7] 니시나리특구구상 제1기에 해당하는 2013년 7월부터 2018년 3월까지 히토하나프로젝트의 운영 실적을 활동 항목별로 간단히 정리해 보면 〈표 10〉과 같다.[8]

혼자 생활하는 고령의 생활보호 수급자가 언제든지 방문할 수 있는 공간을 제공한다는 사업 취지에 걸맞게, 히토하나센터는 연말연시(12월 29일부터 1월 3일)를 제외하고는 주말에도 매일 오전 9시부터 오후 5시까지 운영한다. 따라서 히토하나센터에서 아무런 프로그램이 운영되지 않을 때도 등록 회원은 마치 동네 사랑방을 들르듯 방문해 직원

---

7 「単身高齢生活保護受給者の社会的つながり事業'ひと花プロジェクト'の取組み」, http://www.city.osaka.lg.jp/nishinari/page/0000265131.html (검색일: 2017. 7. 7).

8 〈표 10〉은 각 연도의 4월부터 이듬해 3월까지(예를 들어 2014라고 표시된 칼럼은 2014년 4월 1일부터 2015년 3월 31일까지) 히토하나센터에서 실시된 프로그램과 참가자의 수를 나타낸 것이다. 단, 2013년 7월부터 히토하나프로젝트가 시작되었기 때문에 2013년 칼럼은 2013년 7월 1일부터 2014년 3월 31일까지의 운영실적이다.

표 10. 히토하나프로젝트 운영 실적 (횟수, 누적 참여자 수)

년도	2013	2014	2015	2016	2017
계약 금액	2,408만1,750엔	3,398만1,120엔	2,208만2,280엔	1,980만9,360엔	1,303만8,000엔
회원 수	110명(여 6)	129명(여 7)	134명(여 1)	137명(여 1)	140명
스태프	5명(비상근 1)	5명(비상근 1)	5명(비상근 1)	4명(비상근 1)	3명(비상근 1)
이바쇼 프로그램	255회, 3,637명	359회, 5,608명	360회, 5,602명	360회, 5,989명	359회, 4,580명
표현	105회, 796명	135회, 918명	108회, 716명	98회, 754명	97회, 565명
지역 활동	87회, 928명	265회, 2,474명	181회, 1,404명	181회, 1,404명	228회, 1,267명
체험·학습	117회, 913명	226회, 1,349명	213회, 1,488명	230회, 1,701명	255회, 1,417명
레크리에이션	142회, 1,180명	154회, 1,075명	135회, 855명	126회, 941명	141회, 973명
리더 연수	·	·	·	168회, 378명	133회, 319명
자주 활동	·	·	·	326회, 1623명	325회, 1152명
복약 관리	·	·	·	85회, 85명	·
금전 관리	42회, 49명	135회, 172명	125회, 163명	·	154회, 167명
취업 체험	57회, 96명	221회, 249명	123회, 123명	·	8회, 8명
기타	2회, 5명	47회, 253명	93회, 305명	50회, 143명	19회, 127명

출처: 「単身高齢生活保護受給者の社会的つながり事業'ひと花プロジェクト'の取り組み」, http://www.city.osaka.lg.jp/nishinari/page/0000265131.html (검색일 2017. 7. 1). 2017년도(2017년 4월–2018년 3월) 수치는 『NPO釜ヶ崎会報』 第53号(2018), 21쪽을 참고했다.

이나 다른 회원들과 차나 커피를 마시며 담소를 나누거나 장기를 두면서 시간을 보낼 수 있다.

이처럼 거의 1년 내내 센터를 개방하는 것(〈표 10〉에서 이바쇼프로그램에 해당한다) 이외에도 히토하나센터는 매월 표현, 지역 활동, 체험·학습, 레크리에이션 등 다양한 프로그램을 운영하고 있다. 〈그림 23〉을 참고해 히토하나센터가 정기적으로 실시한 활동을 살펴보면, 우선 표현프로그램은 코코룸이 가마가사키예술대학을 운영할 때처럼 초청된

今工清掃はひと花センターを9時45分に

日	月	火	水	木	金	土
＊プログラムについて不明な点はいつでもお聞きください。 ＊自転車でお越しの方は必ず門の中へ駐輪していただきますようお願いします。 ＊この他に就業体験プログラムを並行しています。定員がございますのでスタッフまでお声がけください。 ＊プログラムが変更となった際、随時おしらせしますが情報が行きわたらなかった場合はご了承ください。 ＊プログラムによって自己負担のあるものがありますが基本は無料で参加できます。 (ひと花カフェでは参加費200円、散歩の会では交通費をご用意ください) ＊毎週金曜日16時より子ども見守り隊をしています。詳しくはスタッフまで。				1 9:45〜11:00 今宮工科高周辺清掃 11:00〜12:00 ひと花考える会	2 10:00〜11:00 農地清掃の時間 13:00〜15:00 ひと花句会 15:00〜16:00 農作業	3 10:00〜10:30 いきいき百歳体操
4 10:00〜10:15 ラジオ体操	5 10:00〜12:00 ひと花カフェ 13:00〜15:00 ひと花映画館	6 10:00〜10:30 いきいき百歳体操 13:00〜14:30 演劇ワークショップ 15:00〜16:00 農作業	7 9:30〜12:30 散歩の会	8 9:45〜11:00 今宮工科高周辺清掃 11:00〜12:00 ひと花考える会 13:00〜15:00 ひと花園芸クラブ	9 10:00〜12:00 花園公園草刈り 13:00〜14:30 美術の時間 15:00〜16:00 農作業	10 10:00〜10:30 いきいき百歳体操
11 10:00〜10:15 ラジオ体操	12 10:00〜12:00 ひと花カフェ 13:00〜15:00 ひと花映画館	13 10:30〜12:00 ほっこり体操 15:00〜16:00 農作業	14 10:00〜10:30 いきいき百歳体操 14:00〜16:00 山王こどもセンター ベルマークボランティア	15 9:45〜11:00 今宮工科高周辺清掃 11:00〜12:00 ひと花新聞部 13:00〜14:30 今日の出逢いを体験する	16 10:00〜12:00 ゆめひろば準備 15:00〜16:00 農作業	17 10:00〜14:00 ひと花ゆめひろば
18 10:00〜10:15 ラジオ体操	19 10:00〜12:00 ひと花カフェ 13:00〜15:00 ひと花映画館	20 10:00〜10:30 いきいき百歳体操 13:00〜14:30 囲碁将棋卓球 15:00〜16:00 農作業	21 10:00〜12:00 ひと花掃除の時間 13:00〜14:30 あっこちゃんの会	22 9:45〜11:00 今宮工科高周辺清掃 11:00〜12:00 ひと花新聞部 13:00〜14:30 書のワークショップ	23 10:00〜12:00 花園公園草刈り 15:00〜16:00 農作業	24 8:30〜9:30 今宮クリーン作戦 10:00〜10:30 いきいき百歳体操 14:00〜16:30 こどもの里と遊ぼう
25 10:00〜10:15 ラジオ体操	26 10:00〜12:00 ひと花カフェ 13:00〜15:00 ひと花映画館	27 10:00〜10:30 いきいき百歳体操 13:00〜14:30 じゆうな音楽 15:00〜16:00 農作業	28 10:00〜11:30 カラオケの時間 14:00〜16:00 山王こどもセンター ベルマークボランティア	29 9:45〜11:00 今宮工科高周辺清掃 11:00〜12:00 ひと花考える会	30 10:00〜12:00 山王みどり公園草刈り 15:00〜16:00 農作業	

*注：毎週木曜日の今宮工科高周辺清掃は9時45分にひと花センターを出発し、10時より旧住所地にてミーティング後、清掃を開始します。

그림 23. 히토하나센터 2017년 6월 예정표

출처: 「ひと花センターHPスケジュール」, http://www.hitohanap.org/wp-content/uploads/2014/05/5c21cc82918f6a9bcc9cc334bea6e269.pdf (검색일: 2017. 7. 1).

전문 강사들이 시, 요가, 미술, 음악, 연극, 댄스 등의 수업을 진행한다[예를 들어 자유로운 음악(じゆうな音楽), 연극 워크숍(演劇ワークショップ) 등]. 지역활동프로그램은 가마가사키 내 하나조노공원의 잡초 제거(花園公園草刈り), 이마미야공업고등학교 주변 청소(今宮工科高周辺掃除), 지역 내 유치원·학교·자치회 주관 행사 시 시설물 설치 및 뒷정리[〈아이의 마을〉 아동과 놀기(こどもの里と遊ぼう) 등] 등의 봉사활동을 하는 것이다. 체험·학습 프로그램에는 가마가사키 내 빈 땅을 활용해 농작물을 재배하는 농작업(農作業)이나 건강 관리에 도움이 되는 체조를 배우는 활력 넘치는 백세 체조(いきいき百歳体操) 등이 있다.

외부에서 강사를 초빙하거나 외부기관과 연계해 운영하는 프로그램 외에도 히토하나센터의 직원과 회원이 자주적으로 운영하는 프로그램이 있다. 레크리에이션 프로그램으로 함께 옛날 영화를 시청하는 히토하나영화관(ひと花映画館), 5·7·5의 17음으로 이루어지는 정형시(定型詩)인 하이쿠(俳句)를 짓는 히토하나하이쿠회(ひと花俳句会), 회원들이 직접 농사지은 채소로 함께 요리를 만들어 먹는 히토하나카페(ひと花カフェ) 등이다. 또한 회원들 스스로 연극을 준비해 공연하는 모임인 히토하나소극단(ひと花笑劇団), 회원과 직원이 함께 센터의 소식지를 만드는 모임인 히토하나신문부(ひと花新聞部), 그리고 히토하나센터의 운영에 대해 격주로 논의하는 시간인 히토하나를 생각하는 모임(ひと花考える会) 등도 자주적으로 펼쳐지고 있다.

이상의 다양한 프로그램은 고령의 생활보호 수급자인 회원에게 단순히 소일거리를 제공하는 것이 아니라, 회원들이 다른 회원이나 직원 및 지역사회와 관계를 맺을 수 있도록 하는 데 목적이 있다(ひと花プロジェクト連合体 2014: 15-22). 예를 들어 표현프로그램 중 하나인 시 수업은 다른 사람이 쓴 시를 이어 쓰거나 두 사람이 한 조가 되어 상대방의 이야기를 듣고 시를 쓰는 방식으로 진행됐다. 철학 수업도 일방적 강의가 아닌 참가자들끼리 정해진 주제에 관해 이야기를 주고받는 방식으로 진행됐으며, 팬터마임 수업도 다른 사람의 동작을 보고 자신의 동작을 만들어 보는 것을 중시했고, 미술 수업에서는 여러 장의 그림을 함께 그려 이어 붙이는 방식으로 센터의 벽면을 장식했다. 즉, "표현을 통해 다른 사람과 관계를 맺고 자신을 발견하며, 상대방에게 전달하는 힘과 사회와 관계 맺는 힘 그리고 살아가는 힘을 발견"하려는 것이다(ひと花プロジェクト連合体 2015: 7).

히토하나센터 내에서 이루어지는 프로그램이 회원과 직원 혹은 회원들 사이의 관계 만들기를 위한 것이라면, 지역활동프로그램은 생활보호 수급을 계기로 이 지역에 정주하게 된 고령자가 자원봉사활동을 통해 지역주민들과 관계를 맺으려는 시도라고 할 수 있다. 히토하나센터의 상근 직원인 히로타니 마사루에 따르면(2015. 2. 3) 히토하나센터에 오는 생활보호 수급자 중에는 일용직 노동자로 일했던 경우가 많아 야외에서 활동하는 지역활동프로그램에 대한 참여도가 가장 높고, 이를 통해 "젊었을 때의 경험을 발휘"해 "활력이 없고 일손이 부족"한 "지역에 기여"하는 경험을 한다.

회원 A씨(70대)는 고치현(高知県) 출신으로, 가마가사키에서 25년간 일용직 노동자로 일하다가 체력이 떨어져 더는 일할 수 없게 되자 2011년부터 생활보호를 받기 시작했다. 이 지역의 아이들이 놀 수 있는 공간을 마련해 주는 활동인 플레이 파크(이 또한 니시나리특구구상 사업 중 하나다)에서 그는 건설노동자로서의 경험을 살려 놀이기구 등을 직접 만들었다. 히토하나센터에서 즐거웠던 기억을 묻는 히토하나센터 직원의 질문에 "플레이 파크에서 활동할 때 아이들의 웃는 얼굴을 본 것이 가장 기억에 남는다. 앞으로도 플레이 파크에서 활동하면 좋겠다. 운동을 좋아하고 만드는 것도 좋아하는데, 아이들과 어울리면서 오히려 내가 논 기분이었다. 앞으로도 사회봉사를 더 충실히 해야겠다"고 답했다(2015. 2. 5). 이처럼 지역활동프로그램을 통해 생활보호 수급자는 자신이 사회 의존적인 존재라는 부채 의식에서 벗어나, 삶의 보람과 존재가치를 재확인했다.

"니시나리에서 태어난 사람"은 "일용직 노동자에 대해 좋은 이미지를 갖고 있지 않"(히로타니 마사루, 2015. 2. 3)지만, 히토하나프로젝트는 기존 지역주민이 일용직 노동자였던 생활보호 수급자와 편견 없이 관계 맺는 기회를 제공했다. 예를 들어 가마가사키의 일부인 하기노차야 제1자치회 회장은 지역주민의 상당수를 차지하는 "생활보호를 받는 고령자들과 어떻게 관계를 맺으면 좋을지 줄곧 생각"하던 차에, 지역 신사인 "히로타 신사의 여름축제를 위한 순행에 사람이 부족했는데 [히토하나센터 회원들이] 참가해 줘서 도움받았"던 것이 히토하나센터와 관계를 맺는 계기가 됐다고 말했다(ひと花プロジェクト連合体 2014: 44). 생활보호 수급자가 "갑자기 자치회에 가입하기는 좀 어렵지만" "예를 들어 자치회의 장기 클럽이나 지역 이벤트를 접점으로 삼아 관계를 맺"는 것은 가능할 것이라고 덧붙였다. 즉, 히토하나센터가 "지역 사람들과의 가교(架け橋)가 되어 고령자들이 동네 안에서 활동"할 수 있는 상황이 조성되고 있다(히로타니 마사루, 2015. 2. 3).

그러므로 히토하나프로젝트는 혼자 사는 고령의 생활보호 수급자가 사회적 고립에서 벗어나 상호 간에, 나아가 지역사회의 새로운 일원으로서 기존 구성원과 관계를 형성토록 하는 데 일정한 성과를 내고 있다고 평가할 수 있다. 즉, 히토하나프로젝트는 히토하나센터에 등록하러 왔을 때 "자신의 존재 가치를 발견할 수 없다"라고 말했던 생활수급 보호자도 "뭐라도 사회에 관여하고 싶다"라는 생각을 가질 수 있도

록, 이들에게 "이를 위한 장(場)을 제공"함으로써 사회적 관계를 만드는 활동이라고 하겠다(ひと花プロジェクト連合体 2016: 22-23).

3. 히토하나프로젝트를 통한 자립과 이바쇼

히토하나프로젝트는 생활보호 수급자 개개인이 일상생활에서 자립하는 것을 일차 목표로 삼는다. "생활보호 수급자가 아침 일찍 일어나 산책하고 나면 그다음부터 사람들과 관계를 맺는 일도 없고, 말할 상대도 없이, 온종일 할 일이라고는 텔레비전을 보는 것밖에 없"어 결국 "술을 마시거나 도박에 빠지게 되는" 생활에서 벗어나(히로타니 마사루, 2015. 2. 3), 히토하나센터에서 실시하는 각종 프로그램에 참여하여 일상의 리듬을 되찾도록 하는 것은 이 프로젝트의 중요한 목표 중 하나다.

회원 B씨(60대)는 야마가타현(山形県) 출신으로 여관 관리나 경비 등의 일을 하다가 가마가사키에 오게 되었다. 그는 히토하나센터의 활동 보고서에 투고한 글에서 "히토하나[센터]에 오면서 오전부터 술을 마시던 습관이 없어졌다"라고 밝혔다(ひと花プロジェクト連合体 2015: 14). "저녁까지 여러 워크숍이 있어서" "술친구나 도박 친구를 전혀 만나지 않" 았으며, "그저 [센터에] 참가하는 것만으로도 새로워질(更生) 수 있었다"라고 적었다(ひと花プロジェクト連合体 2016: 17). 히토하나센터를 통해 알게 된 그림연극단 무스비에서 활동하면서 "미래지향적"으로 생각하게 됐다고 한다.

그러나 히토하나프로젝트가 근본적으로 추구하는 자립의 모습은 의료적 의미가 강한 "갱생"보다는 표현 및 지역활동프로그램을 통해

맺은 사회적 관계를 바탕으로 생활보호 수급자가 "그저 [서비스를] 받는 처지(受け身)"에서 "이것저것 하고 싶다고 말할 수 있는" 능동적 입장으로 바뀌는 것이다(히로타니 마사루, 2015. 2. 3).

고령의 생활보호 수급자가 자기 목소리를 내는 자립적 주체로 바뀌는 것은 센터 내에서 이루어지는 작은 실천에서 비롯된다. 가령 옛날 영화를 함께 보는 히토하나영화관 활동은 외부 강사에게 의존하지 않고 직원과 회원이 하고 싶은 일을 프로그램으로 만들어 보자는 취지에서 시작됐다(ひと花プロジェクト連合体 2014: 32-33). 일주일에 한 번씩 함께 식사하는 활동인 히토하나카페는 혼자 생활하는 회원들에게 한 번이라도 다른 사람과 식사하는 기회를 제공하기 위해 직원이 제안한 것이었다. 처음에는 팬케이크처럼 간단한 음식을 만들어 먹었으나, 제대로 된 식사를 하고 싶다는 의견을 받아들여 회원들이 직접 매달 요리할 메뉴를 정하고, 농작업으로 재배한 채소를 이용해 카레밥과 같은 요리를 만들어 먹게 됐다(〈그림 24〉, 〈그림 25〉).

그림 24. 히토하나카페 준비 과정
(2016년, 히토하나센터 제공)

그림 25. 히토하나카페 식사 시간
(2016년, 히토하나센터 제공)

히토하나소극단의 결성과 활동도 히토하나프로젝트가 생활보호 수급자의 자립을 뒷받침하는 데 주요했다는 것을 보여 주는 대표적인 사례다. 지역 행사인 "하기노차야문화제(萩之茶屋文化祭)에 출연할 단체에 관한 이야기가 나왔을 때, 회원

들로부터 '우리들이 연극을 만들어 참가하고 싶다'라는 의견이 나왔고, 이를 계기로 히토하나소극단의 공연이 성사됐다(ひと花プロジェクト連合体 2014: 56)." 하기노차야문화제에서 공연한 이후에는 "연기를 더 세련되게 해보자는 의미에서 [회원들의 요구로] 표현 프로그램에 연극 워크숍을 추가하게 되었다."

그림 26. 히토하나소극단 공연 연습 (2015년)

현재 히토하나소극단은 해마다 지역 축제에 참여하는 것은 물론이고, 지역에 있는 아동시설이나 고령자시설에도 방문해 공연하고 있다. 2014년에는 요코하마에서 3년마다 개최되는 국제현대미술전인 요코하마 트리엔날레(横浜トリエンナーレ)에 참가하기도 했다. 필자가 히토하나센터를 방문한 2015년 2월 4일에도 다음 달 히토하나센터 공개 심포지엄에서 공연할 연극 〈애정항로(愛情航路)〉 연습이 한창이었다. 한 노동자가 젊은 시절에 항구에서 일할 때 한 여자를 사랑했는데, 나이가 든 후에 한 젊은이에게 돈을 빌려주었다. 그런데 알고 보니 이 젊은이가 그 여성과의 사이에서 태어난 딸인 것을 알고 돈을 갚지 않아도 된다고 말하는 내용이었다. 이 공연을 위해 회원들은 각본부터 배경 그림과 무대장치까지 모두 직접 준비했다. 중간중간 대사를 잊어버릴 때는 각본을 쓴 회원이 대사를 알려주고, 다른 회원들은 농담도 주고받으며 즐겁게 연습하는 모습을 볼 수 있었다.

생활보호를 받는다는 사실 때문에 자존감에 상처를 입은 회원들이 히토하나프로젝트를 통해 자주적인 활동에 나설 수 있었던 것은 센터 직원들의 의식적인 노력 덕분이었다. 히토하나를 생각하는 모임과 히토하나신문부는 직원들의 이러한 노력을 엿볼 수 있는 장이었다. 히토하나센터의 책임자인 고마쓰 미노루에 따르면(2016. 6. 27) 히토하나를 생각하는 모임은 "히토하나센터 회원들이 스스로 생각할 기회가 되길" 바라며 만들었는데 현재는 일종의 "학생회(生徒会)"와 같은 역할을 하고 있었다. 예를 들어 회원 간의 갈등을 막기 위해 히토하나센터에서 지켜야 할 규칙을 정하거나 프로젝트의 성과를 검토하는 행사에서 회원들이 어떤 식으로 역할을 분담할 것인지를 논의했다(고마쓰 미노루, 2015. 2. 5).

매월 히토하나센터의 활동을 알리는 소식지를 발행하는 히토하나신문부에서도 여러 회원이 신문 제작에 적극적으로 참여하고 있었다. 히토하나신문부는 직원이 제안한 논의의 장이었지만, 현재는 회원들이 주체적으로 신문을 제작하고 있다. 이 점은 히토하나센터의 월간지『히토하나신문(ひと花新聞)』제작 방식의 변화에서 확연하게 드러난다. 처음에는 직원이 모든 기사를 작성하고 워드 프로그램으로 신문을 제작했지만(〈그림 27〉), 기사를 직접 작성해 보고 싶다는 회원들의 의견을 받아들여 지금은 회원들이 손 글씨로 작성한 기사를 직원들이 돌아가며 편집해 발행하고 있다(〈그림 28〉).

필자가 히토하나센터를 방문한 2016년 2월 18일에도 고마쓰 미노루가 히토하나신문부 회의를 진행했다. 그는 신문 편집에 대한 전문적인 지식을 갖추고 있었지만, 기사의 대략적인 방향[3월에 발행할 신문의 주제는 관계 만들기(つながり作り)로 하자는 것]만 제시할 뿐 어떤 기사를 누가 쓸지는 개입하지 않았다. 회의 말미에는 회원들이 2월 신문 테두리에 배열된 하이쿠 중에서 특정 회원이 쓴 하이쿠가 더 많이 들어간 것을 문제 삼으며 "하이쿠 쓰기 수업에 참여한 사람의 시는 잘 썼냐, 못 썼느냐에 상관없이 평등하게 게재되어야 한다"라고 주장해 그를 당황스럽게 하기도 했다. 이로부터 히토하나센터에서 직원과 회원 사이는 지

그림 27.
『히토하나신문』 창간호

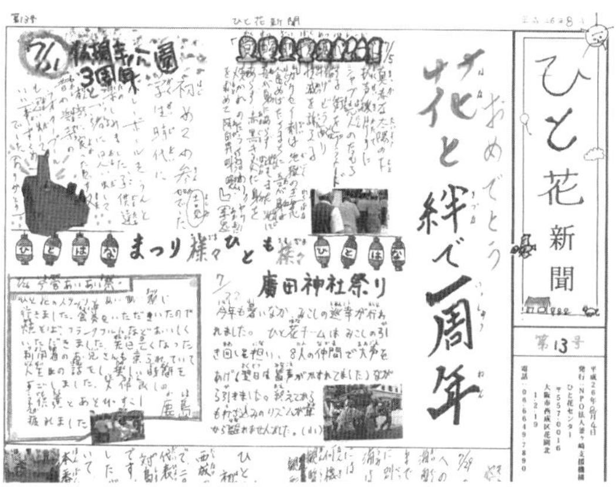

그림 28.
『히토하나신문』 제13호

원자–수혜자라는 일방적 관계가 아니라, 이 센터를 함께 운영해 나가는 상호의존 관계임을 알 수 있었다.

히토하나센터의 상근 직원인 하라다 마이의 말에서도 확인할 수 있듯이 "회원들에게 히토하나센터는 손님으로 단지 들리는 장소가 아니라, 자신들이 참가해 만드는 장소이자 죽을 때까지 살아갈 곳(終の棲家)"인 셈이다(ひと花プロジェクト連合体 2016: 23). 그리고 여기서 중요한 것은 자기 인생의 마지막을 보낼 장소를 고령의 생활보호 수급자 "자신들이 참가해 만들어 가고" 있다는 사실이다. 그리고 회원들이 자율성을 발휘할 수 있는 것은 그들의 강한 자립 의지때문만이 아니라 직원들이 이를 위한 장(場)을 마련해 주었기 때문이라는 것을 유념할 필요가 있다. "센터에 등록하러 온 분 중에는 자신의 존재 가치를 발견할 수 없다고 말하는 분이 많았다"라는 하라다의 말을 고려하면(ひと花プロジェクト連合体 2016: 23), 회원들의 주체적 실천은 직원들의 헌신적인 노력 없이는 어려웠을 것이다.

오키나와현(沖縄県) 출신으로 중학교를 졸업한 후 요코하마시 고토부키초에서 35년간 파이프공으로 일했던 C씨(70대)는 히토하나센터가 문을 열 때부터 각종 프로그램에 참여한 회원 중 한 명이다. 그는 연구자와의 인터뷰에서(2015. 2. 3) 처음에는 연극 연습 같은 활동을 하는데 회원 중에 대학을 나온 사람이 그렇지 않은 사람을 가르치려 들어 매우 힘들었으나 지금은 서로에게 익숙해졌다고 했다. 그는 이 과정에서 직원들이 매우 중요한 역할을 했다고 강조했다. "할아버지들끼리 모여서 여러 가지 활동을 할 수도 있지만, 이런저런 일을 제대로 하려면 지금처럼 직원들이 있어야 한다"라고 덧붙였다.

결국 히토하나프로젝트에서 지향하는 자립은 고령의 생활보호 수급자 개인이 일상생활부터 프로그램 운영까지 모두 혼자 힘으로 해 나갈 수 있도록 하는 것이 아니라, 자립과 의존을 구별하는 이분법적 사고에서 벗어나 회원과 직원이 서로 의존하며 프로그램을 운영할 방법을 모색해 나가는 것이다.[9]

9 소순철은 서울시 북아현 등 일대에서 재활용품을 수집하며 생활하는 여성 노인에 대한 연구에서 자립과 의존이 서로 연결되어 있다는 점을 지적했다. 소순철(2020: 229)은 노인정에 모인 사람들이 얼마 안 되는 공공근로 일자리를 두고 경쟁하게 만드는 시스템을 비판하며, "이런 상황에서 우리가 해야 할 일은 노인들과 지역사

히토하나프로젝트가 서로 의존-자립적인 관계를 형성할 수 있는 공간을 만드는 활동이라는 점은 2015년 3월 센터가 오사카시립대학과 공동으로 실시한 히토하나센터 등록자 실태 조사(ひと花センター登録者実態調査)를 통해서도 확인할 수 있다(ひと花プロジェクト連合体 2015: 38). 히토하나센터 등록자 중 66명이 답한 설문조사 결과에서 흥미로운 점은 히토하나센터를 정기적으로 이용하는 회원(이하 정기이용 회원)과 건강상 이유 등으로 현재 히토하나센터를 이용하지 않는 회원(이하 비이용 회원) 사이에 이곳을 바라보는 관점이 뚜렷하게 다르다는 것이다. 이 설문조사에서 "히토하나센터는 어떤 이바쇼인가?"라는 질문에 히토하나센터 회원들이 복수 응답한 결과를 정리해 보면 〈그림 29〉와 같다.

전체적으로는 "안심할 수 있는 곳", "즐거운 곳", "다른 사람에게 신경 쓰지 않아도 좋은 곳"이라며 히토하나센터에 소극적 의미를 부여하는 답변이 많았다. 그러나 "많은 사람과 관계를 맺을 수 있는 곳", "자신을 이해해 주는 사람이 있는 곳", "동료, 활동 멤버가 있는 곳", "이 장소에서는 자기 역할이 있다고 느끼는 곳"과 같이 적극적 의미를 부여해 답변한 경우는 정기이용 회원이 비이용 회원보다 2배에서 10배 이상 많았다. 또한 비이용 회원 중에 "나에 대한 자신감을 갖는 곳"이라고 답변한 사람은 1명도 없었던 것에 비해, 정기이용 회원 중 12.5%는 이에 대해 긍정적으로 답변했다.

이러한 설문조사 결과를 통해 정기이용 회원이 히토하나센터에서 자율성을 발휘할 수 있는 것은 순전히 개인의 의지에서 비롯된 것만이 아니라, 자신을 이해해 주고 자신이 역할을 충분히 해낼 수 있다고 믿

회가 상호 의존하는 계기들을 지속적으로 만들어 내는 일"이며, "근근이 벌어 생계를 유지하는 자립보다, 함께 모여 서로에게 의존하는 자립이 필요하다"라고 주장했다.

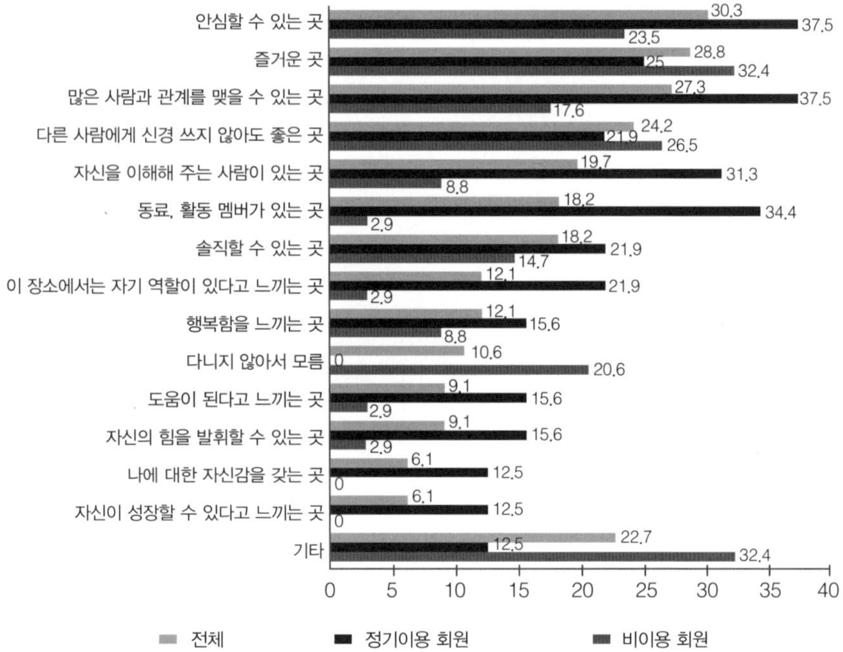

그림 29. 히토하나센터는 어떤 이바쇼인가?(단위: %)

출처: ひと花プロジェクト連合体(2015: 75)

어 주는 동료가 있었기 때문이라는 점을 추론할 수 있다. 생활보호 수급자로 국가에 의존하고 있다는 데서 비롯되는 자괴감에서 벗어나, 자신의 존재 가치를 재인식하는 데에는 직원과 같은 조력자의 지지뿐만 아니라 같은 처지에 있는 동료들의 지지도 필요하다. 따라서 이 프로젝트가 지향하는 자립의 양태는 의존과 대립하는 것이 아니라 제5장에서 언급했던 "의존하지 않으면서도 의존하는 자립 방식", 다시 말해 "의존과 자율 사이의 균형을 유지하는 자립"이라고 할 수 있다.

한편 설문조사 결과는 히토하나프로젝트가 현대 일본 사회에서 확산되고 있는 이바쇼 만들기(居場所づくり)의 전형임을 보여 준다(이진

경·신지영 2012; Allison 2012). 제1장에서 언급한 바와 같이 현재 일본 사회에서 이바쇼는 "개인이 수행할 역할을 갖고 있고 소속감을 느끼는 곳, 그 과정에서 다른 사람과 연결되는 곳, 따라서 그곳에 있는 것을 편안하다고 느끼며 그곳에 있으면서 존중받고 자신감을 갖게 되는 곳"을 의미한다(박지환 2017a: 122-123). 설문조사에 나타난 히토하나센터의 의미는 안심하고 시간을 즐겁게 보낼 수 있는 장소라는 차원부터 타자와 관계를 맺을 수 있는 곳, 나아가 자신을 긍정적으로 평가하는 힘을 부여받는 곳이라는 차원까지 내포되어 있으므로, 이러한 이바쇼의 의미에 부합한다.

이런 맥락에서 히토하나센터가 지향하는 이바쇼 만들기는 "결코 집단생활에 대한 적응을 요구하는 것"이 아니며, "어디까지나 집단에 잘 끼지 못하더라도 있을 수 있는 장소"를 창출하려는 것이다(ひと花プロジェクト連合体 2014: 60). 히토하나센터의 소풍 모임에서 함께 오사카성으로 전철을 타고 가며 이야기를 나눈 회원 D씨(70대)는 사이타마현(埼玉県) 출신으로 오랫동안 페인트공으로 일했으나 2013년부터 생활보호를 받기 시작했다. 그는 히토하나센터에 일주일에 네다섯 번 방문하지만 이날처럼 산책이나 농사, 청소 활동에만 참여할 뿐 "집단을 이루어야 하는(輪に入る) 모임에는 나가지 않는다"라고 말했다(2015. 2. 4). 그러나 다음 날 히토하나를 생각하는 모임에서 심포지엄 준비를 상의한다고 하자 끝까지 남아서 행사 당일에 해야 할 일을 논의했다(2015. 2. 5).

D씨처럼 다른 사람과 어울리는 데 서툰 사람도 이곳에서 일정한 자리를 가질 수 있는 것은 히토하나센터가 모든 사람을 하나로 묶는 강한 공동체가 아니라 사람과 사람을 느슨하게 연결하는 결절점(node)과 같은 장소이기 때문이다. 직원과 회원들이 히토하나센터를 가마가사키에 있는 유일한 이바쇼가 아닌 다른 곳에서 이바쇼를 발견할 수

있는 연결고리로 본다는 점에서도 이런 사실을 확인할 수 있다.

히토하나센터 책임자 고마쓰 미노루(2016. 2. 18)는 히토하나신문부에서 다음 달 신문 기사의 주제인 관계 만들기에 관해 이야기하던 중, 설령 니시나리특구구상 사업이 중단되어 "미래에 히토하나센터가 없어진다 하더라도 [이렇게] 모여서 여러 프로그램을 해본 분들이 다른 분들과 관계를 맺고 일할 수 있기를 기대한다"라고 말했다. 실제로 히토하나프로젝트를 통해 이바쇼의 확산이 이뤄지고 있다. 히토하나센터 회원 중 일부는 이곳만이 아니라 코코룸의 가마가사키예술대학이나 그림연극단 무스비에도 참가하고 있다. 어떤 회원은 아이들의 놀이 활동을 지원하는 플레이 파크 프로그램에 흥미를 느껴 히토하나센터에서 이 프로그램으로 주력 활동을 바꾸기도 했다.[10]

따라서 히토하나센터는 한 집단에 귀속과 충성을 요구하는 공동체가 아니라 개인이 비교적 자유롭게 드나들 수 있는 연결 관계의 한 지점인 이바쇼라고 할 수 있다. 오늘날에는 고도 경제성장기의 일본 사회에서처럼 가족과 같은 일차적 장소, 학교나 회사와 같은 이차적 장소가 삶의 안전을 전적으로 책임질 수 없다. 사람들은 좀 더 느슨한 방식으로 관계를 맺을 수 있는 공적인 장인 "제3의 장소(the third place)"를 필요로 한다(올든버그 2019). 히토하나프로젝트는 고령자와 활동가, 지역주민, 행정기관이 공동으로 제3의 장소를 만드는 실천이라고 할 수 있다.

10 『NPO釜ヶ崎 回報』第52号(2017), 19쪽.

4. 환대의 장소 만들기

김현경(2015: 204)은 저서 『사람, 장소, 환대』에서 생물학적 '인간'이 사회적 '사람'으로 자리매김할 수 있는 조건은 타자에게도 "무차별적이고 무조건적으로 사회 안에 빼앗길 수 없는 자리/장소를 마련해 주는 일"이라고 했다. 김현경에 따르면 사회는 위계적 구조와 상호작용 질서라는 두 가지 차원으로 구성된다. 신분제가 철폐된 현대사회에서도 구조적 불평등은 존재한다. 하지만 현대사회가 그 이전의 사회와 적어도 이념적으로 구별되는 지점이 있다면, 인간은 아무 조건 없이 동등하게 대해야 한다는 절대적 환대의 규범에 따라 세상 속에서 사람으로서 한 자리를 차지할 수 있(어야 한)다는 것이다. 다시 말해, 사람이 사람답게 대접받기 위해서는 그를 위한 장소가 무조건적으로 존재해야 하며 사회는 그런 공적인 장소를 창출해야 할 의무가 있다.

다만 절대적 환대의 장소를 제공하는 것은 단순히 모든 사람을 환영하는 공간을 만든다는 차원에 그치지 않는다. 그 공간에서 각자가 나름의 역할을 발견하고 수행함으로써, 타자에게 자신의 사회적 존재 가치를 인정받고 동시에 타자의 존재 의의를 승인하는 관계를 맺을 수 있어야 한다는 의미를 내포한다. 이러한 조건이 충족될 때, 그 공간을 절대적 환대의 장소라고 부를 수 있다.

히토하나프로젝트는 사회경제적으로 곤궁에 빠졌던 고령의 생활보호 수급자가 사회의 일원으로서 일정한 역할을 담당하며 자존감을 가지고 살아갈 수 있는 관계 맺기의 장소를 만드는 실천이라고 요약할 수 있다. 생활보호와 같은 복지 제도는 경제적으로 곤궁한 처지에 있는 사람에게 일정한 주거와 소득을 보장해 준다. 그러나 그에게 몸을 의탁할 좁은 방과 한 달 동안 아껴 사용해야 하는 생활비가 있다고 해서 곧

바로 사회의 자립적인 구성원이 될 수는 없다. 그가 사람으로서 존재하기 위해서는, 그가 사람으로 대접받고 일정한 역할을 실천함으로써 자신의 존재 가치를 스스로 확인할 수 있는 장소가 필요하다. 히토하나프로젝트는 바로 가마가사키에 이러한 절대적 환대의 장소를 만들려는 실천 중 하나이며, 이를 통해 창출되는 공적인 장이 이바쇼인 것이다. 즉, "어떤 장소에 [개인이 담당하는] 역할이 있는가 없는가가 그곳이 이바쇼로서 정착할 수 있는가를 좌우한다"라고 하겠다.[11]

히토하나프로젝트가 이바쇼 만들기에서 갖는 중요성은 단지 소외된 사람에게 환대의 장소를 제공했다는 데 그치지 않는다. 히토하나센터는 니시나리특구구상 사업의 일부로 지자체에서 재정적 지원을 받아 운영된다. 또 고령의 회원들이 사회적 관계를 형성할 수 있는 토대를 조성하는 데 히토하나센터 직원들의 기여도 굉장히 컸다. 그러나 무엇보다도 이러한 지원 위에 고령의 생활보호 수급자들이 사회 속에서 발 디딜 수 있는 장소를 스스로 만들어 가고 있다는 사실이 중요하다.

일본 정부가 초고령사회에 예상되는 문제를 AIP라는 관점에서 접근할 때 간과하는 점이 바로 이것이다. 현재 일본 정부가 추진하고 있는 AIP 정책은 고령자를 사회 일원으로서 자신의 역할을 다하는 주체가 아니라, 장기요양보험에 의해 돌봄을 받아야 하는 생물학적 몸이거나 돌봄의 사회적 비용이 늘어나는 것을 최대한 늦추기 위해 건강을 유지하도록 관리되어야 하는 신체로만 취급하고 있다(김희경 2018; Traphagan 2006). 말하자면, 사회에 재정적 부담을 주지 않도록 건강을 신경 쓰며 자신이 살던 집과 지역에서 늙어 가기, 즉 소극적 의미의 AIP를 요구받는 존재에 불과하다.

---

11 『NPO釜ケ崎 回報』 第53号(2018), 19쪽.

이에 비해 히토하나프로젝트는 AIP의 적극적 차원, 즉 고령자를 위한 고령자에 의한 장소 만들기(place-making for and by the aged)가 가능함을 보여 준다. 제4장에서 다룬 니시나리특구구상 사업의 전개 과정에서도 알 수 있듯이, 지자체와 지역사회가 마을 만들기라는 보다 큰 틀에서 고령자 돌봄의 문제에 접근할 때 고령자가 "병들고 나이가 들더라도 사는 데 익숙한 지역에서 자기다운 생활을 계속할 수 있"는 AIP를 실현할 가능성은 커진다(厚生労働省 2016b: 13). 또한, 그 과정에서 고령자가 의료와 복지의 대상만이 아니라 지역사회를 구성하는 정당한 주체로서 활동할 수 있다는 것을 이 프로젝트는 여실히 보여 준다.

히토하나프로젝트에도 물론 한계는 있다. 무엇보다도 이 프로젝트는 지속가능성이라는 측면에서 해결해야 할 과제를 안고 있다. 사업비가 해마다 줄어드는 바람에 2017년 4월부터는 상근 직원을 1명 줄이고 각종 프로그램을 축소해야 했다. 2020년에는 예산이 가장 많았던 2014년의 3분의 1 수준인 1,040만 3,000엔까지 줄어들어, 지금껏 진행해 온 방식으로 프로젝트를 지속하기 어렵게 됐다.[12]

또한 이바쇼로서의 존립을 위태롭게 하는 사정도 있다(釜ヶ崎支援機構 2017). 회원 수가 많이 늘지 않고, 등록자 중 히토하나센터를 매일 이용하는 회원이 20-30명에 불과한 수준으로 유지되는 경향이 나타나고 있으며, 한 달에 한 번 방문하는 회원까지 포함해도 이용자가 50-60명 정도로 등록자의 절반 수준에 불과하다. 특히 정기이용 회원 사이에 강한 관계가 형성되고, 심지어 특정한 역할을 독점하는 경향이 나타나면서 낯선 사람을 쉽게 받아들이지 못하는 일도 생겼다. 즉, 히토하나센터가 다양한 사람을 위한 이바쇼가 되려면 그곳에서 각자의 역할을 발

12 『NPO釜ヶ崎 回報』第55号(2020), 28쪽.

견하고 상대방의 역할을 인정할 수 있어야 하는데 그렇지 못한 상황도 발생하고 있는 셈이다.

하지만 히토하나센터의 직원과 회원도 이런 문제를 분명히 인식하고 방안을 모색하고 있다. 2018년 가을, 히토하나센터의 직원 전원이 교체되면서 이 프로젝트를 초기부터 관여한 직원이 한 명도 남지 않게 됐다.[13] 직원뿐만 아니라 회원에게도 어려운 시기였지만 이러한 인적 변화는 "프로젝트 진행 중에 드러난 다양한 과제에 대해 함께 되돌아보고 생각하며 이야기 나누는 좋은 기회가 됐다." 2019년 히토하나를 생각하는 모임의 명칭을 삼각김밥 모임(おにぎりの会)으로 바꿔 개최한 자리에서 회원들은 "지금까지 5년보다 앞으로 5년이 중요하다. 같은 일을 반복해서는 히토하나[센터]에 미래는 없다"라는 데 의견을 모았다. 그리고 "직원에 의한 일방적 지원이 아니라 각자가 한 명의 선수처럼 어떤 역할이든지 담당하며 활동한다는, 이 프로젝트의 근본적인 부분을 새롭게 재확인했다."

먼저, 히토하나센터가 보다 많은 사람에게 열린 공간이 되도록 노력하고 있다. 예를 들어 히토하나프로젝트를 알리고 새로운 회원을 확보하기 위해 2018년부터 '히토하나100엔식당(ひと花100円食堂)'을 시작했다. 이것은 매월 한 차례 회원으로 등록하지 않은 사람에게 100엔만 받고 함께 요리를 만들어 식사하는 프로그램이다. 처음에는 히토하나센터에 낯선 사람이 드나드는 것에 회원들이 거부감을 가졌지만, 점점 익숙해지면서 이 모임의 인원이 70명에서 150명까지 늘어났다. 또 히토하나프로젝트의 대상이 생활보호 수급자라는 점에 착안해, 이들을 관리하는 복지담당 공무원에게 히토하나센터를 설명하는 모임을 진행하

13 『NPO釜ケ崎 回報』第55号(2020), 21쪽.

기도 했다. 이런 노력의 결과, 회원 중 일부는 요양시설에 입소하거나 사망하기도 했지만 2020년도 3월 기준 등록회원은 신규 등록자 15명을 포함해 148명이 됐다.

한편 지역사회에 필요한 일을 제공하면서 히토하나프로젝트가 자립할 길도 모색했다. 예를 들어 2022년에는 지역사회 곳곳에 누구나 걸터앉을 수 있는 긴 의자를 설치하는 프로젝트를 시작했다. 지역주민의 상당수가 고령자라는 점과 히토하나센터 회원의 상당수가 건설 노동자였던 점에 착안한 일이다. 헌 옷을 모아 지역의 보육원이나 쉼터 이용자 및 특별일자리사업 참가자에게 기부하거나, 더는 입을 수 없는 헌 옷을 소재에 따라 다양한 용도(공장용, 전문 화가용 등)의 걸레로 제작·판매하는 길도 궁리 중이다. 또한, 요양시설에 입소한 고령자의 집을 저렴한 비용으로 정리하는 일을 사업화할 계획도 있다. 이런 활동만으로 히토하나센터를 운영하는 데 필요한 모든 비용을 감당할 수는 없을 것이다. 그러나 이처럼 다양한 활동을 시도하면서 지역사회 안에서 또 다른 이바쇼를 발견한다면, 고령의 생활보호 수급자는 히토하나센터가 없어지더라도 사회적으로 고립되지 않을 것이다.

지역사회 내에서 다양한 이바쇼를 발견한다면 고령의 생활보호 수급자가 단지 복지 수혜자로 머물지 않고 지역사회의 일원으로 거듭날 가능성은 더 높아질 수 있다. 이로써 적극적 의미의 AIP를 실현하는 길이 열린다. 즉, 생활보호 수급자라는 꼬리표를 떼고 평범한 동네 할아버지, 할머니로 지역사회에서 여러 세대와 일상적으로 교류하면서 삶의 의미를 발견하기도 하고, 건강이 나빠졌을 때 주변에서 금방 알아차릴 수 있는 관계를 맺을 수도 있을 것이다. 히토하나프로젝트는 바로 이러한 관계를 가능하게 하는, 고령자에 의한 고령자를 위한 장소 만들기라고 할 수 있다.

제7장

장소의 힘

1. 가마가사키의 과거와 현재 그리고 공공성

지금까지 전후 가마가사키라는 도시 하층 지역에서 1960년대 이후 이뤄진 다양한 형태의 공공적 실천을 살펴보았다. 가마가사키를 일용직 노동자의 인력시장으로 단순화시킨 행정기관의 대책부터 늘어나는 노숙인에 일자리와 숙소를 제공하는 운동, 노숙인과 주민이 더불어 살아갈 수 있는 마을 만들기, 나아가 생활보호 수급자가 자존감을 회복하고 사회적 관계를 형성할 수 있는 장을 창출하는 활동까지 모두 나름의 방식으로 공공성(公共性)을 정의하려는 실천이었다.[1] 일

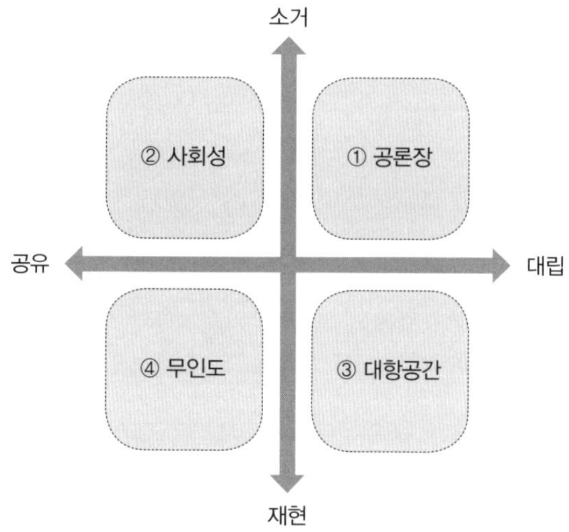

그림 30. 공공성의 이념형적 차원들

출처: Cassegård(2014: 699)의 그림을 일부 수정

1 이 책의 초고를 심사한 후, 이 점을 지적하며 칼 카세고르(Cassegård 2014)의 논문을 참고하라고 알려준 익명의 심사자에게 진심으로 감사드린다.

본의 사회운동을 연구하며 공공성 개념에 대해 분석한 칼 카세고르(Cassegård 2014)는 가마가사키에서 이뤄진 일련의 실천을 조망하는 분석틀(framework)을 제공한다. 따라서 이 장에서는 그의 논의를 참고삼아 가마가사키에서 나타난 공공성의 변화를 정리하면서 본문에서 사용한 친밀권적 공공권, 시민공간, 이바쇼와 같은 개념 사이의 관계를 설명하고자 한다.

카세고르는 대립(contestation)과 소거(bracketing)를 공공성(publicness)의 두 가지 특징으로 파악하고, 이를 기준으로 공론장(public sphere)과 공공공간(public space)의 관계를 고전적 공론장, 주류적 소거의 공간(또는 사회성의 공간), 대항공간, 무인도라는 네 가지 차원으로 구분했다. 개인이 공적인 장을 통해 사회에 상충하는 의견을 개진한다는 점을 '대립'으로, 공적인 장에서 개인 사이에 정치적 또는 사회경제적 권력의 차이가 없는 것처럼 전제하는 점을 '소거'라고 봤다.

그러나 그가 논문에서 제시한 공공성의 이념형적 차원에 관한 그림(〈그림 30〉)에는 x축의 오른쪽으로 갈수록 대립이 강해지고, y축의 위쪽으로 갈수록 소거가 강해진다고만 표시되어 있다. 여기서는 x축과 y축의 의미를 명확히 하기 위해 '공유'와 '재현'이라는 설명을 추가하고자 한다. 차원 ②와 ④는 공공공간을 함께 사용하고 그 속에서 일어나는 문제에 공동 대응한다는 점('공유')에서 비슷하지만, 차원 ②에서는 주류 사회의 규범에 반하는 행위가 받아들여지지 않는데 비해, 차원 ④에서는 사회적 규범에 구애받지 않고 다양한 가능성을 용인한다는 점('재현')에서 다르기 때문이다. 이상의 네 가지 기준을 참고하며 공공성의 각 차원을 살펴보면 다음과 같다.

① 고전적 공론장(classical concept of public sphere)은 평등하다고 여겨지는 주체 간의 합리적 토론과 논쟁을 통해 공통의 문제에 대한 해결

책을 모색하는 숙의(熟議)의 장이다(하버마스 2001). 현실 세계에 엄연히 존재하는 부와 지위의 차이가 이곳에는 없다(소거된다)는 전제 아래 공론장은 성립한다. 그러나 바로 이 때문에 현실 속 불평등에서 비롯되는 문제는 간과되며, 사회경제적 격차로 고통받는 사회적 약자의 존재와 목소리가 배제되기도 한다.

② 주류적 소거의 공간(areas of mainstream bracketing) 또는 사회성의 공간(spaces of sociality)은 공공장소에는 늘 낯선 사람이 있다는 것을 받아들이고, 이들과 적당한 거리를 유지하며 그 장소를 함께 사용하는 생활양식이 두드러지는 공공공간이다(제이콥스 2010). 이곳에서는 공공성을 유지하기 위해 공적인 장소에서 일반적으로 허용되지 않는 행위(예: 공원에서 매매춘 등을 하는 것)를 규제, 즉 소거하는 힘이 작동한다(김주영 2014; 이강원 2021).

③ 대항공간(counterspace)은 물리적 공간을 점거해 주류적 공론장에서 소외된 주체의 목소리와 존재가 들리고 보이게 만드는 저항 행위가 이뤄지는 공공공간이다. 이것은 사회에서 소외된 존재가 광장과 같은 물리적 공간을 점유함으로써, 고전적 공론장에서 소거된 불평등의 문제를 가시화할 때 등장하는 공적인 장이다(박지환 2012a, 2012b; 이영진 2014; 장정아 2019). 또한, 정부와 기업의 공원 유료화 조치에 점거를 통해 저항하고, 그곳에서 다양한 주체가 교류하며 대안적인 생활양식을 표현함으로써 대항공간을 창출할 수도 있다(Cassegård 2011).

④ 무인도(no-man's-lands)는 주류 사회에서 소외된 사람들이 공공장소의 일부를 점유하고 사회적 규범이나 개인이 과거에 한 일이나 차지한 지위에 개의치 않고 현재를 자유롭게 사는 공공공간을 뜻한다. 예를 들어 공원 가장자리나 강변 둔치에서 노숙하는 사람들이 서로의 이름은 모르지만 노숙해야 하는 현실을 감추지 않고 오히려 노숙에 필요

한 정보를 공유하며 공동체를 이루고 살아가는 것이 이러한 공공공간을 만드는 행위라고 할 수 있다(Gill 2012).

카세고르(Cassegård 2014: 699)는 이상의 네 가지 공공성 간의 관계는 "동시발생적인 것(coincidence)"이라고 규정한다. 대항공간은 약자의 목소리가 공론장에서 들리게 하는 것이 목적이고, 그렇게 될 때 공론장도 더욱 포용적인 공간으로 변형될 수 있다. 그리고 비주류적인 실천은 광장을 점거하는 행동으로만 가시화되는 것이 아니라, 주류 사회와 절연된 곳에서 기존의 규범에서 벗어나 자유롭게 살아가는 방식으로도 실현될 수 있다. 즉, 공공성의 각 차원의 관계는 역사적으로 변형되기도 하고 다양한 모습이 공존하기도 한다.

1970년대부터 1990년대 초까지 지속된 아이린체제 속의 가마가사키는 마치 "무인도"와 같은 공간이었다(제2장 참조). 국가와 자본의 입장에서 노동력이 필요할 때는 이를 가장 효율적으로 이용하면서, 재생산을 위해서는 최소한의 복지 서비스만을 제공하는 시스템에서 가마가사키의 일용직 노동자는 주류 사회로부터 철저하게 소외된 존재였다. 그러나 다른 한편, 가마가사키 내에서 일용직 노동자는 세상의 시선에 얽매이지 않고 자유롭게 살 수 있었다. 이곳은 일을 구하지 못한 날이면 길거리에서 잠을 자고, 술을 마시고, 도박판을 벌여도 누구도 개의치 않는 공간이었다. 심지어 범죄조직이 활동하고 거리에서 공공연하게 마약이 거래되기도 했다. 그러나 일용직 노동자가 '폭동'을 일으키지 않는 한, 주류 사회는 가마가사키 내에서 벌어지는 일탈을 묵인했다. 무인도와 같은 공공성의 양태는 일용직 노동자나 노숙인이 서로의 과거사를 묻지 않는 관행으로 현재까지도 지속되고 있다. 이런 의미에서 가마가사키는 여전히 무인도에서처럼 인간관계가 부재(不在)하는 "고독의 집합소"다.

그러나 1990년대 이후 가마가사키는 무인도와 같은 상황에서 탈피하기 시작했다. 노숙인 지원운동은 행정기관을 상대로 한 투쟁을 통해 급증하는 노숙인을 위한 일자리와 숙소를 쟁취했다(제3장 참조). 그리고 국가와 지자체로부터 홈리스자립지원법의 제정과 연장을 도출해 냈다. 노숙인 지원운동에 참여한 사람들이 오사카부청 앞의 오사카성공원과 오사카시청 앞의 나카노지마공원 등을 점거하고 노숙인이 처한 상황을 알린 행동은 이러한 성과를 거두는 데 중요한 역할을 했다. 이로써 가마가사키는 지배적인 공론장에서 배제된 노숙인의 존재를 가시화하는 대항공간이 됐다.

2000년대 이후 노숙인 지원운동은 지자체로부터 위탁받은 사업을 수행하는 NPO인 가마가사키지원기구의 활동으로 수렴했다. 가마가사키지원기구는 가마가사키 내외에서 활동하는 여러 단위(지자체, 자치회, NPO, 노동조합 등)와 관계를 맺으며, 노숙인과 일용직 노동자의 입장을 대변하고 이들의 처지를 개선하는 활동을 실천해 왔다. 또한, 코로나19 대유행 때는 일자리와 주거를 잃고 가마가사키로 유입되는 청년을 지원하는 활동을 전개했다(白波瀬達也 2020a). 이제는 가마가사키 외부의 공공공간을 점거하는 방식보다는 지자체에 요구해 노숙인이 머물 쉼터나 생활보호 수급자가 교류할 거점을 만들고, 크라우드 펀딩으로 주거와 일자리를 잃은 청년이 머물 건물을 임차하는 방식으로 운동하고 있다. 따라서 가마가사키는 여전히 노숙인을 포함한 사회적 약자를 위한 실천이 이뤄지는 대항공간이다.

동시에 2000년대 이후 가마가사키에서는 노숙인에게 일자리와 숙소를 제공하는 것을 넘어 지역 전체를 누구나 더불어 살아갈 수 있는 곳으로 바꾸려는 마을 만들기 운동이 펼쳐졌다(제4장 참조). 가마가사키 재생포럼이 시작한 마을 만들기 운동은 지역 내 대립하던 다양한 주체가 개인 자격으로 참여하는 논의의 장(마을 만들기 광장)을 마련했고, 여기서 논의된 사안을 지역 내 여러 조직의 대표자가 모여 실행 방안을 모색하는 틀(하기노차야확대회의)을 도출했다. 이 과정에 참여한 가마가사키의 유식자들은 행정기관과 지역 재개발 방향을 논의하는 제도(니시나리특구구상)에도 적극적으로 관여했다. 이를 통해 가마가사키에 산적한 지역 문제를 공론화하며 대립을 조정하는 시민공간이 만들어졌다. 가마가사키의 시민공간은 지역 내외의 엘리트가 기존의 정치적·방법론적 차이를 내려놓고 지역 과제를 논의하는 공론장인 셈이다.

그러나 노숙인에게 간헐적인 일거리와 임시 쉼터를 제공하고, 노숙에서 탈피한 생활보호 수급자에게 기본적인 생계비와 주거비를 보장한다고 해서 이들이 곧장 배제와 소외에서 벗어나는 것은 아니다. 오히려 생활보호를 받은 후부터는 폐지나 빈 캔을 주우러 다닐 필요가 없어졌고, 이로 인해 다다미 세 장 크기의 작은 방에 고립될 위험에 처했다.

노숙인과 생활보호 수급자가 마을 만들기 광장이나 아이린 지역 마을 만들기 검토회의 등과 같은 공론장에서 자신의 목소리를 충분히 냈다고는 할 수 없다. 물론 마을 만들기 운동을 전개한 주체는 쉼터 이용자를 상대로 인터뷰 조사를 진행하는 등 사회적 약자의 목소리를 반영하려고 노력했다. 그러나 니시나리특구구상 사업의 각종 협의체가 지역 내외의 식자층이 참여하는 공론장이라는 점을 부정할 수 없다. 결과적으로 차원 ①의 공론장과 차원 ③의 대항공간은 가마가사키의 노숙인과 생활보호 수급자가 생활의 안정을 확보하기 위해서는 필수적인 영역이지만, 사회적 약자가 사회적 관계를 형성하고 자존감을 획득하기에는 충분하지 않았다.

사회적 약자 스스로가 관계를 맺고 자신을 표현하며 자립할 수 있는 새로운 차원의 공공공간이 필요하다. 일본 사회에서 현재 이러한 공

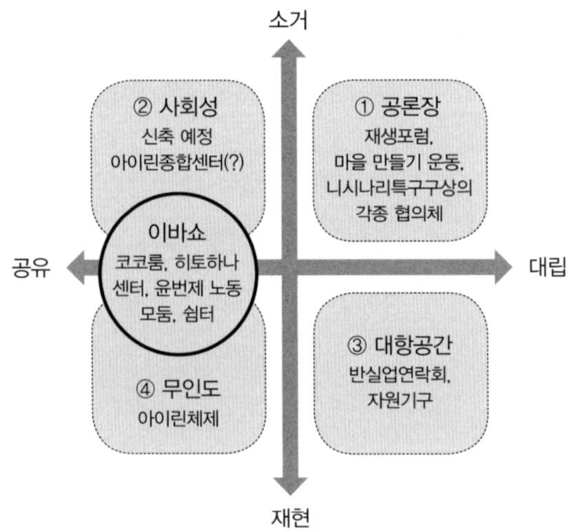

그림 31. 가마가사키의 공공성 차원들

출처: Cassegård(2014: 699)의 그림을 일부 수정

공공간은 이바쇼라고 명명되며, 이 공간은 성격상 "친밀권적 공공권"이다. 가마가사키에서 카페와 게스트하우스를 운영하며 표현 활동을 매개로 사회적 약자가 자신의 목소리를 재현할 기회를 만들고 있는 코코룸이라는 공간이 이에 해당한다(제5장 참조). 여가 프로그램, 연극은 물론 생활보호 수급자가 일과 봉사활동을 통해 지역사회에 참여할 기회를 창출하는 히토하나센터도 이바쇼의 대표적 사례다(제6장 참조). 더불어 대항공간을 만드는 활동을 통해 생겨난 윤번제 노동 모둠이나 쉼터도 생활보호제도에 의존하길 거부하며 살아가는 노숙인 간의 관계를 지탱하는 이바쇼다. 이런 이바쇼를 방문하는 사람은 자신을 일방적인 지원 대상이라고 생각하지 않고, 주어진 공공공간을 이용해 스스로 관계를 만들고 삶의 의미를 발견하며 자존감을 회복하고 새로운 이바쇼를 만들어 가고 있다.

이바쇼는 〈그림 31〉에서처럼 공공성의 차원 ②와 차원 ④에 걸쳐 있다고 할 수 있다. “아무것도 미리 정해져 있지 않고 모든 것이 참여자 스스로에 의해 시도되고 결정”된다는 의미에서, 이바쇼는 “무인도”에 해당한다(Cassegård 2014: 698). 가마가사키예술대학의 참여자가 세련된 언어를 사용해야 한다는 제약 없이 생활인의 언어로 시를 짓고, 히토하나센터의 구성원이 대본부터 무대장치까지 스스로 준비해 연극을 상연하는 예를 떠올려 보면 이바쇼가 왜 무인도와 같은 공공공간인지 이해할 수 있다.

그러나 이바쇼는 아이린체제 속 가마가사키와는 달리 온갖 사회규범에서 완전하게 자유로운 공간이 아니다. 코코룸이 운영하는 카페에 들른 노숙인이나 생활보호 수급자는 직원이나 다른 손님과 말썽을 부려서는 안 되며, 가마가사키예술대학의 시 수업에서는 상대방의 이야기를 경청해야 하고, 히토하나센터에서도 구성원 스스로가 만든 규칙을 지켜야 한다. 그러므로 가마가사키의 이바쇼는 노숙인 혹은 생활보호 수급자가 다른 사람과 관계를 맺으며 고립의 위험에서 탈피하고 자신의 입장을 스스로 재현한다는 의미에서 차원 ④에 해당하지만, 이 공간을 활용할 때 타자와 일정한 거리를 두고 사회적으로 통용되는 규범을 지켜야 한다는 의미에서 부분적으로 차원 ②에 속한다.

가마가사키에서 공공성을 구성하는 여러 차원은 상호의존적이다. 사회적 약자에게 일과 주거를 제공하는 대항공간과 지역 전체를 재활성화하기 위한 대안을 모색하는 공론장은 노숙인과 생활보호 수급자가 가마가사키에서 살아가기 위해 필요 불가결한 조건이다. 대항공간과 공론장에 의존하며 이들도 자립의 한 방식을 모색할 수 있다. 그러나 이것만으로는 사회적 약자가 스스로 설 수 없다. 사회적 약자가 단지 대변되는 대상에 머물지 않고 자기 목소리를 내는 존재가 되기 위해서는 무인도와 사회성의 공간의 중간적 성격을 지닌 공공공간이 필요하다. 이바쇼가 본질적으로 공론장이나 대항공간보다 더욱 대안적인 장은 아니다. 이 모든 장이 동시적으로 그리고 상호의존적으로 작용할 때 가마가사키 전체가 새로운 방식의 자립을 가능케 하는 공공성의 공간이 된다.

가마가사키에서 공공성의 공간을 창조하는 일은 더는 물리적 공간을 점거하는 방식으로 이뤄지지 않는다. 대신 행정기관을 상대로 때로는 투쟁하고 때로는 협의하면서 공공기관의 지원을 받아 쉼터나 히토하나센터와 같은 공공공간을 만들어 낸다. 그리고 공모사업으로 확보한 자금, 후원금, 그리고 카페나 게스트하우스를 운영해 얻은 수익금으로 누구나 드나들 수 있는 공공공간을 이끌어 나간다. 이런 공공공간에서 만들어진 관계에 의지해 또 다른 공공공간이 창조되기도 한다. 물론 이 과정에서 행정기관에 이용당할 위험이 전혀 없는 것은 아니지만, 그런 위험을 저지하는 것도 대안적 공공공간을 구성하는 힘든 과정 중 일부일 것이다.

2023년 현재도 아이린종합센터의 폐쇄에 반대하는 사람들이 아이린종합센터 주변에서 노숙을 계속하고 있다. 이들은 지자체와 협력해 니시나리특구구상 사업을 추진하는 것에 대해 회의적이다.[2] 또한, 노숙인과 일용직 노동자 중에는 가마가사키의 환경이 마을 만들기와 재개발로 개선되면, 무인도적 성격이 강한 가마가사키에서 누려왔던 자유

---

2 아이린종합센터를 점거하고 있는 가마가사키센터개방행동(釜ヶ崎センター開放行動)이라는 무정부주의 운동 네트워크는 온라인에 게시한 투쟁 호소문에서 "노조와 시민운동조직들"처럼 "스스로를 지원자나 활동가로 규정하고 억압된 자들을 대변하거나 대행하는 일은 그만두고 싶다"라고 밝혔다. https://occupy-kama-0401.tumblr.com/ (검색일: 2021. 8. 5).

를 상실할 수도 있다고 불안해하는 사람도 있다.[3]

하지만 무인도적 공공공간은 고령의 남성 노숙인과 일용직 노동자 이외의 개인들(여성, 어린이, 청년 등)을 좁게는 아이린종합센터와 같은 공공장소, 넓게는 가마가사키라는 지역에서 배제한다는 한계가 있다. 따라서 앞으로 가마가사키에서 전개될 공공공간은 일정 부분 "사회성의 장소"와 같은 모습을 지향할 가능성이 크다. 이것이 구체적으로 드러날 사건은 아이린종합센터의 재건축일 것이다. 아이린종합센터가 지금보다 더 다양한 주체들을 포용할 수 있는 공간이자 기존의 사회적 약자 또한 배제하지 않는 장소가 될 수 있는가는 가마가사키에 축적된 "장소의 힘(場所の力)"[4]으로 공생(共生)의 지혜를 도출할 수 있는가에 달려 있다.

2. 젠트리피케이션, 세계화 그리고 장소성

현재 가마가사키에는 두 가지 변화의 움직임이 동시에 나타난다.

---

3 지자체는 내진성 문제와 더불어 아이린종합센터에서 대낮부터 술판과 도박판이 벌어지는 것을 막고 구인업자의 불법적인 활동을 일소하기 위해서 이곳을 재건축해야 한다고 주장하지만, 노숙인과 일용직 노동자는 이와 같은 "정화작전(浄化作戦)"은 일거리를 얻지 못한 사람들이 술과 도박에 의지해 권태로운 시간을 견디며, 나이가 들어 불법적인 일거리가 아니면 일할 기회를 얻기 어려운 자신들을 가마가사키에서 몰아내는 결과를 초래할 것이라고 우려했다. 「西成あいりんセンター閉鎖騒動､行政vs日雇い労働者｢怒り激突｣の24日間(上)」, 『DIAMOND Online』, 2019년 5월 20일, https://diamond.jp/articles/-/202853; 「西成あいりんセンター閉鎖騒動､行政vs日雇い労働者｢怒り激突｣の24日間(下)」, 『DIAMOND Online』, 2019년 5월 20일, https://diamond.jp/articles/-/202887 (검색일: 2021. 8. 4).

4 일본 사회에서 가장 소외된 존재인 일용직 노동자와 노숙인의 자립을 지지해 온 집합적인 실천 능력을 말한다.

하나는 젠트리피케이션(gentrification)이고 다른 하나는 "아래로부터의 세계화(globalization from below)"다(Mathews, Ribeiro and Vega 2012). 이 두 가지 힘은 사회적 약자를 포용해 온 가마가사키의 장소성을 근본적으로 흔들 수 있는 요인이다.

가마가사키에서 젠트리피케이션이 일어날 가능성이 커진 것은 역설적이게도 지역사회 주도의 마을 만들기가 성과를 거둔 덕분이다. 2000년대 초부터 마을 만들기의 하나로 국내외 여행객을 간이숙박소 및 간이숙박소를 개조한 비즈니스호텔에 끌어들이기 위한 노력이 있었다(松村嘉久 2011). 간이숙박소의 주된 고객이었던 일용직 노동자가 크게 줄어들자, 일부 간이숙박소는 리모델링을 통해 값싼 숙소를 찾는 외국인 배낭 여행객을 유치하고자 했다. 간이숙박소 업주들은 오사카국제게스트하우스 지역창출위원회(2005년)를 결성하고, 외국어 홈페이지를 만들거나 관광안내소를 설치해 외국인 여행객이 이 지역의 숙박시설을 편리하게 이용할 수 있도록 했다.

또한, 제3장과 제4장에서 다룬 바와 같이 2010년대에 전개된 마을 만들기와 니시나리특구구상 사업 덕분에 가마가사키의 환경과 치안이 크게 개선됐다. 거리의 주인 없는 개를 관리하는 일이나 각성제를 판매하는 노점을 철거하는 일도 주민 주도의 마을 만들기 운동 덕분에 큰 탈 없이 해결됐다. 거리 구석구석을 돌며 휴지를 줍는 일, 쓰레기 불법 투기를 감시하는 일, 거리에 방치된 자전거를 정리하는 일은 고령의 노숙인에게 일거리를 제공하는 기회도 됐다. 더불어 니시나리특구구상 사업이 시작된 이후, 경찰이 빈번하게 순찰하는 것도 이곳에서 폭력조직의 불법적인 활동이 줄어드는 데 이바지했다. 결과적으로 가마가사키 주변을 재개발하기에 알맞은 조건이 형성된 셈이다.

실제로 신이마미야역 주변에서는 각종 재개발이 활발하게 진행되

고 있다. 2017년 3월 리조트 호텔이나 고급 여관을 운영하는 것으로 유명한 호시노리조트(星野リゾート)가 신이마미야역 북쪽의 빈 부지에 대형 호텔을 건설한다는 계획을 발표했다.[5] 2022년 4월 예정대로 14층 건물에 436객실을 갖춘 고급 호텔(1박 이용 요금이 6만 엔)이 오사카를 출발점으로 간사이 지역을 여행할 관광객을 대상으로 영업을 시작했다.[6] 이 호텔은 행정구역상 나니와구(浪速区)에 속하지만 길 하나를 두고 가마가사키와 접하고 있으므로 이곳에 영향을 미치지 않을 수 없다. 더구나 2031년까지 JR서일본과 난카이철도가 공동으로 신칸센이 정차하는 신오사카역부터 신이마미야역까지를 연결하는 노선을 건설하기로 해, 역세권 재개발이 가속화될 가능성이 크다.[7]

일련의 재개발이 이뤄지는 과정에서 일용직 노동자와 노숙인, 생활보호 수급자가 소외될 개연성을 전적으로 배제할 수는 없다. "거리가 깨끗해지면 우리들 같은 인간은 배제된다. 어쩔 수 없는 일"이라는 한 70대 노숙인의 말에서 드러나듯이[8] "빈곤 지역의 재개발 프로젝트는 불안정한 주거 상태에 놓인 이에게 존재론적 안심감에 위협을 초래할 수 있다.(マ- 2018: 12)"

5 「星野リゾートがディープな大阪に進出するホンマの理由」, 『読売新聞 オンライン』 http://www.yomiuri.co.jp/fukayomi/ichiran/20170704-OYT8T50005.html?page_no=1 2017년 7월 5일 (검색일: 2021. 2. 8).

6 「特集 大阪·新今宮にオープンした「星野リゾート OMO7」労働者の街"西成"はどう変わるのか?」, 『読売テレビ「かんさい情報ネットten.」』 4月19日放送分, https://news.yahoo.co.jp/articles/e7426149f6c8b1a1adad53988ba11edd8c043831 (검색일: 2022. 7. 11).

7 「簡易宿所にインバウンドの予約殺到 労働者の街 大阪·新今宮に変化の波」, 『SankeiBiz』 https://www.sankeibiz.jp/business/news/191216/bsm1912160655001-n1.htm 2019년 12월 18일 (검색일: 2020. 7. 15).

8 「50年 釜ケ崎と向き合って あいりん総合センター労働施設閉鎖」, 『朝日新聞』 2019년 3월 27일 석간, 9면.

아래로부터의 세계화도 젠트리피케이션과 무관하지 않다. 2010년대 중반부터 가마가사키에서는 지역 재개발의 압력이 커지면서 중국계 소자본이 급격히 유입되어 도시공간이 크게 변형되었다. 그 배경에는 1980년대 중반 중국 정부가 유학 등 개인적인 이유로 해외에 나가는 것을 자유화하고 일본 정부도 외국인 유학생을 유치하려는 정책을 편 결과, 1980년대 후반부터 일본으로 이주하는 중국인이 크게 늘었다는 사실이 자리 잡고 있다(Coates 2015). 중국인 이민자 중 일부는 그대로 정착해, 1990년대에는 이미 도쿄의 이케부쿠로에 새로운 차이나타운을 형성하기에 이르렀다.

가마가사키에서도 1990년대 중반 이 지역에 정착한 중국인 이민자들에 의해 도시공간이 변화하기 시작했다(陸麗君 2019; 王佳儀 2019). 일용직 노동시장이 쇠퇴하면서 고객이 줄어들어 빈 점포가 많아졌고 이 지역에 대한 사회적 편견 탓에 점포 시세가 주변보다 저렴했기 때문에 이주자는 적은 초기 투자 비용으로도 사업을 시작할 수 있었다. 나중에 오사카중국상인회(大阪華商会)를 결성하고 회장을 맡은 푸젠성(福建省) 출신의 사업가는 1990년대 후반 집세가 저렴한 곳을 찾아 가마가사키로 왔다. 그는 2000년 초반에 음식점으로 시작해 2005년에는 노래방 주점(カラオケ居酒屋)을 열어 크게 성공했다. 2013년부터는 본격적으로 부동산업에 뛰어들어 가마가사키 주변 상점가의 빈 점포를 매수하고 노래방 주점으로 개장한 후 일본 내 동향(同郷)·화교(華僑) 네트워크 등을 통해 중국인에게 점포 운영을 맡겼다. 그 결과 2010년까지 2–3곳에 불과했던 노래방 주점이 2017년 무렵에는 동물원 앞 상점가를 중심으로 57곳까지 늘어났다. 최근에는 중국인 사업가들이 이 지역에서 빈 건물을 사들이거나 새 건물을 지어 민박이나 복지아파트로 운영하는 상황이다.

현재 가마가사키 주변 상점가에는 총 120여 곳의 노래방 주점이 있으며, 이 중 80곳 정도는 중국인이 운영하고 있다고 한다.[9] 비슷한 디자인의 간판을 단 노래방 주점에는 일본어를 배우러 유학 온 젊은 중국인 여성이 일하고 있다. 노래방 주점의 주된 고객은 가마가사키의 나이 든 생활보호 수급자다. 하지만 생맥주 한 잔에 500엔, 노래 1곡에 100엔을 내면 젊은 중국인 여성과 이야기를 나누며 시간을 보낼 수 있다는 사실이 알려지자, 가마가사키 주민뿐만 아니라 샐러리맨도 퇴근길에 들러 노래를 부르며 술을 마시게 되었다. 노래방 주점 덕분에 지역경제가 활성화된다며 긍정적으로 평가하는 의견도 있지만, 지역주민 사이에는 소음에 대한 불만과 가마가사키가 차이나타운이 될지 모른다는 불안감이 동시에 존재한다.[10]

실제로 2019년에는 오사카중국상인회가 갑자기 동물원 앞 상점가 일대를 차이나타운으로 만들겠다고 제안했다가 물거품이 되기도 했다. 오사카중국상인회 측은 노래방 주점을 음식점이나 잡화점으로 조금씩 전환해 오사카만국박람회가 열릴 2025년까지 120개의 점포를 출점해 "차이나타운으로 니시나리의 활력을 높이고 지역에 공헌하고 싶다"라는 의향을 밝혔다.[11] 그러나 동물원 앞 상점가의 일본인 상점주들은 이곳은 "오랫동안 화교가 많이 살았던 요코하마나 고베와는 역사가 다르다"며, "갑자기 차이나타운을 조성하는 것은 무리"라는 반응을 보였다. 마을 만들기에 적극적으로 관여해 온 전 하기노차야 제6자치회장 니시

9 「大阪ドヤ街に活気…西成·ガールズバーが急増するワケ」, https://www.excite.co.jp/news/article/DailyNews_1052472/ 2015년 5월 12일 (검색일: 2021. 3. 2).

10 「西成に中国マネーの波 カラオケ居酒屋150軒, 地価上昇」, 『朝日新聞』 2018년 9월 22일 석간, 7면.

11 「西成に'中華街'構想発表 'あまりに唐突' 地元から反発も」, 『朝日新聞』 2019년 2월 16일 석간, 7면.

구치 무네히로(2016. 6. 28)도 중국계 부동산업자는 "그냥 토지만 보유한 채 이 동네에 대해서는 무관심하다"라며, 아래로부터의 세계화가 향후 가마가사키에 미칠 영향에 대해 우려했다. 호시노리조트와 같은 거대 자본이 가마가사키에 전형적인 젠트리피케이션을 초래할 수 있지만, 1990년대 이후 중국에서 일본으로 이주한 신화교(新華僑) 중심의 소자본에 의해 유흥 시설이 늘어나는 일도 가마가사키의 장소성에 영향을 미칠 수 있다.

하지만 가마가사키에는 자본의 힘과 경합하며 사회적 약자를 포용할 지혜와 경험이 축적되어 있다. 니시나리특구구상 사업이 이 지역에 젠트리피케이션을 초래할 수 있다는 우려도 있지만(生田武志 2016: 29), 제4장에서 살펴본 것처럼 이 사업은 처음부터 지금까지 지역주민의 의사에 따라 가마가사키의 사회적 약자를 포섭하는 방향으로 진행되고 있다. 가마가사키에서 마을 만들기 활동에 관여해 온 사람들은 니시나리특구구상 유식자 좌담회에서 지역사회의 의사가 반영된 계획을 수립했으며, 이후에도 아이린 지역의 마을 만들기 검토회의와 아이린 지역 마을 만들기 회의 등에 적극적으로 참여해 행정기관과 함께 마을 만들기를 추진하고 있다.

덕분에 지방자치단체도 지역 구성원의 의사를 반영하는 데 신경을 기울였다. 2015년 1월, 여섯 차례에 걸친 아이린 지역의 마을 만들기 검토회의의 결과를 오사카시 시장에게 보고할 때도 니시나리구 구청장은 "노동자, 노숙생활자를 시작으로 지역사회를 구성하는 누구도 '배제'되지 않도록" 하는 것이 "새로운 마을 만들기와 지역 활성화에 관한 논의를 수행할" 때 "중요하다"라는 점을 거듭 천명했다.[12] 오사카시

12 「あいりん地域のまちづくり検討会議に係る報告について」, http://www.city.

시장도 "[신이마미야]역 앞을 활성화하는 과정에서 노숙인 등의 사회적 약자가 지역에서 '배제'되는 일이 없도록 세심한 주의를 기울여 검토하기로 한다"라며 위의 제안을 수용했다.[13]

여전히 젠트리피케이션의 가능성은 존재하지만 가마가사키에는 짧게는 20여 년간 상향식 마을 만들기를 실행한 경험과, 길게는 50여 년간 노동운동과 자원봉사 활동을 통해 사회적 안전망을 만들어 온 경험이 축적되어 있으므로(松繁逸夫 2011), 이 지역에서 경제적 이윤을 얻는 일 외에는 무관심한 자본도 취약계층을 손쉽게 배제할 수는 없을 것이다. 즉, 이 지역에 역사적으로 축적된 "장소의 힘"은 젠트리피케이션과 아래로부터의 세계화 배후에 있는 자본의 힘과 경합하며 포용성이라는 가마가사키의 장점을 유지하는 데 이바지할 것이다(こたね制作委員会 2008).

2020년부터 시작된 코로나 팬데믹은 가마가사키에서 살아가고 활동하는 모든 사람에게 큰 시련을 주었지만, 동시에 이곳만이 가진 "장소의 힘"을 보여 주는 계기도 됐다. 코로나 감염 위험이 증가하면서 일용직 구인수가 줄어들고 무료급식 활동도 한때 중단됐으며 노숙인의 쉼터 이용에도 철저한 관리가 필요했다(白波瀬達也 2020a). 하지만 전염병 확산을 더불어 극복하려는 움직임도 동시다발적으로 나타났다. 가마가사키에서 방문간호에 종사하는 간호사들은 2020년 4월 〈아이린 수제 마스크 프로젝트(あいりん手作りマスクプロジェクト)〉를 개시해, 마스

osaka.lg.jp/nishinari/cmsfiles/contents/0000296/296230/kagami.pdf (검색일: 2017. 7. 1).

13 「あいりん地域のまちづくりにかかる市の今後の方向性(概要)」, http://www.city.osaka.lg.jp/nishinari/cmsfiles/contents/0000296/296230/konngonohoukousei.pdf (검색일: 2017. 7. 1).

크 부족에 시달리던 지역주민과 시설 입소자에게 4월 말까지 1,500매의 마스크를 배포했다. 또한 가마가사키지원기구를 비롯해 20곳 이상의 단체가 참여한 〈신형 코로나 주거와 생활 긴급 지원 프로젝트 OSAKA(新型コロナ·住まいとくらし緊急サポートプロジェクトOSAKA)〉는 크라우드 펀딩을 통해 모금한 재원으로 인터넷 카페 등에서 생활하는 사람 20명에게 2020년 4월부터 5월 사이에만 93일분의 숙박비용을 지원했다. 현재도 상담을 통해 임시로 머물 숙소를 제공하거나 일자리를 소개하고 생활보호 제도 이용을 안내하는 등의 활동을 하고 있다.

무엇보다도 향후 가마가사키의 장소성은 아이린종합센터가 어떤 식으로 재건축되는가에 따라 크게 좌우될 것이다(白波瀬達也 2019). 현재까지 나온 계획에 따르면 아이린종합센터는 일용직 노동자와 노숙인만을 위한 시설이 아닌 가마가사키에 정주하는 사람, 도움을 찾아 가마가사키로 오는 사람, 여행객이나 승객처럼 이곳을 지나치는 사람까지 모두 포용할 수 있는 시설로 조성될 예정이다.[14] 예를 들어 새로 생길 아이린종합센터에는 노래방 주점에서 일하는 중국인 여성처럼 외국인 여성이 이용할 수 있는 공간도 마련될 것이다. 즉, 신축될 아이린종합센터는 일용직 노동자와 노숙인뿐만 아니라 다양한 사람에게 종합적인 지원을 제공하는 것을 지향한다.

현재 아이린종합센터의 재건축에 반대하며 센터 주변에서 노숙을 계속하는 사람들과의 갈등으로 인해 예정대로 재건축이 진척되지 않고 있다. 가마가사키센터개방행동(釜ケ崎センター開放行動)이라는 아나키스트적 운동 네트워크 참여자들은 아이린종합센터의 셔터가 내려져 환

14 「別紙3 あいりん総合センター跡地などイメージ」, https://www.city.osaka.lg.jp/templates/proposal_hattyuuannkenn/cmsfiles/contents/0000499/499515/04_atochiimage.pdf (검색일: 2021. 3. 3).

기가 안 되는 상태에서 50여 명이 노숙하고 있어서 코로나19 감염의 위험이 크다는 점을 지적하며, 오사카부에 아이린종합센터의 개방을 요구하고 있다.[15] 이에 대해 오사카부는 이곳을 점거하고 있는 노숙인 22명을 오사카지방재판소에 제소하고 재판 결과가 나오기 전에 이들을 퇴거시키기 위한 가처분신청을 냈다.[16]

아이린종합센터 점거자를 대변하는 측은 세 가지 논리로 재판에 대응했다(池田直樹 2021, 2022). 우선 국제인권조약에서 개인, 가족, 공동체의 의사에 반해 적절한 법적보호조치 없이 강제 퇴거하는 것을 금지하고 있다는 점을 들었다. 다음으로 행정기관이 아이린종합센터의 재건축 계획을 일방적으로 변경하는 것은 주민의 생활에 영향을 미치는 일에 있어서 행정상 적절한 절차를 보장해야 한다는 헌법 조항을 위반했다고 주장했다. 나아가 이 건물에 대한 소유권은 오사카부에 있지만, 마치 농촌 주민이 야산을 공동으로 이용할 권리를 가지듯, 오랫동안 오사카와 일본 전체의 기반 시설을 만드는 데 이바지한 노동자에게는 이곳을 이용할 권리가 있으며, 이러한 권리를 바탕으로 오사카부의 센터 소유권을 제한할 수 있다는 논리를 폈다.

그러나 2021년 12월, 오사카지방재판소는 "노동자들이 생활보호로 이어지는 지원이나 이바쇼 확보 등 일정한 배려를 받고 있다"라는 점을 들어 점거를 중단하라고 명령했다.[17] 단 판결이 확정되기 전에 이

---

15 「閉鎖のセンター、一階開放を要望、西成の路上生活者ら」, 『朝日新聞』 2020년 3월 29일 조간, 23면.

16 「西成の閉鎖施設、明け渡しへの提訴、府、路上生活者らを」, 『朝日新聞』 2020년 9월 2일 조간, 23면.

17 「旧'あいりん総合センター'拠点にする労働者に立ち退き命じる 大阪地裁」, 『ABCニュース』 2021년 1월 3일, https://www.asahi.co.jp/webnews/pages/abc_13106.html (검색일: 2022. 7. 11).

들을 강제 퇴거시키는 가집행은 인정하지 않았다. 2022년 12월에 나온 2심에서도 같은 결정이 내려졌다.[18] 피고 측은 이러한 결정에 불복해 항소했지만, 결국 아이린종합센터 점거는 중단될 가능성이 크다.

2019년 3월부터 점거를 계속 있는 가마가사키센터개방행동 측도 이런 사실을 인식하고 있다. 이들은「가마가사키의 외부에 있는 친구들에게: 새로운 무산자들의 공생 시도를 위해(釜ケ崎の外の友人たちへ—新たな無産者たちの共生の試みのために)」라는 호소문에서 "이 투쟁의 성공은 센터 점거를 지속하는 것이 아니다. 점거는 언제든 경찰에 의해 중단될 수 있다. 우리에게 중요한 것은 그들을 물리력으로 이기는 것이 아니다. 그러한 싸움은 이제 불가능할 뿐 아니라 바람직하지도 않기 때문"이라고 밝혔다.[19] 이들은 "센터를 그동안처럼 노동자를 위한 자율공간으로 유지하고, 센터의 종언(終焉)을 연장하는 운동을 뛰어넘고자" 한다. 이들이 추구하는 것은 폐쇄되어 텅 비어 버린 거대한 건물을 "새로운 무산자들의 마을"로 만들고, "센터에서 자는 노숙인, 구경 오는 이웃들, 혹은 이 호소문을 읽고 찾아오는 무명의 사람들과 함께-다르게-있기라는 실험"을 하는 것이다. 구체적으로 점거자들은 "100명분의 식사를 마련할 수 있는 부엌을 운영"하고, "이 점거 공간에 남성 이외의 젠더인 사람이 '그냥 여기에 있는 것'을 가능케 하는 힘을 형성"하며, "이 공백을 활용해 공유의 풍요로움에서 촉발되는 조직화"를 이루고 싶다고 선언했다.

---

18 「大阪 あいりん総合センター敷地からの立ち退き 2審も命じる」,『関西 NEWS WEB』 2022년 12월 14일, https://www3.nhk.or.jp/kansai-news/20221214/2000069112.html (검색일: 2023. 8. 24).

19 이 호소문은 가마가사키센터개방행동 홈페이지(https://occupy-kama-0401.tumblr.com/, 검색일: 2021. 8. 10)에 일본어, 한국어, 영어로 게재되어 있다. 여기서는 일본어로 된 호소문을 참고로 한국어 호소문을 일부 수정해 인용했다.

아이린종합센터의 폐쇄를 막기 위해 “자연발생적으로 모인” 사람들이 위와 같은 “실험”이 가능하다고 생각하는 이유는 “가마가사키라는 공간이 가지는 힘은 일상에서 다수와 함께-다르게-있기(異種混交)의 시도가 이어지고 있다는 데 있다”라는 점을 알기 때문이다. 흥미롭게도 아이린종합센터의 재건축을 두고 표면적으로는 대립하고 있지만, 이곳을 점거하고 있는 세력이나 재건축을 추진하는 마을 만들기 세력 모두 가마가사키가 가진 “장소의 힘”에 대한 믿음을 공유하고 있다. 행정기관과 마을 만들기에 참여하는 유식자층이 제시한 아이린종합센터의 재건축 계획에도 점거자들이 희망하는 취식 시설과 다양한 젠더의 사람이 이용할 수 있는 장소가 이미 포함되어 있다. 즉, 아이린종합센터 재건축을 추진하는 측과 이에 반대하는 측이 이 공공공간의 활용 방법에 대해 비슷한 생각을 하고 있다.

다만 아직 아이린종합센터 재건축안이 확정되지 않은 데다, 고령의 노숙인 중에는 여전히 “생활보호도 고려했으나 [생활보호를 신청하면 부양 의무가 있는] 친족에게 연락이 가서 내 상황이 알려지면 곤란하다”고 점거와 노숙을 계속하는 사람이 있어,[20] 아이린종합센터의 재건축이 언제 시작될지 불확실하다. 그러나 아이린종합센터 재건축안이 확정되고 법원이 최종적으로 퇴거 조치를 판결하면, 행정기관이 점거자를 퇴거시킬 가능성이 크다. 이로 인해 재건축 추진자와 점거자 사이에 갈등이 발생할 수 있다. 그러나 궁극적으로 가마가사키에서 살아가는 각양각색의 사람들은 이러한 갈등을 “함께-다르게-있기”를 가능하게 해온 “장소의 힘”으로 극복할 수 있을 것이다.

---

20 「西成·あいりん総合センター閉鎖から3年 占拠続ける理由は」, 『毎日新聞』 2022년 2월 27일, https://mainichi.jp/articles/20220227/k00/00m/040/132000c (검색일: 2022. 7. 11).

3. 국가, 공동체 그리고 이바쇼

이러한 "장소의 힘"은 개인들이 서로 의지하면서도 자유로울 수 있는 자립적인 장소인 이바쇼를 가마가사키 곳곳에 만드는 원동력이 되고 있다. 고령의 일용직 노동자와 노숙인에게 일자리와 쉼터를 제공하는 활동에서, 생활보호 수급자가 사회적 관계를 형성할 수 있도록 돕는 프로그램에서, 그리고 노숙인·생활보호 수급자만이 아니라 가마가사키를 경험하는 누구나 표현 활동을 통해 자신의 목소리를 낼 수 있게 하는 카페 겸 게스트하우스에서 우리는 이바쇼를 발견한다.

무엇보다도 중요한 것은 가마가사키에 산재한 이바쇼에서 도움을 제공하는 사람과 도움을 받는 사람 사이에 일방적 관계가 성립하지 않는다는 사실이다. 설령 고령의 일용직 노동자, 노숙인, 생활보호 수급자를 지원하기 위해 시작한 활동일지라도, 가마가사키예술대학에 천문학을 가르치는 대학교수가 그랬던 것처럼 지원자의 위치에 있는 사람도 수혜자로 상정된 사람에게 배움을 얻는다.

또한 지원받는 처지에 있는 사람끼리도 서로 관계 맺는 방법을 배운다. 노숙인은 특별일자리사업의 같은 모둠에서 일하는 것을 계기로 동료의 안부에 관심을 갖게 되며, 생활보호 수급자는 가마가사키예술대학에서 다른 사람의 말을 듣고 시를 쓰는 연습을 하며 타자와 소통하는 방식과 자신을 표현하는 방법을 배운다. 그리고 지역 아이들과 놀이시간을 함께 보내거나 등·하굣길에 교통 지도를 하고 동네의 환경미화에 힘쓰면서 지역민과 접점을 만들고 자신을 가치 있는 존재로 인식하게 된다.

활동가가 고령의 생활보호 수급자도 활약할 수 있는 장을 먼저 마련해 준다는 점에서, 그리고 궁극적으로는 자신의 존재 의의를 깨닫는

데 타자의 승인이 필요하다는 점에서, 가마가사키의 각종 프로그램에 참여하는 생활보호 수급자는 타자에 의지하는 존재다. 반면 이들이 결코 어느 하나의 조직에 영속적으로 속하지 않는다는 의미에서 이들은 자율적인 존재다. 이것이 가능한 까닭은 이들에게 이바쇼는 윤번제 노동 모둠, 쉼터, 코코룸, 히토하나센터, 플레이 파크 프로그램, 그림연극단 중 어느 하나로 고정되어 있지 않기 때문이다. 그리고 이런 이바쇼 중 어느 하나를 기반으로 이들 스스로가 또 다른 이바쇼를 만들기도 하기 때문이다. 이로써 일반적으로 사회적 약자로 간주되는 생활보호 수급자가 타인에게 의지하면서도 자유로운 관계를 확보하는 주체가 된다.

그러나 가마가사키처럼 빈곤 집중 지역에서 노숙인이나 생활보호 수급자와 같은 사회적 약자의 주체화를 추구하는 일은 자칫 "집합적 사회운동의 과제 혹은 국가의 당연한 책무로 간주되었던 구조적 문제들을 한정된 시공간 안에서 도덕적 개인들의 자발적·혁신적 실천을 통해 해소될 수 있는 대상으로 재구성"하는 "기술적 윤리성"에 함몰될 위험이 있다(조문영·이승철 2017: 138). 다시 말해, 불평등이 확대되면서 발생한 '사회'의 위기에 한국의 사회적 기업이나 중국의 사회공작을 통해 접근하는 것은, 빈곤이라는 구조적 문제를 복지의 문제로 축소할 뿐 아니라 개인이 스스로 윤리적 주체가 됨으로써 해결할 수 있다고 자기책임을 강조하는 오류에 빠질 수 있다.

일본도 저출생·고령화, 사회경제적 격차의 확대 등과 같은 '사회적' 위기에 NPO와 같은 시민'사회'의 힘을 활용해 대응해 왔다. 일본 정부는 2000년대 이후 새로운 공공이나 공공 민간 파트너십이라는 담론을 전개해 공적인 일에 시민 참여를 독려함으로써, 국가가 그동안 담당해 온 각종 서비스 제공의 부담을 덜고 시민을 국가에 봉사하는 존재로 규정했다(Ogawa 2009). 특히 초고령화라는 상황에 직면한 일본 정부는 고령자 돌봄에서 지역사회의 역할을 강조하는 한편(박승현 2015; 조아라 2013), 고령자 개개인이 자기관리를 통해 가족, 지역사회 나아가 국가에 폐를 끼치지 않는 바람직한 노인 되기를 실천하도록 했다(김희경 2018; Traphagan 2006). 이 역시 "사회의 위기"를 개인에게 전가하고 개인이 획득한 "기술적 윤리성"을 통해 해소하려는 신자유주의적인 시도라고 할 수 있다.

그러나 가마가사키에서의 실천이 민관 협력에 의존하면서도 사회문제의 '개인화'와 '윤리화'에서 빗겨나 있는 이유는 그 실천이 작동하는 장(場)이 지자체가 기획한 '사회'에 머무르지 않고, 다른 처지에 놓인 개개인들이 '사회'에 발을 담그면서도 '사회'를 바꾸어 나가는 동시에 새로운 '장소들'(이 책에서 '이바쇼'라고 명명한 것)을 주체적으로 생산하고 있기 때문이다.

가마가사키지원기구는 지자체에서 위탁받아 특별일자리사업과 쉼터를 운영하지만, 동시에 시민사회의 힘을 빌려 노숙인에게 무료급식이나 일자리를 잃은 사람에게 거처를 제공하며, 나아가 노숙인 문제에 근본적인 해결책을 제시하지 않는 중앙정부와 지자체에 항의하기를 주저하지 않는다. 또한 니시나리특구구상 사업의 전개 과정을 보더라도 가마가사키에 형성된 마을 만들기 네트워크는 지자체가 제시한 재개발의 장을 지역사회가 축적한 사회운동의 유산을 계승하는 기회로 바꿔놓았다. 새로운 공공의 장에 참여하기는 하지만 그것에 흡수되기보다는 가마가사키에 축적된 "장소의 힘"으로 그것을 재구성한 것이다.

코코룸과 히토하나센터의 각종 프로그램(동네 청소하기, 함께 식사하기, 신문 만들기, 상대방의 이야기를 듣고 글쓰기, 동네 아이들과 놀기, 연극 공연하기 등)은 단지 나이 든 생활보호 수급자에게 소일거리를 제공해 건강을 유지하도록 돕는 데 그치지 않는다. 이런 활동에 참여하는 생활보호 수급자는 사회적 고립에서 해방될 뿐만 아니라 타자와 관계를 맺고 지역사회에 이바지함으로써 자신의 존재 가치를 회복한다.

이 과정에서 개인이 의지하고 존재 의의를 경험할 수 있는 장은 복수(複數)로 생겨난다. 예를 들어 히토하나센터에서 동네 아이들과 놀아 주는 프로그램에 참여하는 전직 일용직 노동자는 아이들이 가지고 놀 만한 놀이기구를 만드는 일에서 삶의 보람(生きがい)을 느끼고, 이 프로그램에 집중할 수 있다. 그러다가 어느 날 히토하나센터의 프로그램에 참여하지 않고 코코룸에서 주관하는 표현 수업에 참가해, 새로운 사람과 관계를 형성할 수도 있다. 가마가사키에서 이뤄지는 주체화는 지자체가 조성한 '사회'라는 장을 변형할 뿐 아니라 생활세계 속에 새로운 장을 여럿 생산함으로써 구조적 문제의 윤리화에서 벗어나고 있다.

반면 전후 일본형 순환모델이 상정한 안전의 양식 혹은 개인과 '공동체'와의 관계는 가마가사키의 실천에서 지향하는 것과 전혀 다르다. 그것은 일종의 '공동체주의적'이면서도 '사적'인 모델이었다. 이 모델은 한 개인의 안전이 가족, 학교 그리고 회사의 정식 구성원일 때만 보장된다는 점에서, 그리고 그 공동체의 일원으로서 맡은 역할과 의무를 다해야만 안전하게 살 권리를 누릴 수 있다는 점에서 공동체주의적이다. 오랫동안 연락이 끊어진 부모 형제, 장기 결석 중인 학생, 비정규직으로 일하는 노동자는 고독사의 위험에 직면했을 때나 졸업 후 직장을 구할 때 혹은 경제 위기가 닥쳤을 때 가족, 학교, 회사에서 도움을 받을 수 없다. 왜냐하면 이들은 가족, 학교, 회사의 정식 구성원이 아니거나 맡은 역할을 제대로 수행하지 못해 구성원의 자격을 잃어버린 존재이기 때문이다. 이러한 모델 속에서 개인은 안전을 보장받기 위해 각 '공동체'의 정식 구성원으로서 충성을 다해야 한다. 이 과정에서 개인의 자율성은 일정 부분 훼손될 수밖에 없다.

그러나 개인과 공동체가 논리적으로 대립하는 것은 아니다. 김현경은 『사람, 장소, 환대』(2015)에서 개인과 공동체 사이에서 양자택일을 강요하는 논리는 공동체주의 혹은 절대 공동체에 대한 환상에서 비롯됐다고 갈파했다. 대신 "개인과 공동체는 결코 대립적인 개념이 아니며, 공동체 정신을 추구하는 것과 사생활의 자유를 갖는 것 사이에 본디 아무 모순도 없다. 개인에게 자리/장소를 마련해 주고 그의 영토에 울타리를 둘러주는 것이 바로 공동체의 역할인 까닭이다"라고 밝혔다(김현경 2015: 203). 즉, 개인은 공동체에 절대적으로 속해야만 안심하고 살아갈 수 있는 것이 아니라, 공동체가 개인에게 당연히 제공해야 하는 사회 속의 한 자리를 차지함으로써 자유롭게 살 수 있다. 다시 말해, 공동체는 개인에게 이바쇼와 같은 장소를 마련해 줘야 하는 의무가 있다.

그러면 우리는 이바쇼를 제공해야 하는 공동체가 누구인지 물어야 할 것이다. 전후 일본형 순환모델에서 이런 의무를 진 '공동체'는 가족, 학교, 회사라는 사적인 단위였다. 가족과 회사는 구성원의 안녕과 이익을 도모한다는 점에서 명백히 사적인 실체다. 일본에서 중학교까지는 의무교육이고 고등학교 수업료도 무상화됐다는 점에서 학교는 다른 두 제도보다 공적인 성격이 강하다. 또한 학교는 청소년에게 규범을 전달하고 사회화하는 역할을 수행한다는 점에서도 공적인 제도다. 그러나 동시에 학교는 적어도 이념적으로는 '개인'의 '능력'을 평가하여 그에 걸맞은 사회적 지위를 할당하고 그에 따른 구분을 정당화하는 분류장치다(Bourdieu and Passeron 1990; Park 2014). 학교경유취업제도의 예에서 알 수 있듯이, 일본에서 학교는 개별 학생의 진로 보장에 중요한 역할을 했지만 그조차도 학생 개개인에 대한 철저한 평가를 바탕으로 이뤄졌다(박지환 2016; 刈谷剛彦 1991; Okano 1993). 이런 맥락에서 학교는 개인의 능력을 발휘해 경쟁하는 사적인 장이기도 하다.

전후 일본형 순환모델에서 빠진 '공동체' 중 하나는 바로 국가다. 마루야마 사토시(Maruyama 2019: 211)는 노숙에서 탈피하기를 꺼리는 여성 노숙인을 자립 의지가 없는 주체가 아니라 배우자나 지원단체 등 타자와의 관계 속에 묻혀 있는(embedded) 행위자라고 이해하며, 주체성(subjectivity) 개념을 상대화하고자 했다. 그리고 미국의 여성주의 철학자 드루실라 코넬(Drucilla Cornell)의 연구를 인용하며, "인간다움을 성취하는 일은 우리 안에서 빼앗긴 것을 되찾고, 그것을 정체성으로 재구성하는 과정이다. 이 과정은 오직 자신이 되고자 하는 사람다움을 자유롭게 상상할 수 있는 공간을 확보함으로써만 성취할 수 있으며, 이런 영토를 확보하는 것은 법을 통해 이뤄져야 한다"라고 주장했다(215). 즉, 사람다운 삶을 살 수 있는 조건을 만드는 데 국가의 역할이 중요함을 강조한 셈이다.

그러나 전후 일본은 서구의 '선진국'과는 달리 국가가 두터운 사회안전망을 제공하는 복지국가를 지향하지 않았다(井手英策 2019). 고도 경제성장기에는 도시 거주자와 중산층을 위해 사회보장과 공공주택을 확충하는 대신 감세 정책을 펼치고, 지방 거주자와 저소득층을 위해 사회 기반 시설 정비에 집중함으로써, 작은 정부를 유지하면서도 경제성장의 이익이 전 국민에게 분배되도록 하는 "토건국가형 이익분배 메커니즘"을 택했다. 1990년대 말까지도 일본 정부는 감세와 공공투자(우체국예금을 재원으로 활용하거나 국채를 발행함으로써)를 통해 경제성장의 이익을 분배하는 방식으로 사회적 안정을 도모했다. 다시 말해, 일본 정부가 추구한 생활보장의 방식은 도시 중산층이나 지방 거주자도 각자 노동을 통해 얻는 소득으로 개인과 가족의 안전을 책임지는 시스템이었다.

그러나 "토건국가형 이익분배 메커니즘"에 기반한 안전 시스템은 1990년대 이후 대내외적으로 일어난 변화로 인해 더는 작동하지 않게 됐다. 여성의 사회 진출이 확대되며 교육과 육아는 사회화될 수밖에 없었으며, 글로벌 경쟁이 치열해지자 회사는 사내 유보금을 늘리고 인건비를 삭감하여 이윤을 추구했다. 일본 정부는 엄청나게 불어난 재정적자 때문에 과거처럼 공공 투자로 이익을 공평하게 분배할 수 없게 됐다. 고이즈미 정부에서는 GDP 대비 공공투자의 비율이 30% 이상 감소했으며, 아베 정부에서도 금융완화 등의 정책을 폈지만 공공투자는 2011년 동일본대지진의 피해 지역에 집중됐다. 현재 일본은 과거처럼 이익 분배를 통해 시민의 생활을 보장할 만한 재정적 여력이 없다.

그렇다면 개인을 위한 자리를 만들 책임이 있는 공동체는 시민사회다. 물론 시민사회 내에도 권력관계와 위계가 존재한다. 다양한 사회적 약자를 포섭해 온 가마가사키에서도 일용직 노동자나 노숙인과 자치회장, 간이숙박소 업주, 노동복지기관의 직원, NPO 대표 사이에는 엄연한 권력 격차가 존재한다. 이들 모두가 마을 만들기의 장에서 똑같은 발언권을 갖는다고는 결코 말할 수 없다. 하지만 다양한 주체가 함께 의논하고 행동하며 때로는 다투면서 느슨한 연대 관계를 형성하는 일은 얼마든지 가능하다. 가마가사키의 마을 만들기 조직인 가칭 하기노차야확대회의는 지역사회의 구성원 사이에 이름조차 합의할 수 없어 조직 명칭에 '가칭'이라는 어정쩡한 접두사를 붙일 수밖에 없었다. 하지만 이처럼 내부적으로 분열되고 느슨하게 연결된 관계만으로도 누구나 "재도전이 가능한 마을"을 현실화하는 데 한 걸음씩 나아가고 있다.

시민사회가 느슨한, '공동체주의적'이지 않은, 오히려 개인이 의지하면서도 자율성을 지킬 수 있는 이바쇼를 만드는 공공적 토대가 될 수 있다. 이곳은 가족, 학교, 회사처럼 구성원에게 충성을 요구하지 않는다. 국가처럼 구성원을 관리 가능한 대상으로 단순화하려고 들지도 않는다(스콧 2010). 대신 지역사회가 내부적으로 워낙 다양하므로, 그만큼 다양한 자리가 필요하다는 점을 누구나 직감하고 있다.

가마가사키의 전직 일용직 노동자들이 고독한 존재였기에, 즉 전후 일본 시스템의 전제였던 '공동체주의적인' 관계에서 철저하게 소외된 사람이었기에 새로운 종류의 사회적 연대를 만들어 내는 것이기도 하다. 이들의 몸에 깊이 각인된 독립적인 성향 때문에 이들은 '공동체주의적'인 관계를 감내할 수 없는지도 모른다. 하지만 이들도 나이가 들면서 타인에게 의존할 수밖에 없게 됐다. 다만 여기서 의존한다는 것은 전적으로 자신을 타자에게 의탁한다는 뜻이라기보다 타자와 연결되는 것 혹은 타인과 관계를 맺는 것을 의미한다. 젊은 시절에 일용직 노동자였던 노인은 동료 노동자, 지역주민, 시인, 사회복지사, NPO 직원, 동네 아이들과 관계를 맺음으로써 타인에게 의존하면서도 자유로운 존재로 살아간다. 이런 삶의 방식이 가능한 것은 하나의 '공동체'에 충성을 요구하지 않는 이바쇼가 이 지역에 산재해 있기 때문이다. 그리고 지역사회가 이들과 더불어 개인에게 울타리가 될 수 있는 이바쇼를 만들어 가고 있기 때문이다.

전후 일본형 순환모델이 상정하는 '멤버십주의'나 신자유주의가 전제하는 '자기책임'의 한계는 명확하다. 개인은 안정을 바라면서도 자유로워지고자 하며, 자유로우면서도 안정되길 희구하기 때문이다. 멤버십주의나 자기책임이라는 윤리는 이처럼 복합적인 개인의 욕망에 반(反)한다. 반면 온갖 사회적 과제가 응축된 가마가사키에서 현대 일본 사회가 봉착한 딜레마(자유와 안정의 양립)에 대한 해답의 실마리를 발견할 수도 있다. 그러므로 우리는 이곳의 시민들이 창조하고 있는 이바쇼, 그리고 이런 자리가 표상하는 "의존하지 않으면서 의존하는" 관계가 앞으로 일본 사회가 추구할 사회적 연대의 한 형태로 자리 잡을지 관심 있게 지켜볼 필요가 있다.

참고문헌

고다마 도루. 김선미·전홍규 옮김. 2004.「일본의 홈리스 문제와 거주지원3」.『도시와 빈곤』66: 125−142.

곤노 하루키. 이용택 옮김. 2013.『블랙 기업: 일본을 먹어 치우는 괴물』. 레디셋고.

구인회·정근식 편. 2014.『노숙 문제의 현실과 대응: 한국과 일본의 비교』. 서울대학교출판문화원.

권수현. 2010.「신자유주의 경제 이론과 문화 논리」. 김현미 외 5인 지음.『친밀한 적』. 이후. 15−46쪽.

그레이버, 데이비드. 조원광·황희선·최순영 옮김. 2016.『가능성들』. 그린비.

기시 마사히코. 김경원 옮김. 2018.『거리의 인생』. 위즈덤하우스.

김고연주. 2010.「'나 주식회사'와 외모관리」. 김현미 외 5인 지음.『친밀한 적』. 이후. 137−161쪽.

김영. 2013.「관계의 빈곤과 청년의 홈리스화: 동경지역 청년 홈리스 8인의 생애사 분석을 중심으로」.『한림일본학』23: 219−251.

김영. 2016.「일본 블랙기업 노무관리 연구: 청년 노동자 갈아서 버리기(使い潰し)의 기법과 확산배경」.『산업노동연구』22(2): 243−282.

김영. 2020.『주부협정과 파트타임 노동』. 부산대학교출판문화원.

김영주·박남희. 2012.「지속가능한 커뮤니티 관점에서 본 일본의 마을만들기 사례 분석」.『한국가정관리학회지』30(4): 133−146.

김주영. 2014.「주변화된 사람들의 '남성의 공간'으로서 도시공원 만들기: 청주 중앙공원의 사례를 중심으로」.『지역사회연구』22(3): 67−87.

김주영. 2015.「낭만과 현실 사이에서: 문화예술사업을 통한 달동네 빈곤의 재현에 관한 연구」.『비교문화연구』21(2): 43−84.

김중섭. 2013.「일본 '인권마을만들기'의 기원과 성과」.『현상과인식』37(4): 39-62.
김진범. 2008.「일본 마노지구의 마치즈쿠리 전개과정과 교훈」.『국토』317(3월호): 82-92.
김찬호. 2000.「일본의 도시화 과정에서 마을 만들기의 전개와 주민참여」.『도시행정학보』13(1): 95-115.
김현경. 2015.『사람, 장소, 환대』. 문학과지성사.
김희경. 2016.「노년의 장소와 장소상실: 일본 농산촌 지역에서의 Aging in Place」.『비교문화연구』22(1): 259-289.
김희경. 2018.「"내가 죽으면": 초고령화 일본사회에서 생명정치와 죽음윤리」.『한국문화인류학』51(2): 59-94.
나가사와 세이지 엮음. 김창남 옮김. 2009.『주민자치와 평생학습의 마을 만들기』. 제이앤씨.
니시무라 이치로. 연리지 옮김. 2013.『살이 숨 쉬는 마을 만들기』. 알마.
다치바나키 도시아키. 이병진 옮김. 2001.『일본의 경제 격차: 소득과 자산으로 생각한다』. 소화.
도시연대 마을만들기센터 엮음. 2000.『마을만들기 2000』. 도시연대.
더글라스, 메리. 유제분·이훈상 옮김. 2005.『순수와 위험: 오염과 금기 개념의 분석』. 현대미학사.
루이스, 오스카. 박현수 옮김. 2013.『산체스네 아이들』. 이매진.
르페브르, 앙리. 양영란 옮김. 2011.『공간의 생산』. 에코리브르.
미우라 아츠시. 이화성 옮김. 2006.『하류사회』. 씨앗을뿌리는사람.
미스핏츠. 2015.『청년, 난민 되다: 미스핏츠, 동아시아 청년 주거 탐사 르포르타주』. 코난북스.
미야모토 타로. 임성근 옮김. 2011.『복지정치: 일본의 생활보장과 민주주의』. 논형.
박명희. 2012.「일본의 고령자 복지 거버넌스와 NPO: 지역 정치구조의 개방성, 연계성, NPO 애드보커시」.『일본연구논총』35: 93-127.
박승현. 2015.「개호보험시대의 '자립'의 의미: 도쿄의 한 개호예방시설을 통해 본 고령자의 '자립'을 둘러싼 지역적 실천」.『비교문화연구』21(2): 181-209.
박승현. 2018.「일본 사회복지협의회를 통해 본 '새로운 공공': 도쿄 북구사협의 지역복지 사례를 중심으로」.『민주주의와 인권』18(1): 153-181.
박주형. 2013.「도구화되는 '공동체': 서울시 '마을공동체 만들기 사업'에 대한 비판적 고찰」. 『공간과 사회』 23(1): 5-43.
박지환. 2003. 「분당신도시의 사회적 생산과 구성: 공간과 계급의 관계에 대한 연구」. 서울대학교 인류학과 석사학위논문.
박지환. 2011. 「현대 일본사회에서 부락문화의 형성: 중졸 부락 남학생들의 사례를 중심으로」. 『아세아연구』 54(3): 151-182.
박지환. 2012a. 「동일본대지진 이후 일본의 사회운동」. 『일본연구논총』 36: 31-55.
박지환. 2012b. 「불안정과 재미의 정치: 2000년대 일본 시위문화와 탈원전운동」. 『인문과학연구』 35: 501-526.
박지환. 2016. 「현대 일본에서의 학교-직장 이행기의 변동: 학교-공익단체 연계형 진로지원활동의 의미」. 『민주주의와 인권』 16(1): 127-164.
박지환. 2017a. 「현대 일본사회에서 이바쇼와 자립의 사회문화적 의미: 오사카시 예술-비영리조직에 관한 사례연구」. 『민주주의와 인권』 17(1): 111-149.
박지환. 2017b. 「일본 지방자치단체에 의한 취업지원정책과 그 의의: 오사카부 도요나카시의 사례」. 『일본공간』 22: 168-195.
사이토 준이치. 윤대석·류수연·윤미란 옮김. 2009. 『민주적 공공성』. 이음.
사토 도시키. 이경희 옮김. 2014. 『불평등사회, 일본』. 한양대학교출판부.
샌델, 마이클. 함규진 옮김. 2020. 『공정하다는 착각』. 와이즈베리.
샐러먼, 레스터. 이형진 옮김. 2000. 『NPO란 무엇인가?』. 아르케.
서동진. 2009. 『자유의 의지 자기계발의 의지: 신자유주의 한국사회에서 자기계발하는 주체의 탄생』. 돌베개.
서울시정개발연구원 엮음. 1999. 『마을단위 도시계획 실현 기본방향: 주민 참여형 마을 만들기 사례연구』. 서울시정개발연구원.
소준철. 2020. 『가난의 문법』. 푸른숲.
송제숙. 추선영 옮김. 2016. 『복지의 배신』. 이후.
스콧, 제임스. 전상인 옮김. 2010. 『국가처럼 보기』. 에코리브르.
스콧, 제임스. 김훈 옮김. 2014. 『우리는 모두 아나키스트다』. 여름언덕.
아마미야 가린. 김미정 옮김. 2011. 『프레카리아트, 21세기 불안정한 청춘의 노동』. 미지북스.
앨리슨, 앤. 허창수 옮김. 2000. 『일본의 밤 문화』. 문학세계사.
야마다 마사히로. 최기성 옮김. 2010. 『희망 격차 사회』. 아침.
야퍼, 리브커·아나욱 더코닝. 박지환·정헌목 옮김. 2020. 『도시인류학』. 일조각.

NHK 무연사회 프로젝트팀. 김범수 옮김. 2012.『무연사회: 혼자 살다 혼자 죽는 사회』. 용오름.

NHK 스페셜 워킹푸어 취재팀. 김규태 옮김. 2010.『워킹푸어: 왜 일할수록 가난해지는가』. 열음사.

NHK 스페셜 제작팀. 김정환 옮김. 2016.『노후파산: 장수의 악몽』. 다산북스.

오사와 마리. 김영 옮김. 2009.『현대 일본의 생활보장체계』. 후마니타스.

올든버그, 레이. 김보영 옮김. 2019.『제3의 장소: 작은 카페, 서점, 동네 술집까지 삶을 떠받치는 어울림의 장소를 복원하기』. 풀빛.

요시미 슌야. 서이동 옮김. 2020.『헤이세이(平成) 일본의 잃어버린 30년』. AK

우석훈. 2009.『혁명은 이렇게 조용히』. 레디앙미디어.

우에다 카나요. 전은휘 옮김. 2011.「엉거주춤, 하지만 유연한 코코룸의 도전」.『플랫폼』29(9·10월호): 18–23.

유아사 마코토. 이성재 옮김. 2009.『빈곤에 맞서다: 누구나 인간답게 사는 사회를 위해』. 검둥소.

유아사 마코토. 김은진 옮김. 2010.『덤벼라, 빈곤』. 찰리북.

윤혜영. 2014.「에이징 인 플레이스 실현을 위한 일본의 고령자 지원체계 연구」.『한국주거학회논문집』25(2): 99–107.

이상원. 2021.『남을 두른 공원: 서울 도심공원 민족지 연구를 통해 본 도시 공공공간의 의미』. 학고방.

이숙종. 2005.「공공서비스 제공자로서 일본 시민단체의 대두」. 이숙종 엮음.『작은 정부와 일본 시민사회의 발흥』. 한울. 25–66쪽.

이승철. 2020.「마을 기업가처럼 보기: 도시개발의 공동체적 전환과 공동체의 자본화」.『한국문화인류학』53(1): 99–148.

이영진. 2014.「파국과 분노: 3·11 이후 일본 사회의 탈원전 집회를 중심으로」.『한국문화인류학』47(1): 49–83.

이은경. 2016.「현대일본 '싱글맘'의 현실과 사회적 관계로의 포섭」.『일본연구』26: 199–238.

이은경·박지환. 2017.「새로운 자유와 안전의 형식에 대한 모색」. 이은경·박지환 엮음.『안전사회 일본의 동요와 사회적 연대의 모색』. 박문사. 11–23쪽.

이정덕. 1997.「미국에서의 현지조사: 뉴욕시 할렘의 경우」. 최협 엮음.『인류학과 지역연구』. 나남출판. 235–259쪽.

이진경·신지영. 2012.『만국의 프레카리아트여, 공모하라!: 일본 비정규 노동운동가들과의 인터뷰』. 그린비.
일본부락해방연구소. 최종길 옮김. 2010.『일본 부락의 역사』. 어문학사.
장정아. 2019.「모든 것이 정치다: 2019년 홍콩 시위의 기억과 유산」.『황해문화』105: 235-253.
전홍규. 2004.「일본의 홈리스 거주지원과 민간의 역할」.『도시와 빈곤』66: 47-79.
정정숙. 2005.「일본 시민사회의 여성 적정 대표성과 시민사회의 평등화」. 이숙종 엮음.『작은 정부와 일본 시민사회의 발흥』. 한울. 127-157쪽.
정정훈. 2016.「헬조선의 N포 세대와 노력의 정의론」.『문화과학』86: 132-154.
제이콥스, 제인. 유강은 옮김. 2010.『미국 대도시의 죽음과 삶』. 그린비.
조문영. 2014.「글로벌 빈곤의 퇴마사들: 국가, 자본, 그리고 여기 가난한 청년들」. 김예림 외 7인 공저.『정치의 임계, 공공성의 모험』. 혜안. 235-260쪽.
조문영·이승철. 2017.「'사회'의 위기와 '사회적인 것'의 범람: 한국과 중국의 '사회건설' 프로젝트에 관한 소고」.『경제와 사회』113: 100-146.
조수미. 2018.「오사카의 소수자 거주지역: 차이와 낙인의 지리적 구성」.『동아시아문화연구』74: 207-242.
조아라. 2013.「일본의 고령자 거주문제와 주거정책」.『대한지리학회지』48(5): 709-727.
지은숙. 2017.「비혼여성의 딸노릇과 비혼됨의 변화: 일본의 부모를 돌보는 딸들의 사례를 중심으로」.『한국문화인류학』50(2): 189-235.
진필수. 2016.「고령사회에 대응한 일본 지자체 행정의 새로운 양상과 한계: 오사카 스이타시의 사례」.『민주주의와 인권』16(2): 465-512.
최정운. 1999.「새로운 부르주아의 탄생: 로빈슨 크루소의 고독의 근대사상적 의미」.『정치사상연구』1: 9-51.
카도쿠라 다카시. 이동화 옮김. 2008.『워킹푸어』. 상상예찬.
클라스트르, 피에르. 홍성흡 옮김. 2005.『국가에 대항하는 사회』. 이학사.
푸코, 미셸. 오르트망 옮김. 2011.『안전, 영토, 인구: 콜레주드프랑스 강의 1977~78년』. 난장.
푸코, 미셸. 오르트망 옮김. 2012.『생명관리정치의 탄생: 콜레주드프랑스 강의 1978~79년』. 난장.
하버마스, 위르겐. 한승완 옮김. 2001.『공론장의 구조변동: 부르주아 사회의 한 범주에 관한 연구』. 나남출판.
하비, 데이비드. 강유원 옮김. 2007.『신자유주의: 간략한 역사』. 한울.
한영혜. 2004.『일본의 지역사회와 시민운동』. 한울.
후쿠시마 미노리. 2015.『조용한 전환: 3.11이 열어 준 가능성의 공간들』. 교육공동체벗.

Allison, Anne. 2012. "Ordinary refugees: Social Precarity and Soul in 21st Century Japan." *Anthropological Quarterly* 85(2): 345–370.
Allison, Anne. 2013. *Precarious Japan*. Durham: Duke University Press.
Aoki, Hideo. 2006. *Japan's Underclass: Day Laborers and the Homeless*. Melbourne: Trans Pacific Press.
Asahina, Yuki. 2021. "Precarious regular workers in Japan." *Japan Forum* 33(4): 633–657.
Bestor, Theodore C. 1989. *Neighborhood Tokyo*. Stanford: Stanford University Press.
Blind, Georg D, and Stefania Lottanti von Mandach. 2015. "Decades not lost, but won: increased employment, higher wages, and more equal opportunities in the Japanese labour market." *Social Science Japan Journal* 18(1): 63–88.
Borovoy, Amy. 2005. *The Too-Good Wife: Alcohol, Codependency, and the Politics of Nurturance in Postwar Japan*. Berkeley: University of California Press
Bourdieu, Pierre and Jean–Claude Passeron. 1990. *Reproduction in Education, Society, and Culture*. London: Sage.
Brinton, Mary C. 2011. *Lost in Transition: Youth, Work, and Instability in Postindustrial Japan*. Cambridge: Cambridge University Press.
Cassegård, Carl. 2011. "Public space in recent Japanese political thought and activism: from the rivers and lakes to Miyashita Park." *Japanese Studies* 31(3): 405–422.
Cassegård, Carl. 2014. "Contestation and bracketing: The relation between public space and the public sphere." *Environment and Planning D: Society and Space* 32(4): 689–703.
Chiavacci, David. 2008. "From class struggle to general middle–class society to divided society: Societal models of inequality in postwar Japan." *Social Science Japan Journal* 11(1): 5–27.

Chiavacci, David, and Carola Hommerich, eds. 2017. *Social Inequality in Post-growth Japan*. Abingdon: Taylor & Francis.

Coates, Jamie. 2015. "Unseeing Chinese students in Japan: Understanding educationally channelled migrant experiences." *Journal of Current Chinese Affairs* 44(3): 125 - 154.

Cook, Emma E. 2013. "Expectation of failure: Maturity and masculinity for freeters in contemporary Japan." *Social Science Japan Journal* 16(1): 29–43.

Dasgupta, Romit. 2017. "Articulation of Salaryman masculinity in Shôwa and Post–shôwa Japan." *Asia Pacific Perspectives* 15(1): 36–54.

DeVerteuil, Geoff, Johannes Kiener, and Toshio Mizuuchi. 2022. "The service hub as bypassed social infrastructure: Evidence from inner–city Osaka." *Urban Geography* 43(5): 669–687.

Endo, Kumiko. 2019. "Singlehood in 'precarious Japan': Examining new gender tropes and inter–gender communication in a culture of uncertainty." *Japan forum* 31(2): 165–186.

Fisher, William F. 1997. "Doing good? The politics and antipolitics of NGO practices." *Annual Review of Anthropology* 26: 439–464.

Foucault, Michel. 1982. "Is it really important to think? An interview translated by Thomas Keenan." *Philosophy and Social Criticism* 9(1): 29–40.

Foucault, Michel. 2003. "The ethics of the concern of the self as a practice of Freedom." Paul Rabinow and Nikolas Rose, eds. *The Essential Foucault*. New York: The New Press. pp. 25–42.

Fraser, Nancy and Linda Gordon. 1994. "A genealogy of dependency." *Signs* 19(2): 309–336.

Fu, Huiyan. 2013. *An Emerging Non-Regular Labour Force in Japan: The Dignity of Dispatched Workers*. Abingdon: Routledge.

Genda, Yuji. 2003. "Who really lost jobs in Japan? Youth employment in an aging Japanese society." Seiritsu Ogura, Toshiaki Tachibanaki, and David A. Wise, eds. *Labor Markets and Firm Benefit Policies in Japan and the United States*. Chicago: University of Chicago Press. pp. 103–134.

Genda, Yuji. 2007. "Jobless youths and the NEET problem in Japan." *Social Science*

Japan Journal 10(1): 23-40.

Gershon, Ilana. 2011. "Neoliberal agency." *Current Anthropology* 52(4): 537-555.

Gill, Tom. 2001. *Men of Uncertainty: The Social Organization of Day Laborers in Contemporary Japan*. New York: SUNY Press.

Gill, Tom. 2012. "Failed manhood on the streets of urban Japan: The meanings of self-reliance for homeless men." *The Asia-Pacific Journal* 10(1): 1-21.

Harms, Erik. 2016. "Urban space and exclusion in Asia." *Annual Review of Anthropology* 45: 45-61.

Honda, Yuki. 2005. "'Freeters': Young atypical workers in Japan." *Japan Labor Review* 2(3): 5-25.

Hommerich, Carola. 2017. "The gap as threat: Status anxiety in the 'middle'." Chiavacci, David, and Carola Hommerich, eds. *Social Inequality in Post-Growth Japan*. Abingdon: Routledge. pp. 37-53.

Imai, Jun. 2018. "Struggling men in emasculated life-courses: Non-regular employment among young men." Patrick Heinrich and Christian Galan, eds. *Being Young in Super-Aging Japan*. New York: Routledge. pp. 100-117.

Ishida, Hiroshi. 2010. "Does class matter in Japan? Demographics of class structure and class mobility from a comparative perspective." Hiroshi Ishida and David H. Slater, eds. *Social class in contemporary Japan: Structures, Sorting and Strategies*. London: Routledge. pp. 33-56.

Ishida, Hiroshi. 2018. "Long-term trends in intergenerational class mobility in Japan." *2015 SSM Research Papers 3: Social Mobility and Health*. pp. 1-24.

Kamat, Sangeeta. 2004. "The privatization of public interest: Theorizing NGO discourse in a neoliberal era." *Review of International Political Economy* 11(1): 155-176.

Kanbayashi, Hiroshi. 2019. "The changing images of Japan's social stratification: The other side of the 'quiet transformation'." *Social Science Japan Journal* 22(1): 45-63.

Kawashima, Nobuko. 2000. "The emerging non-profit sector in Japan: Recent changes and prospects." *Global Economic Review: Perspectives on East Asian Economies and Industries* 29(4): 89-105.

Kelly, William W. 1993. "Finding a place in metropolitan Japan: Ideologies, institutions, and everyday Life." Andrew Gordon, ed. *Postwar Japan as History.* Berkeley: University of California Press. pp. 189–216.

Kelly, William, and Merry White. 2006. "Students, slackers, singles, seniors, and strangers: Transforming a family–nation." Peter J. Katzenstein and Takashi Shiraishi, eds. *Japan and Asia: The Dynamics of East Asian Regionalism*. Ithaca: Cornell University Press. pp. 62–83.

Kim, Jieun. 2016. "Necrosociality: Isolated death and unclaimed cremains in Japan." *Journal of the Royal Anthropological Institute* 22(4): 843–863.

Kim, Jieun. 2018. "The other city: Alternative infrastructures of care for the underclass in Japan." *Asian Anthropology* 17(1): 1–23.

Kingston, Jeff. 2019. *Japan*. Cambridge: Polity Press.

Kosugi, Reiko. 2008. *Escape from Work: Freelancing Youth and the Challenge to Corporate Japan*. Melbourne: Trans Pacific Press.

Low, Setha M. 2000. *On the Plaza: The Politics of Public Space and Culture*. Austin: University of Texas Press.

Marr, Matthew D. 2021a. "The ohaka (grave) project: Post–secular social service delivery and resistant necropolitics in San'ya, Tokyo." *Ethnography* 22(1): 88–110.

Marr, Matthew D. 2021b. "Finding security on skid row: The positive role of organizational and social Ties in service hubs in the United States and Japan." *The ANNALS of the American Academy of Political and Social Science* 693(1): 301–320.

Maruyama, Satomi. 2019. *Living on the Streets in Japan: Homeless Women Break their Silence*. Melbourne: Trans Pacific Press.

Masuda, Jin. 2015. "Finding hope in the life of young part–timers." *International Journal of Japanese Sociology* 24(1): 106–118.

Mathews, Gordon, Gustavo Lins Ribeiro, and Carlos Alba Vega, eds. 2012. *Globalization from Below: The World's Other Economy*. London: Routledge.

Matsuoka, Ryoji. 2019. "The vanishing 'mass education society'." *Social Science Japan Journal* 22(1): 65–84.

Nakamura, Karen. 2002. "Resistance and co–optation: the Japanese federation of the deaf and its relations with state power." *Social Science Japan Journal* 5(1): 17–35.

Novak, David. 2019. "The arts of gentrification: Creativity, cultural policy, and public space in Kamagasaki." *City & Society* 31(1): 94–118.

Ogawa, Akihiro. 2009. *The Failure of Civil Society?: The Third Sector and the State in Contemporary Japan*. Albany: State University of New York Press.

Okano, Kaori. 1993. *School to Work Transition in Japan: An Ethnographic Study*. Clevedon: Multilingual Matters.

Osborne, Stephen P. 2003. "The voluntary and non–profit sector in contemporary Japan." Stephen P. Osborne, ed. *The Voluntary and Non-Profit Sector in Japan*. London: RoutledgeCurzon. pp. 7–22.

Park, Jeehwan. 2011. "School as classificatory machine: Sorting, socialization, and class in a Japanese middle school." Ph.D. Dissertation. University of California, Berkeley.

Park, Jeehwan. 2014. "Hierarchical socialization in a Japanese junior high school: The formation of a sense of one's place." *Social Science Japan Journal* 17(2): 189–205.

Pekannen, Robert and Karla Simon. 2003. "The legal framework for voluntary and non–profit activity." Stephen P. Osborne, ed. *The Voluntary and Non-Profit Sector in Japan*. London: RoutledgeCurzon. pp. 76–101.

Porter, John. 2012. "Poverty, disease and urban governance in late nineteenth–century Osaka." *City, Culture and Society* 3(1): 73–78.

Roberson, James and Nobue Suzuki. 2003. "Introduction." James Roberson and Nobue Suzuki, eds. *Men and Masculinities in Contemporary Japan: Dislocating the Salaryman Doxa.* London: RoutledgeCurzon. pp. 1–19.

Saga, Ashita. 2012. "Urban lower–class society in modern Osaka." *City, Culture and Society* 3(1): 65–71.

Schwartz, Frank J. and Susan J. Pharr, eds. 2003. *The State of Civil Society in Japan*. Cambridge: Cambridge University Press.

Sennett, Richard and Jonathan Cobb. 1993[1972]. *The Hidden Injuries of Class*. New York: W. W. Norton & Company.

Shibata, Saori. 2020. *Contesting Precarity in Japan*. Ithaca: Cornell University Press.

Smith, Colin S. 2018. "The precarious and the transitional: Labor casualization and youth in post–bubble Japan." *Children's Geographies* 16(1): 80–91.

Sorensen, Andre and Funck, Carolin. 2007. "Conclusions: A diversity of machizukuri processes and outcomes." Andre Sorensen and Carolin Funck, eds. *Living Cities in Japan*. London: Routledge. pp. 269–279.

Sorensen, Andre, Koizumi Hideki, and Miyamoto Ai. 2008. "Machizukuri, civil society, and community space in Japan." Amrita Daniere and Mike Douglass, eds. *The Politics of Civic Space in Asia*. London: Routledge. pp. 33–50.

Sorensen, Andre. 2007. "Changing governance of shared spaces." Andre Sorensen and Carolin Funck, eds. *Living Cities in Japan*. London: Routledge. pp. 56–90.

Stevens, Carolyn S. 1997. *On the Margins of Japanese Society*. London: Routledge.

Sugimoto, Yoshio. 2014. *An Introduction to Japanese Society*. New York: Cambridge University Press.

Takeyama, Akiko. 2010. "Intimacy for sale: Masculinity, entrepreneurship, and commodity self in Japan's neoliberal situation." *Japanese Studies* 30(2): 231–246.

Toivonen, Tuukka. 2012. "NEETs: The strategy within the category." Roger Goodman, Yuki Imoto, and Tuukka Toivonen, eds. *A Sociology of Japanese Youth*. New York: Routledge. pp. 139–158.

Toivonen, Tuukka and Yuki Imoto. 2012. "Making sense of youth problem." Roger Goodman, Yuki Imoto, and Tuukka Toivonen, eds. *A Sociology of Japanese Youth*. New York: Routledge. pp. 1–29.

Traphagan, John W. 2006. "Being a good rojin." Annette Leibing and Lawrence Cohen, eds. *Thinking about Dementia-Culture, Loss, and the Anthropology of Senility*. New Brunswick: Rutgers University Press. pp. 269–284.

Vogel. Suzanne H. 1978. "Professional housewife: The career of urban middle class Japanese women." Edward R. Beauchamp, ed. *Women and Women's Issues in Post World War II Japan*. New York and Londond: Garland Publishing Inc. pp. 280–307.

Watanabe, Shun-Ichi J. 2007. "Toshi keikaku vs machizukuri: Emerging paradigm of civil society in Japan, 1950–1980." Andre Sorensen and Carolin Funk, eds. *Living Cities in Japan*. London: Routledge. pp. 39–55.

Yamakita, Teruhiro. 2020. "A coalition of radicals and housing first practices in homeless movements?" Yoshikazu Shiobara, Kohei Kawabata, and Jeol Matthews, eds. *Cultural and Social Division in Contemporary Japan: Rethinking Discourses of Inclusion and Exclusion*. London: Routledge. pp. 225–238.

Yamashita, Junko 2013. "Citizen participation or low-cost care providers? Welfare non-profit organizations in Japan." *Social Science Japan Journal* 16(1): 45-62.

青木秀男. 2010.「権力と社会運動: 野宿者運動の問い」.『理論と動態』3: 87-106.
阿部真大. 2011.『居場所の社会学: 生きづらさを超えて』. 東京: 日本経済新聞出版社.
有馬晋作. 2003.「ホームレス対策の変遷と課題: 生活保護とケースワークを中心に」.『商経論叢』53: 81-106.
ありむら潜. 2000.「エッ、ほんまかいな、寄せ場でまちづくり!?: 釜ケ崎・地域再生の胎動」.『Shelter-less』5: 89-94.
ありむら潜. 2013.「まちづくり運動の歴史から」. 鈴木亘 編.『脱・貧困のまちづくり'西成特区構想'の挑戦』. 東京: 明石書店. 117-123쪽.
生田武志. 2007.『ルポ最底辺：不安定就労と野宿』. 東京: 筑摩書房.
生田武志. 2016.『釜ケ崎から』. 東京: ちくま文庫.
生田武志. 2021.「これからの街づくりで大切なこと: 釜ケ崎からこそ見える」.『はらっぱ: 子どもの人権・反差別・平和を考える』398: 5-10.
池田直樹. 2021.「苦労された労働者に対し, 排除ではなく保障を: 西成センター明け渡し訴訟」.『部落解放』804: 94-101.
池田直樹. 2022.「センターを生活の本拠とする労働者を排除することは許されるか: 西成センター明け渡し訴訟」.『部落解放』821: 88-93.
石川翠. 2013.「生活保護のパラドクス」. 西川勝 編.『孤独に応答する孤独: 釜ケ崎・アフリカから』. 大阪大学コミュニケーションデザインセンター高齢社会プロジェクト活動報告書. 58-103쪽.
磯村英一 編. 1962.『日本のスラム: その生態と分析』. 東京: 誠信書房.
飯島勝矢. 2012.「何が求められているのか? 千葉県柏市・健康長寿都市計画から: 'Aging in Place'を目指して」.『日本老年医学会雑誌』49(6): 693-696.
井手英策. 2019.「経済: '労働国家'型利益分配メカニズムの形成、定着、そして解体」. 小熊英二 編.『平成史』. 東京: 河出書房新社. 188-228쪽.
稲田七波. 2011.「変わりゆくまちと福祉の揺らぎ」. 原口剛・稲田七海・白波瀬達也・平川隆啓 編.『釜ケ崎のススメ』. 京都: 洛北出版. 319-344쪽.
井上俊夫. 1967.「釜ケ崎維新のなかの群像」.『現代の眼』8(11): 104-111.
今西憲之・村岡正浩. 2012.「カネ貸し、非合法ゲーム店、介護ビジネス… 大阪・西成 橋下市長を悩ませる‘あいりん地区’の現実 深層ルポ‘生活保護’受給の日」.『週刊朝日』117(47): 42–45.

上田假奈代. 2006.「ホームレスと表現·自立·自律の試み: 新世界での取り組み」.『現代思想』34(9): 222–235.

上田假奈代. 2013.「釜ケ崎という地名をめぐる政治と人生とアート」.『地方自治職員研修』46(6): 24–26.

上田假奈代. 2014.「インタビューこの人に訊く表現は人をつなぐ: 詩人は人のいのちの間に立つ」.『地方自治職員研修』47(7): 1–6.

上田假奈代. 2016.『釜ケ崎で表現の場をつくる喫茶店、ココルーム』. 東京: フィルムアート社.

上田假奈代. 2020.「現場のわりきれなさと、(あまり)現場にいない言葉たくみな人: 大阪·釜ケ崎で喫茶店のふりをするアート NPO ココルームを研究者はどのように語るか」.『空間·社会·地理思想』23: 199–205.

上田假奈代·岡本マサヒロ 編. 2011.『ココルーム実験叢書釜ケ崎生活と居場所』. ココルーム.

上田假奈代·植田裕子·小手川望 編. 2012.『まちでつながる。ちょっと生きやすくなろう。えんがわ2011報告書』. ココルーム.

上田假奈代·植田裕子 編. 2013.『まちでつながる。ちょっと生きやすくなろう。えんがわ2012報告書』. ココルーム.

植田裕子·茂木秀之·上田假奈代 編. 2013.『釜ケ崎芸術大学 2012 REPORT』. ココルーム.

植田裕子·上田假奈代 編. 2014.『釜ケ崎芸術大学 2013 報告書』. ココルーム.

上畑恵宣. 2012.『失業と貧困の原点: 釜ケ崎 50年からみえるもの』. 京都: 高菅出版.

牛草英晴. 1993.「釜ケ崎–人と街」. 釜ケ崎資料センター 編.『釜ケ崎歴史と現在』. 東京: 三一書房. 113–163쪽.

海老一郎. 2011.「日雇労働者のまちの50年: 高度経済成長ーバブル経済」. 原口剛·稲田七海·白波瀬達也·平川隆啓 編.『釜ケ崎のススメ』. 京都: 洛北出版. 207–230쪽.

沖野充彦. 2009.「就労支援における課題と釜ケ崎支援機構の役割」.『市政研究』164: 25–35.

大倉祐二. 2011.「生活手段の変容: 労働市場から福祉へ」. 釜ケ崎支援機構 編.『回報NPO釜ケ崎 第45号 新しい社会保障をめざして: 釜ケ崎支援機構の取り組み」.

9-17쪽.
小椋旭·ありむら潜·西口宗広·加美嘉史. 2008.「座談会 つながりで地域と人間の再生を: 釜ケ崎のまちづくりの実践に学ぶ」.『福祉のひろば』101号(8月号): 30-39.
大阪社会学研究会. 1961a.「釜ケ崎の実態 (上)」.『都市問題研究』13(5): 73-91.
大阪社会学研究会. 1961b.「釜ケ崎の実態 (下)」.『都市問題研究』13(6): 104-122.
大阪市. 2012.「あいりん地域の現状について」. 第1回西成特区構想プロジェクトチーム会議資料. http://www.city.osaka.lg.jp/nishinari/cmsfiles/contents/0000157/157419/siryou4.pdf (검색일: 2013. 10. 2).
大阪市民生局. 1962.『大阪市·釜ケ崎対策·施設』.
大阪府警察本部防犯部. 1961.『釜ケ崎の実態』.
大阪市福祉局自立支援課. 2019.『大阪市ホームレスの自立の支援等に関する実施計画(2019平成31年度~2023平成35年度』.
大瀧千輝. 2015.『文化芸術による社会的包摂は可能か: 大阪市西成区における芸術活動の現場から』. 大阪大学大学院言語文化研究科言語文化専攻 修士論文.
大渕修一. 2014.「介護予防の街づくり」.『理学療法学』41(7): 462-468.
大藪寿一. 1965.「釜ケ崎の変貌-特集·都市と社会開発」.『都市問題研究』17(10): 110-125.
大藪寿一. 1980.「あいりん地区の現状と問題点」.『人文研究』32(1): 25-61.
大藪寿一 編. 1981.『孤独と絶望あいりん人生追跡調査誌: あいりん日雇生活者の社会調査』. 大阪: 幻想社.
神田誠司. 2012.『釜ケ崎有情: すべてのものが流れ着く海のような街で』. 東京: 講談社.
仮称萩之茶屋まちづくり拡大会議. 2010.「課題山積地域におけるあきらめない共床共夢型まちづくり連携事業」. 住まい·まちづくり担い手支援機構 平成22年度住まい·まちづくり担い手事業(住まい一般部門)活動報告書. http://www.s-m-ninaite-shien.jp/dantaihokoku/file/2010_1/31.pdf (검색일: 2013. 9. 30).
加藤政洋. 2004.「大阪最初のスラムクリアランスとその帰結」.『立命館大学人文科学研究所紀要』83: 1-22.
加藤政洋. 2011.「釜ケ崎の歴史はこうして始まった」. 原口剛·稲田七海·白波瀬達也·平川隆啓 編.『釜ケ崎のススメ』. 京都: 洛北出版. 157-184쪽.
釜ケ崎支援機構. 2010.『2009年度高齢者特別就労事業就労者調査報告書』.
釜ケ崎支援機構. 2017.「2016年度事業報告書」. http://www.npokama.org/

PDF/2016houkou.pdf (검색일: 2017. 7. 1).
釜ケ崎資料センター 編. 1993.『釜ケ崎 歴史と現在』. 東京: 三一書房.
刈谷剛彦. 1991.『学校·職業·選抜の社会学: 高卒就職の日本的メカニズム』. 東京: 東京大学出版会.
苅谷剛彦. 2001.『階層化日本と教育危機: 不平等再生産から意欲格差社会へ』. 東京: 有信堂高文社.
吉川徹. 2009.『学歴分断社会』. 東京: ちくま新書.
貴戸理恵. 2019.「教育: 子ども·若者と社会とのつながりの変容」. 小熊英二 編.『平成史』. 東京: 河出書房新社. 389-456쪽.
厚生労働省. 2016a.『厚生労働百書-人口高齢化を乗り越える社会モデルを考える』.
厚生労働省. 2016b.『厚生労働百書-人口高齢化を乗り越える社会モデルを考える[概要]』.
厚生労働省老健局. 2021.「介護保険制度の概要」. https://www.mhlw.go.jp/content/000801559.pdf (검색일: 2022. 7. 10).
こたね製作委員会. 2008.『こころのたねとして:記憶と社会をつなぐアートプロジエクト』. 大阪: ここルーム文庫.
小柳伸顕 1993.「労働と生活」. 釜ケ崎資料センター 編.『釜ケ崎歴史と現在』. 東京: 三一書房. 68-112쪽.
柴田俊治. 1960.「釜ケ崎--「大阪のどん底」にかき残したこと」.『部落』12(4): 20-28.
芝村篤樹. 1999.『都市の近代·大阪の20世紀』. 京都: 思文閣出版.
島和博. 1998.「寄せ場から見た野宿生活者問題」.『人文研究: 大阪市立大学文学部紀要』50(9): 577-613.
白波瀬達也. 2013.「釜ケ崎における死と弔い」. 西川勝 編.『孤独に応答する孤独: 釜ケ崎·アフリカから』. 大阪大学コミュニケーションデザイン·センター. 32-48쪽.
白波瀬達也. 2017a.『貧困と地域: あいりん地区から見る高齢化と孤立死』. 東京: 中央公論新社.
白波瀬達也. 2017b.「貧困地域の再開発をめぐるジレンマ: あいりん地区の事例から」.『人間福祉学研究』10(1): 79-90.
白波瀬達也. 2019.「西成特区構想の展開と課題: あいりん地域の新たなセーフティネットづくりを中心に」.『関西学院大学先端社会研究所紀要』16: 41-46.

白波瀬達也. 2020a.「露見する格差社会:コロナ禍に対峙する釜ケ崎」.『人間会議』42: 132−137.

白波瀬達也. 2020b.「釜ケ崎報告 あいりん総合センター建て替え問題と再開発: 排除しない, 持続可能なまちづくりとは」.『建築ジャーナル』1308: 6−8.

菅山真次·西村幸満. 2000.「職業安定行政の展開と広域紹介」. 刈谷剛彦·菅山真次·石田浩 編.『学校·職安と労働市場』. 東京: 東京大学出版会. 65−112쪽.

鈴木亘. 2013.「今年度の西成特区事業の進歩状況と､来年度以降の事業化見通し」. 釜ケ崎のまち再生フォーラム 第181回 定例 まちづくりひろば 資料. www.geocities.jp/kqsmr859/ronbun/2013−9−10.docx (검색일: 2013. 10. 1).

鈴木亘. 2013.『脱·貧困のまちづくり 西成特区構想の挑戦』. 東京: 明石書店.

鈴木亘. 2016.『経済学者 日本の最貧困地域に挑む』. 東京: 東洋経済.

須永和博. 2016.「他者化に抗する観光実践: 釜ケ崎のまちスタディ·ツアーを事例として」.『観光学評論』4(1): 57 69.

田中聡子·西村いづみ·松宮透高 編. 2012.『断ち切らないで: 小さき者を守り抜く'子どもの家'の挑戦』. 岡山: ふくろう出版.

筒井美紀·櫻井純理·本田由紀. 2014.『就労支援を問い直す: 自治体と地域の取り組み』. 東京: 勁草書房.

寺川政司. 2012.「萩之茶屋地域のまち·づくり活動にみる『西成特区構想』に対する提案」. 第2回西成特区構想有識者座談会資料. http://www.city.osaka.lg.jp/nishinari/cmsfiles/contents/0000174/174799/02−01−2.pdf (검색일: 2013. 10. 2).

寺島珠雄. 1974a.「釜ケ崎'74−冬〜春−−ケタオチの日常を切開する」.『現代の眼』15(4): 280−289.

寺島珠雄. 1974b.「釜ケ崎=めし屋は孤独の吹きだまり」.『朝日ジャーナル』16(45): 46−49.

寺島珠雄. 1977.「個, 共同体空想, その他−−釜ケ崎ノート」.『思想の科学』72: 46−54.

逃亡者こと内田. 1995.『釜ケ崎越冬小史: 第1回から第23回まで』. 大阪: 遊星プリント.

臣永正廣. 2015.「あいりん地域のまちづくり検討会議に係る報告について」. http://www.city.osaka.lg.jp/nishinari/cmsfiles/contents/0000296/296230/kagami.pdf (검색일: 2017. 7. 1).

内閣府. 2021.『令和3年版 高齢社会白書』.

中川真. 2007.「差異の包摂に向けて: 大阪市西成区, 浪速区でのアート実践」.『日本ボランティア学会学会誌』8: 74−85.

中川真. 2020.「大きな力と対峙するアーツマネジメント」.『空間·社会·地理思想』23: 207−213.

中根光敏. 1996.「'第一次暴動'を基軸とした釜ケ崎をめぐる社会問題の構成: 行政対策を中心として」.『解放社会学研究』10: 163−184.

中村行秀. 2010.「自己責任·自己·自立: 格差イデオロギーの哲学的含意」.『国府台経済研究』20(2): 95−109.

中村葉子. 2014.「なぜアートはカラフルでなければいけないのか: 西成特区構想とアートプロジェクト批判」.『インパクション』195: 70−76.

中村葉子. 2021.「釜ケ崎における'まちづくり'のプロセスと野宿者の追い出し問題」.『部落解放研究: 広島部落解放研究所紀要』28: 121−141.

中山博晶. 2021.「寄せ場·釜ケ崎における生活経験の再構成: 地域の表現活動に参加する当事者の語りに着目して」.『社会教育学研究』57: 23−33.

なすび. 2004.「寄せ場·野宿者運動をめぐるNPO問題」.『ピープルズ·プラン』28: 55−61.

西成区役所. 2012.「第2回西成特区構想有識者座談会議事録」. http://www.city.osaka.lg.jp/nishinari/cmsfiles/contents/0000174/174799/gijiroku.pdf (검색일: 2013. 9. 25).

西成区役所. 2014.「概要版 平成25年度西成特区構想調査およびエリアマネジメント協議会運営事業報告書」. http://www.city.osaka.lg.jp/nishinari/cmsfiles/contents/0000264/264167/gaiyouban.pdf (검색일: 2014. 6. 1).

西成労働福祉センター. 2012.『西成地域日雇労働者の就労と福祉のために』. 西成労働福祉センター.

西成労働福祉センター. 2015.「中期運営方針: 平成28年度~平成32年度 応援しまっせ あなたのやる気」.

西成労働福祉センター. 2020.『令和元年度(2019年度)事業報告書』. 西成労働福祉センター.

日本建築学会編. 2004.『まちづくりの方法』. 東京: 丸善.

丹羽弘一. 1993.「釜ケ崎−暴動の景観」. 釜ケ崎資料センター 編.『釜ケ崎歴史と現在』. 東京: 三一書房. 197−227쪽.

能川泰治. 2013.「高度経済成長期以降の大阪·釜ケ崎における高齢者の生存と共同性: 紙芝居劇サークル'むすび'小史として」.『歴史学研究』901: 17−26.

韓榮惠. 2014.「現代日本における公共性の脱構築と再構築: 市民社会の運動性と連帯の観点から」. 서울대 일본연구소−도쿄대 사회과학연구소 공동심포지엄 〈한일 시민사회와 거버넌스〉 자료집.

萩原雅也. 2010.「創造の場としてのアートNPOの可能性についての考察: ココルームの取り組みから」.『文化政策研究』4: 77−92.

橋口昌治. 2011.『若者の労働運動』. 東京: 生活書院.

原昌平. 2012.「第3章 生活保護と地域福祉」. 鈴木亘 編.『西成特区構想有識者座談会報告書』. 66−77쪽. https://www.city.osaka.lg.jp/nishinari/cmsfiles/contents/0000187/187570/03.pdf (검색일: 2021. 8. 4).

原口剛. 2003.「'寄せ場'の生産過程における場所の構築と制度的実践」.『人文地理』55(2): 121−143.

原口剛. 2011a.「釜ケ崎という地名」. 原口剛·稲田七海·白波瀬達也·平川隆啓 編.『釜ケ崎のススメ』. 京都: 洛北出版. 8−29쪽.

原口剛. 2011b.「騒乱のまち, 釜ケ崎」. 原口剛·稲田七海·白波瀬達也·平川隆啓 編.『釜ケ崎のススメ』. 京都: 洛北出版. 235−255쪽.

原口剛. 2011c.「労働運動による空間の差異化の過程: 1960−70年代の寄せ場釜ケ崎における日雇労働運動を事例として」.『人文地理』63(4): 22−41.

原口剛. 2012.「地名をめぐる場所の政治」.『地理学評論』85(5): 468−491.

ひと花プロジェクト連合体. 2014.『ひと花プロジェクト報告書2013』.

ひと花プロジェクト連合体. 2015.『ひと花プロジェクト報告書2014』.

ひと花プロジェクト連合体. 2016.『ひと花プロジェクト報告書2015』.

平川隆啓. 2011.「釜ケ崎の住まい」. 原口剛·稲田七海·白波瀬達也·平川隆啓 編.『釜ケ崎のススメ』. 京都: 洛北出版. 113−142쪽.

平川茂. 1993.「寄せ場差別の実態」. 釜ケ崎資料センター 編.『釜ケ崎歴史と現在』. 東京: 三一書房. 164−196쪽.

藤井利明. 1999.「生きるための反失業闘争: 釜ケ崎日雇労働者の闘い」.『飛礫』25: 18−28.

藤田忍. 2004.「市民かまやんの登場: 大阪西成区釜ケ崎の地域再生まちづくり」.『まちづくり』3: 102−110.

福原宏幸. 2012.「就労·雇用状況の推移」. 大阪市立大学都市研究プラザ編.『あいりん地域の現状と今後: あいりん対策のあり方検討報告書』. URP GCOE Report Series 23: 78−92.

藤原靖浩. 2010.「居場所の定義についての研究」.『教育学論究』2: 169−177.

文春親書編集部. 2006.『論争 格差社会』. 東京: 文芸春秋.

細川順正. 1965.「労働力流動化の底辺: 釜ケ崎労働者の実態」.『旬刊賃金と社会保障』357: 12−27.

本田由紀. 2019.「若者の困難·教育の陥穽」. 吉見俊哉 編.『平成史講義』. 東京: 筑摩書房. 133−158쪽.

本間啓一郎. 1993.「釜ケ崎小史試論」. 釜ケ崎資料センター 編.『釜ケ崎 歴史と現在』. 東京: 三一書房. 24−67쪽.

マー·マシュー. 2018.「ジェントリフィケーションと住まいの状況と不安: 西成特区構想と地域変化に対する釜ケ崎住民の'叫び'」.『空間·社会·地理思想』21: 3−14.

松繁逸夫. 1999.「野宿生活者問題とNPO: 釜ケ崎支援機構のめざすもの」.『市政研究』124: 60−67.

松繁逸夫. 2011.「失業の嵐のなかで」. 原口剛·稲田七海·白波瀬達也·平川隆啓 編.『釜ケ崎のススメ』. 京都: 洛北出版. 261−284쪽.

松村嘉久. 2011.「外国人旅行者が集い憩うまち釜ケ崎へ」. 原口剛·稲田七海·白波瀬達也·平川隆啓 編.『釜ケ崎のススメ』. 京都: 洛北出版. 345−369쪽.

水内俊雄. 2004.「スラムの形成とクリアランスからみた大阪市の戦前·戦後」.『立命館大学人文科学研究所紀要』83: 23−69.

水内俊雄. 2007.「釜ケ崎1999年転回と多様な市民知の邂逅」.『日本ボランティア学会 学会誌』8: 16−29.

水内俊雄. 2008.「環状線と都市大阪の形成」.『リバティセミナー講演集 環状線と差別·人権』. 2−35쪽.

水内俊雄·加藤政洋·大城直樹. 2008.『モダン都市の系譜—地図から読み解く社会と空間』. 京都: ナカニシヤ出版.

水内俊雄·ありむら潜. 2012.「生活保護の推移と現状」. 大阪市立大学都市研究プラザ 編.『あいりん地域の現状と今後: あいりん施策のあり方検討報告書』. URP GCOE Report Series 23: 26−47.

水内俊雄. 2020.「特集 新自由主義/ジェントリフィケーションに向き合って—序言

—」.『空間·社会·地理思想』23: 165–172.

水内俊雄·平川隆啓·富永哲雄. 2011.『大阪府簡易宿泊所衛生同業組合50年誌』. URP GCOE Report Series 17.

水内俊雄·橋爪紳也·福原宏幸·小玉徹·野口道彦·中山徹. 2003.「現代大都市のホームレス問題とインナーシティにおけるまちづくり」.『住宅総合研究財団研究年報』29: 369–380.

水野阿修羅. 1993.「寄せ場(釜ケ崎)と男と家族」. 釜ケ崎資料センター 編.『釜ケ崎歴史と現在』. 東京: 三一書房. 228–257쪽.

山田實. 2009.「インタビュー いま釜ケ崎では: 社会的労働を作り出せ」.『情況, 第3期』85: 42–49.

陸麗君. 2019.「新華僑のビジネス動向と地域コミュニティへの波及効果: カラオケ居酒屋､民泊､福祉アパート経営の実態から」. 水内俊雄·福本拓·コルナトウスキ ヒェラルド 編.『グローバル都市大阪の分極化の新たな位相』. 大阪市立大学都市研究プラザ先端的都市研究シリーズ 17. 69–81쪽.

吉村智博. 2011.「ドヤと日雇い労働者の生活」. 原口剛·稲田七海·白波瀬達也·平川隆啓 編.『釜ケ崎のススメ』. 京都: 洛北出版. 185–201쪽.

吉沢弥生. 2011.『芸術は社会を変えるか: 文化生産の社会学からの接近』. 東京: 青弓社.

王佳儀. 2019.「西成区新今宮駅南東地域におけるカラオケ居酒屋の激増とその地理的特質」. 水内俊雄·福本拓·コルナトウスキ ヒェラルド 編.『グローバル都市大阪の分極化の新たな位相』. 大阪市立大学都市研究プラザ先端的都市研究シリーズ 17. 51–68쪽.

연도	내용
1903	제5회 내국권업박람회, 가마가사키에 인접하는 현재의 덴노지공원, 신세카이 일대에서 개최. 이후 경기변동에 따라 인구 규모의 증감이 되풀이됨
1961	제1차 가마가사키 폭동. 가마가사키대책연락협의회 발족
1962	니시나리노동복지센터, 시립아이린회관, 시립아이린료 등 개설
1963	제2차, 제3차 '폭동' 발생. 이후 2008년까지 총 24차례 발생
1966	아이린지구로 명칭 변경하고 지구 지정
1969	이때부터 1976년까지 일용직 노동조합 3개 단체 결성
1970	아이린종합센터 개설, 취업 경로의 정상화가 본격적으로 이뤄짐. 가마가사키그리스도교협우회 발족
1971	오사카시립갱생상담소 개설. 일용직 노동자가 응급 원호나 생활보호를 신청하는 곳
1986	일용직 노동자 고용보험제도 등록자가 약 25,000명으로 최고에 도달함
1989	일용직 구인수가 최고에 도달함. 날씨가 좋은 평일에 평균 8,000명에서 9,000명 구인. 당시 일용직 노동자 수는 2만 3,000명에서 3만 명 정도로 추정
1991	거품경제 붕괴. 노숙인 급증
1993	일용직 노동조합과 그리스도교 관계 단체 및 시민들이 공동으로 가마가사키반실업연락회 발족
1994	고령자특별일자리사업 시작
1998	노숙인 수가 최고점에 달함. 오사카시 내에 8,860명. 이 중 약 60%가 가마가사키에서 일용직 노동을 경험한 사람임
1999	NPO법인 가마가사키지원기구, 가마가사키 마을재생포럼 등이 발족. 이때부터 노숙인을 지원하는 민관 활동이 활발해짐. 마을 만들기 활동의 맹아, 각 단체의 연대 모색기
2000	아이린임시야간긴급피난소 개설. 일본 최초의 노숙인용 쉼터
2002	노숙인자립지원법 시행
2003	자치회 연합 내에 하기노차야지역주변 마을만들기 연구회 발족. 페스티발 게이트에 코코룸 설립. 2008년부터 동물원입구역상점가로 이전
2004	NPO법인 서포티브하우스연락협의회 발족

연도	내용
2005	간이숙박소 조합에 오사카국제게스트하우스지역창출위원회 발족. 국내외 여행객을 받아들이기 위한 체제 만들기를 시작함
2008	하기나차야 지역 주변 마을 만들기 연구회와 노동자지원단체 등이 공동으로 결성한 하기노차야 지역 주변 마을 만들기 확대회의 활동 시작. 가마가사키 지역에서 주민 측에 의한 마을만들기 움직임 본격화
2009	하기노차야초등학교 담벽 주변의 노점상 철거
2012	니시나리특구구상 시작. 하기노차야 지역 마을 만들기 확대회의가 8개 영역, 56가지 구체적인 안 제안. 니시나리특구구상 유식자좌담회가 설치되었을 때, 이 안을 제시함. 가마가사키예술대학 시작
2013	니시나리특구구상 에리어매니지먼트협의회 발족
2014	오사카부, 오사카시, 오사카부경찰본부에 의한 아이린 지역 환경정비 5개년 계획이 제정되어 개시됨. 하기노차야 지역 주변 마을 만들기 합동회사 설립. 아이린 지역 마을 만들기 검토회의(총6회), 하기노차야초등학교 체육관에서 개최됨
2015	아이린 지역 마을 만들기 회의(본회의와 주제별 부문회의)가 35명의 위원으로 구성되어 발족. 하기노차야초등학교가 폐교, 다른 두 곳의 초등학교와 함께 이마미야 초중통합학교로 재편됨. 이때부터 국내외 관광객 늘어남
2016	코코룸 게스트하우스 오픈
2017	호시노리조트가 신이마미야역 북측에 도시형 대규모 호텔을 짓겠다고 발표함. 주변지역에서 민박 영업을 하거나 빈 토지나 빈 점포를 매매하는 일이 활발해짐. 일용직 노동자 수는 5,000-8,000명으로 추정. 생활보호 수급자 수는 8,100명 정도. 전체 인구가 줄어드는 경향을 나타냄
2018	니시나리특구구상 제2기 시작. 니시나리특구구상, 5년간의 성과와 차기특구구상에 관한 유식자 제언, 니시나리특구구상 마을 만들기 비전 유식자 제언 등을 오사카시장에게 보고
2019	아이린종합센터 폐쇄. 센터에 입주했던 아이린노동공공직업안정소, 니시나리노동복지센터는 난카이철도의 고가 아래로 임시 이전, 오사카사회의료센터와 시영 하기노차야 주택은 구 하기노차야초등학교 건물로 이전
2020	가마가사키지원기구의 주도로 신형 코로나 주거와 생활 긴급 지원 프로젝트 OSAKA 발족.
2022	호시노리조트 OMO7오사카 영업 시작

출처: 이 연표는 가마가사키마을재생포럼 사무국장 아리무라 센이 2020년 8월 제공한 자료를 저자가 일부 수정한 것이다.

찾아보기

[ㄱ]

가난의 문화(culture of poverty) 96

가마가사키(釜ヶ崎) 14, 18

가마가사키 마을 재생포럼(釜ヶ崎のまち再生フォーラム) 150

가마가사키예술대학(釜ヶ崎芸術大学) 55, 191

가마가사키월동투쟁실행위원회(釜ヶ崎越冬闘争実行委員会) 111

가마가사키일용노동조합(釜ヶ崎日雇労働組合) 115

가마가사키 일자리·생활보장제도 실현을 목표로 하는 연락회 119

가마가사키지원기구(釜ヶ崎支援機構) 16, 130

가칭 하기노차야 마을 만들기 확대회의(仮称 萩之茶屋まちづくり拡大会議) 150

간이숙박소(簡易宿泊所) 14, 82, 98

고령자특별일자리사업(高齢者特別就労事業) 126

고용보험 일용직 노동 피보험자 수첩(雇用保険日雇労働被保険者手帳) 113

공공성(公共性) 238

공론장 155, 239, 243

기업가적 자아 42

[ㄴ]

남성성(masculinity) 45, 104

주변적 남성성(marginalized masculinity) 97, 104

지배적 남성성(dominant masculinity) 97

노숙인 지원운동 143

니시나리 18

니시나리고등학교 194

니시나리노동복지센터(西成労働福祉センター) 19, 90

니시나리특구구상(西成特区構想) 56, 164

니시나리특구구상 유식자좌담회 166

니트(NEET) 31, 42

[ㄷ]
단신 고령 생활보호 수급자의 사회적 관계 만들기 사업 212
대안적 공공권 143
대항공간(counterspace) 240, 242
독어증(獨語症) 100

[ㅁ]
마을 만들기 149, 174
마을 만들기 광장(まちづくりひろば) 154
민국박람회 91
멤버십주의(メンバーシップ主義) 33
목소리와 말과 마음의 방(こえとことばとこころのルーム) 16
무연사회(無縁社會) 30
무인도(no-man's lands) 240, 241

[ㅂ]
반실업연락회 119
복리후생비(モチ代) 93

[ㅅ]
사회성의 공간(spaces of sociality) 240
사회적 일자리(社会的就労) 140
새로운 공공(新しい公共) 50
샐러리맨 104
생활보호(生活保護) 15, 28
서비스 허브(service hub) 180
서포티브하우스 156
숨겨진 계급적 상처(the hidden injuries of class) 100
쉼터 → 임시야간긴급피난소
시로테초(白手帳) → 고용보험 일용직 노동 피보험자 수첩(雇用保険日雇労働被保険者手帳)
시민공간(civic space) 173, 243
신자유주의 40, 41
신중산층 사회(new middle class society) 34

[ㅇ]
아래로부터의 세계화(globalization from below) 248
아이린종합센터(あいりん総合センター) 19, 91
아이린지구(あいりん地区) 86
아이린 지역 마을 만들기 검토회의(あいりん地域のまちづくり検討会議) 169
아이린 지역 마을만들기회의(あいりん地域まちづくり会議) 170
아이린체제(あいりん体制) 94, 95, 113, 114
아이린회관(あいりん会館) 88
아이의 마을(こどもの里) 125
야간 순회 활동(요마와리夜回り) 111, 125

에리어매니지먼트협의회(エリアマネジメント協議会) 168
오사카도구상(大阪都構想) 165
오사카사회학연구회 78
오사카시립중앙갱생상담소(大阪市立更生相談所) 93
요세바(寄せ場) 14, 21, 92
월동투쟁(越冬闘争) 110-112
이바쇼(居場所) 46, 47, 198, 200, 228, 229, 244, 245, 265
임시야간긴급피난소(臨時夜間緊急避難所) 123
일억총중류사회 34

[ㅈ]
자기 배려 146
자기책임 42, 43, 203
자립(自立) 181, 202, 221, 226, 228
자율 203, 228
장소의 힘(場所の力) 187, 247, 253
전업주부 104
전후 일본형 순환모델(戦後日本型循環モデル) 32, 40, 261
절대적 환대 231
제3의 장소(the third place) 230
젠트리피케이션(gentrification) 179, 248

[ㅊ]
친밀권적 공공권 145, 244

[ㅋ]
커뮤니티유니언 144
코코룸 → 목소리와 말과 마음의 방(こえとことば とこころのルーム)

[ㅌ]
토건국가형 이익분배 메커니즘 263
통치성(governmentality) 41, 67

[ㅍ]
프리터(フリーター) 31, 42

[ㅎ]
하기노차야확대회의 160
학교경유취직제도(学校経由就職制度) 36, 40
함께-다르게-있기(異種混交) 256, 257
현금구인(現金求人) 22
홈리스문제연락회의(ホームレス問題連絡会議) 129
홈리스자립지원법 44, 129, 134
히토하나센터(ひと花センター) 16, 215

히토하나프로젝트 212, 215, 220

AIP(aging in place) 210

저자 소개

박지환

서울대학교 국제대학원 부교수. 문화인류학 전공. 미국 캘리포니아대학 버클리 캠퍼스에서 인류학 박사학위를 받고, 서울대학교 일본연구소와 전북대학교 고고문화인류학과에서 각각 조교수와 부교수로 재직했다. 일본의 중등교육제도, 후쿠시마 원전사고 이후의 사회운동, 도시 하층 지역에서의 사회운동, 청년의 지방 이주·정주 등에 관한 다수의 논문을 발표했다. 엮은 책으로는『일본 생활세계의 동요와 공공적 실천』,『현대문화인류학』등이 있으며, 역서로『도시인류학』(공역),『문화인류학으로 보는 동아시아』가 있다.